老一辈革命家的初心

刘金田 著

浙江人民出版社

图书在版编目（CIP）数据

老一辈革命家的初心 / 刘金田著. —杭州 ：浙江
人民出版社，2020.8
ISBN 978-7-213-09709-6

Ⅰ.①老… Ⅱ.①刘… Ⅲ.①中国共产党–革命
领袖–生平事迹–中国 Ⅳ.①K827=7

中国版本图书馆CIP数据核字（2020）第050086号

老一辈革命家的初心

刘金田 著

出版发行：浙江人民出版社（杭州市体育场路347号 邮编 310006）
市场部电话：(0571)85061682 85176516
责任编辑：高辰旭
助理编辑：尹晓捷
责任校对：姚建国
责任印务：陈 峰
封面设计：大漠照排
电脑制版：杭州兴邦电子印务有限公司
印 刷：浙江印刷集团有限公司
开 本：710毫米×1000毫米 1/16 印 张：20
字 数：272千字 插 页：1
版 次：2020年8月第1版 印 次：2020年8月第1次印刷
书 号：ISBN 978-7-213-09709-6
定 价：52.00元

目　录

第一章　毛泽东

"我一旦接受了马克思主义对历史的正确解释以后，我对马克思主义的信仰就没有动摇过"

第二章　周恩来

"我认的主义一定是不变了，并且坚决地要
为他宣传奔走"

第三章　刘少奇

马克思主义"确实是真理，确能救中国"

第四章 朱 德

"党就是生命，一切依附于党"

第五章 邓小平

"我从来就未受过其他思想的浸入，一直就是相当共产主义的"

第六章 陈 云

"共产主义是最好的主义"

目
录

毛泽东

"我一旦接受了马克思主义对历史的正确解释以后，我对马克思主义的信仰就没有动摇过"

1893年12月26日，毛泽东出生于湖南省湘潭县韶山冲一个农民家庭。

毛泽东的父亲毛贻昌，字顺生。早年上过几年私塾，17岁开始当家理事。因为负债曾到湘军中当过几年兵，长了些见识，也积累了一些银钱。回到家乡后，不仅还清了过去的债务，赎回了以前典出去的土地，还买进了一些田地。毛顺生为人精明，善持家务，勤于劳作，又兼做点小买卖，逐渐有了些积蓄。他把主要精力放在做生意上，家里虽然雇了一个长工，但还是要求妻子和孩子们下地劳动。经过他的苦心经营，毛家在当地算得上是一个比较富裕的人家。

受母亲的影响很深

毛泽东的母亲叫文素勤，是湘乡县唐家坨（后改为棠佳阁）人。由于在家里同族姐妹中排行老七，人称"文七妹"。18岁和毛顺生结婚，先后生了五男二女，但有四个夭折了，最后只剩下毛泽东、毛泽民、毛泽覃三兄弟。文七妹虽然没有念过书，却是一位勤劳、善良、贤惠的农村妇女。她非常疼爱孩子，极富同情心，也乐于助人。遇有灾荒之年，对于前来讨饭的人，她总是给他们一些吃的，有时还背着丈夫悄悄送些米粮给贫苦乡邻。她不仅以自己的高尚品德影响着孩子，还支持孩子帮助别人。

毛泽东长得很像母亲，十分敬重母亲，受母亲的影响也最深。母亲的言传身教，使毛泽东从小同情贫弱，乐于助人。1919年10月，当他得知母亲病危时，从长沙星夜赶回韶山，却没能见到母亲的最后一面。他在母亲的棺材前席地而坐，写了一篇祭文，表达悲痛之情。后来，毛泽东在给同学的信中谈到母亲时说，世界上有三种人：损人利己的人；利己而不损人的人；可以损己利人的人。他母亲就是属于最后那一种人。

毛泽东虽然是家中的长子，家境也比较富裕，但他没有当过一天"少爷"，从小就开始参加劳动。

6岁时，他跟着大人一起下田劳动：送秧苗、拔杂草、捡稻穗等，其中，他做得最多的是放牛。

同村的小伙伴们也特别喜欢和毛泽东一起放牛。因为毛泽东知道的故事多，记得熟，又善于讲述，《三国演义》《水浒传》《封神榜》《精忠传》等，许多故事他都能背诵出来，都讲得活灵活现。有时，他还组织小伙伴们表演古书里的故事，小伙伴们都称他为"牛司令"。

1902年，8岁的毛泽东开始读私塾了。

随着家业的逐渐兴旺，毛顺生深深感到，没有文化会让人看不起，做生意、记账、打官司都会吃亏。所以他下决心要让儿子毛泽东去读书，并寄予了很大的期望，希望毛泽东将来帮他管好家业。

最初读的私塾设在离毛家只有200多米的一座祠堂里。塾师叫邹培春。每天早上上学之前，毛泽东要先去放牛、拾粪，放学回家后又要在油灯下学打算盘、学记账。

毛泽东聪明好学，从不让先生费神。两年后，毛泽东先后转到韶山关公桥、桥头湾、钟家湾和井湾里私塾继续读书，前后总共读了六年。所以毛泽东把自己的私塾生活概括为"六年孔夫子"。

在私塾读书时曾经发生过这样一件事：

有一天放学回家，毛泽东让母亲为他准备一个饭篮子，把午饭带到私塾去吃。母亲感到不解，毛泽东说，这样可以节省路上来回的时间，吃好饭，就可以读书写字。母亲听他这样说自然十分高兴，连连点头答应。

母亲每天都给他装上满满的饭菜，好让他多吃一些，吃好一些。

可是，随后几天的情况让母亲很纳闷，每天放学回来时，毛泽东的饭篮里都是空空的，可到了吃晚饭的时候，他就像没有吃过中饭一样，狼吞虎咽。母亲嘀咕着：每天带去的饭那么多，怎么还饿成这样啊？

母亲没有多想，只是给他准备的饭菜更多了。可没想到，毛泽东回来时还是这样大口猛吃。母亲担心他是不是生病了，问他原因。毛泽东便将原委说了出来。

毛泽东原本是不在私塾吃饭的。有一次，他回家吃完饭后即到学校，一看同学们都在吃饭，只有一个叫黑皮伢子的同学没在教室里。黑皮伢子从来不带饭，又没有回家，会去哪里呢？

毛泽东决定弄个清楚。他走到附近一个小树林里，看到黑皮伢子在那里捡干树枝。毛泽东了解到黑皮伢子家里很穷，母亲又有病，日子过得很艰难。于是他就开始带饭，并分给黑皮伢子吃。

母亲知道后，认为儿子做得对，每天悄悄准备两份中饭，让毛泽东带走。这样，毛泽东和黑皮伢子都能吃饱了。

"我最爱看的是中国旧小说，特别是关于造反的故事"

少年毛泽东酷爱读书。上私塾的前两年，他从读《三字经》开始，继而读了《百家姓》《论语》《孟子》和《诗经》等。但他读书和别的同学不同，从不读出声音来，当时的塾师邹培春要给他"点书"（即朗读）。毛泽东说：你老人家不要"点书"，省得你累。塾师问：你特地来读书，不"点书"怎么行？毛泽东回答说：你不要"点"，我都能背下来。原来先生没有"点"的书，毛泽东也能读懂看会，因为他已经学会翻查《康熙字典》了。如今，韶山毛泽东纪念馆还保存着毛泽东小时候读过的《诗经》和《论语》。

毛泽东天资聪颖，记忆力特别强。许多书，他能过目不忘，倒背如流，而且理解力也超过常人。

12岁时，毛泽东转到了韶山井湾里私塾读书，老师叫毛宇居。

毛泽东后来回忆这段生活时说，他熟读经书，可是不喜欢它们。他最爱看的是中国旧小说，特别是关于造反的故事。他在很小的时候，尽管老师严加防范，还是读了《精忠传》《水浒传》《隋唐》《三国》和《西游记》。"这位老先生讨厌这些禁书，说它们是坏书。我常常在学堂里读这些书，老师走过来的时候就用一本正经书遮住。大多数同学也都是这样做的。许多故事，我们几乎背得出，而且反复讨论了许多次。关于这些故事，我们比村里的老人知道得还要多些。他们也喜欢这些故事，常常和我们互相讲述。我认为这些书大概对我影响很大，因为是在容易接受的年龄里读的。"①

毛泽东在这个时期读的书，促使他对历史产生了浓厚的兴趣。特别是《水浒传》里汇聚在梁山造反的人物，个个都成了毛泽东心目中的英雄。在后来的革命生涯中，《水浒传》一直是他放在手边常常翻阅的书。

这些书也激发了他的抗争精神。

在私塾学习时，被塾师打骂是常有的事，毛泽东尊重老师，但反对老师打骂学生。

有一次，老师无理地打了一名学生，毛泽东非常气愤，背起书包就往外走，采用逃学的方法进行抗争。他说要找一个不打人的地方上学。逃出学校后，他又不敢回家，生怕父亲打他，于是便朝县城方向走去。那时，毛泽东只有10岁，从没有出过远门。他以为县城就在一个山谷里，"瞎跑"了三天，也没有见到县城的影子。正当他不知所措时，家里人找来了。这时他才知道，"瞎走"了三天，离家还不到8里地，走来走去，结果只是在山里转圈子。回家后，出乎他意料的是，父亲的态度比以前好多了，上学后老师的态度也温和多了。这次反抗的结果，使他受到了很大的启发。

---

① ［美］埃德加·斯诺：《西行漫记》，董乐山译，东方出版社2005年版，第122页。

毛泽东刚上私塾不久，父亲就叫他学记账、打算盘。一有空闲时间，父亲还叫他去田里干农活。毛泽东后来回忆说：他是一个严格的监工，看不得我闲着，如果没有账可记，就叫我去干农活。他脾气很大，经常打我和我弟弟。

1906年的冬至，13岁的毛泽东第一次公开反抗父亲。这天，父亲在家宴请生意场上的朋友，让毛泽东帮着招待客人。毛泽东十分不愿意和这些生意人交往，所以总是设法避开，父亲很生气，骂他懒而无用，为子不孝。毛泽东当着客人的面回道："父慈子孝"，只有"父慈"，才能"子孝"。这下子激怒了父亲。父亲举手就要打他，他便往外跑去。跑到一个池塘边，他对父亲说，如果再要逼近，就投水。

僵持了一会儿，父亲坚持要他下跪赔礼。毛泽东说：如果你不打我，我可以单膝下跪。后来在母亲的调解下，这场风波才得以平息。毛泽东后来回忆说，从这件事中认识到，当他公然反抗、保护自己的权利时，父亲就会缓和下来；但如果他依然软弱驯服，父亲只会变本加厉地打骂。

还有一年，村里有一个叫毛承民的农民，因曾带领穷人"吃大户"，并揭发族长在修祠堂时贪污公款的丑行，被族长怀恨在心，以破坏族规的罪名扣押在祠堂。毛泽东听说后，立即赶到祠堂。正当族长宣布要毒打毛承文时，毛泽东大喊一声"不能打"。族长吃了一惊，是谁竟敢这样说。这时，毛泽东走到族长面前质问道：你要打人可以，但总要说出个道理来，就是犯了朝廷的王法，也不能屈打成招，他究竟犯了什么罪，你说给大家听听。乡亲们也和毛泽东一起据理力争，族长被问得哑口无言，只好放了毛承文。

1910年的春天，湖南粮荒，粮价飞涨，有人率全家投塘自尽。长沙的饥民成群结队到巡抚衙门示威，要求救灾，但遭到湖南巡抚的拒绝，于是发生暴动。当局当场打死了14人，打伤者更多。饥民放火烧了巡抚衙门，捣毁了外国洋行、轮船公司、税关。清政府派兵镇压。消息传到韶山，毛泽东和大家一样表现出了极大的激愤。毛泽东认为，暴动者都是善良的老百姓，只是被逼得走投无路才起来造反，却遭无辜杀害。他十分痛心，为饥民们所受的冤屈深感不平。多年后，他感慨说：这件事"影响了我的一生"。

"下决心要寻找一条解救穷苦农民的道路"

6年的私塾学业结束了。17岁的毛泽东白天在田间劳动，晚上还要替父亲记账。虽然辍学了，但他在空闲时间里仍不忘读书。

这期间，毛泽东从表兄文运昌那里借了一些书，其中有几本书对他的影响比较大。

第一就是《盛世危言》。这是毛泽东当时比较喜欢读的一本书，作者是清末改良主义思想家郑观应。书中分析了中国积弱不振的原因，提出中国的富强之道在于开矿山、造铁路、繁商业、办报馆、办教育，引入电话、电报、轮船；批评了当时的顽固派保守愚昧，指责他们只学习西方技术而不从事本政治改革；主张变革，以抵御外侮，要求设立议院，广办学校，发展工商业，与外国资本主义进行商战，以抵制侵略。

毛泽东看了这本书后，十分激动。他开始知道一些发生在山外的大事，眼界大大开阔了。他感到中国不能守着老样子不变了。一种爱国激情和改造中国社会的志向油然而生。

第二就是冯桂芬的《校邠庐抗议》。该书对外国侵略和清政府的腐败无能表示了强烈的不满，提出了一些富国强兵的主张。

第三就是小册子《论中国有瓜分之危险》。这本书讲述了日本侵占朝鲜、中国台湾和法国侵占越南、缅甸的详情，揭露了帝国主义瓜分中国的野心。毛泽东深深地为国家的前途和命运担忧。

他后来回忆说："在这个时期，我也开始有了一定的政治觉悟，特别是在读了一本关于瓜分中国的小册子以后。我现在还记得这本小册子的开头一句：'呜呼，中国其将亡矣！'这本书谈到了日本占领朝鲜和我国台湾的经过，谈到了越南、缅甸等地的宗主权的丧失。我读了以后，对国家的前途感到沮丧，开始意识到，国家兴亡，匹夫有责。"①

在这期间，有一个人对毛泽东的思想变化产生过影响。

当时，有一个名叫李漱清的维新派教师从外地回到了韶山，他常给韶山人讲述各地见闻和爱国维新的故事。毛泽东很敬佩李漱清，经常去听他讲故事，两人建立了亦师亦友的关系。

毛泽东一边读书，一边思考问题。他后来回忆说："有一天我忽然想到，这些小说有一件事情很特别，就是里面没有种田的农民。所有的人物都是武将、文官、书生，从来没有一个农民做主人公。对于这件事，我纳闷了两年之久，后来我就分析小说的内容。我发现它们颂扬的全都是武将，人民的统治者，而这些人是不必种田的，因为土地归他们所有和控制，显然是让农民替他们种田。"②他深深感到这样是不平等的。

作为农民的儿子，毛泽东从小就知道农民的疾苦，他不仅同情农民的苦难，还常常帮助穷人。

有一年秋收季节，家家户户都在晒稻谷。有一天下午，突然乌云密布，狂风大作，眼看一场大暴雨就要来临。毛泽东正准备去抢收家里晾晒的稻谷，突然看到邻居毛四阿婆的晒谷场上只有阿婆一人在收稻谷。毛泽东立刻跑去帮忙，抢在大雨来临之前收好了谷子。当他回到自家晒谷场上收稻谷时，大雨已哗哗地下起来了。父亲问他哪儿去了，毛泽东回答说帮毛四阿婆收谷子去了。父亲听后生气地说：自己家里的不收，去帮别人收什么？毛泽东说：阿婆家的谷子要缴租，家里又少吃的，损失一点就更加困难了；我们家里的谷子是自己的，湿了一点没有多大关系。

---

① ［美］埃德加·斯诺：《西行漫记》，董乐山译，东方出版社2005年版，第125—126页。

② 同上书，第123页。

有一次，毛泽东的父亲买了人家一头猪，交了订金。过了些日子，父亲要毛泽东把猪赶回来。当毛泽东来到那户人家后，卖猪的农民叹气说：我们家的猪订给你们家时价格比较低，现在价格涨了，我们吃了大亏了。毛泽东看到这户人家家里很穷，便说道：我不赶你们家的猪了，你卖给别人能够多挣点钱。

毛泽东11岁那年，他的堂叔毛菊生因家境贫困，想卖掉自家七亩水田。毛泽东的父亲决定买下来，而毛泽东和母亲坚决不同意。母子俩主张这时应该帮助毛菊生一家，不该乘机买他的田产。毛泽东的父亲不认同母子俩的看法，说："我是用钱买田，管他兄弟不兄弟。"这件事给毛泽东留下很深的印象。新中国成立后，毛泽东曾对毛菊生的儿子毛泽连说：旧社会那种私有制，使兄弟间也不顾情义，我父亲和二叔是堂兄弟，买二叔那七亩田时，就只顾自己发财，全无手足之情，谁的劝说都听不进去；后来我思考这些事，认清只有彻底改造这个社会，才能根绝这类事，于是下决心要寻找一条解救穷苦农民的道路。

1910年春，毛泽东到韶山东茅塘秀才毛麓钟家里读书。4月，湖南闹春荒，长沙饥民成群结队到湖南巡抚衙门示威要求平粜救灾，被巡抚的无理答复所激怒。饥民们冲进衙门，砍断旗杆，吓走巡抚。后饥民暴动惨遭镇压，许多人被捕杀。毛泽东和同学们对这件事议论多日，对"谋反者"所受的冤屈深感不平。

"我们应该讲究富国强兵之道"

1910年，毛泽东的父亲打算把毛泽东送到湘潭县城一家米店当学徒。毛泽东则打算到外面继续求学。恰好在这时，毛泽东的表兄告诉他，湘乡县有一所新式学校讲授新学，在那里可以学到新的知识。毛泽东得知这个消息后十分高兴，决心前去求学。为了说服父亲，他和母亲商量好后，专门邀请舅舅、表兄、姨兄、塾师到家中劝说父亲，终于使父亲同意了他的请求。

临行前，毛泽东改写了一首诗，夹入父亲的账簿里：

孩儿立志出乡关，学不成名誓不还。
埋骨何须桑梓地，人生无处不青山。

早秋的一天，毛泽东挑着行李和书籍，步行50多华里，来到了湘乡县立东山高等小学堂。这是毛泽东第一次走出闭塞的韶山冲，也是他人生历程中的第一个转折。

他入学时还是遇到了一点小麻烦。一是毛泽东不是湘乡人，而这个学校只招收湘乡县籍的学生。二是他来晚了，入学考试已在两天前结束了。在毛泽东的请求下，校长最后还是答应让他补考。补考作文的题目是《言志》。

校长阅看了毛泽东的作文后，大为惊叹，十分兴奋地说："今天我们学堂里取了一名建国才。"

东山高等小学堂是一所新式学堂，开设的课程有国文、算术、经学、修身、历史、地理、物理以及音乐、体操、图画等。这些课程毛泽东大多都是第一次接触，他感到很新鲜，学习也十分勤奋。

东山学堂里的学生，大多是富人家的子弟，毛泽东的穿着比较破旧，又不是本地人，操不同的口音，个别同学因此看不起他。毛泽东根本不理会这些，一门心思用在学习上，一有空他就钻进藏书楼，读书、阅报。

除了刻苦读书外，毛泽东在学校也开始关注国家大事。学校有位从日本留学回来的老师，毛泽东常去向他请教，听他讲述日本明治维新后的情况，讲述日本和其他西方列强对中国的侵略，讲述中国如何闭关自守、夜郎自大、贫穷落后，深深为国家的命运而担忧，更加坚定了救国救民的志向。

这时的毛泽东较多地接受了维新派思想。他读了表兄文运昌送来的有关康有为、梁启超变法的书报，其中最爱看梁启超主编的《新民丛报》，反复阅看，有的甚至可以背诵出来。他认为康有为、梁启超等人的文章，一针见血，切中时弊，谈的都是救中国的问题。他在第4号《论说》部分关于"国字"问题处批道："正式而成立者，立宪之国家，宪法为人民所制定，君主为人民所拥戴；不以正式而成立者，专制之国家，法令为君主所制定，君主非人民所心悦诚服者。前者，如现今之英、日诸国；后者，如中国数千年来盗窃得国之列朝也。"这时的毛泽东并不反对君主制度，只是反对君主专制，赞成君主立宪制，希望由康有为、梁启超那样的维新派对国家进行改革。

毛泽东开始关注世界。他从后来成为著名诗人的同学萧三那里借来一本《世界英雄豪杰传》，认真阅读，并且写了很多批注。书中记述的关于拿破仑、彼得大帝、叶卡捷琳娜女皇、惠灵顿、格兰斯顿、卢梭、孟德斯鸠、华盛顿和林肯等人的事迹深深感染着他。由于他反复阅读，结果把书都翻坏了。他在还书时，一面向萧三表示歉意，一面说：中国也要有这样的人物，我们应该讲究富国强兵之道，顾炎武说得好，"天下兴亡，匹夫有责"，我们每个国民都应该努力。

毛泽东已经逐渐确立了以天下为己任的思想，过不多久，他给自己取了一个言志的笔名——子任。

1911年春，在东山高等小学堂就读半年多的毛泽东，在老师贺岚岗的推荐下，前往省城长沙，投考湘乡驻省中学。

这一次，毛泽东是乘坐小轮船来到省城的。他的心情如同滚滚湘江，不能平静：长沙是向往的地方，在省城中学一定会学到不少新的知识。他憧憬着美好的前程，同时心中还有些忐忑不安，不知道自己能不能考上。

一切都非常顺利，他被录取了。

这时的中国，正处在辛亥革命的前夜，长沙也是"山雨欲来风满楼"。初到长沙，18岁的毛泽东深深感受到了省城和乡下完全不同的氛围，他开始关注一些社会问题，思考的比过去多得多了。他读到了同盟会会员于右任主编的《民立报》，接触到许多革命的言论。当他看到有关广州黄花岗起义的报道时，心情难以平静，思想受到了巨大的冲击。他成了《民立报》的热心读者，开始热心研究同盟会的革命纲领：驱除鞑虏，恢复中华，建立民国，平均地权。

一天，他在学校的墙壁上贴了一篇文章，表明自己的观点：支持革命党推翻清朝、建立民国的纲领；还提出要把孙中山请回来当大总统，康有为做内阁总理，梁启超做外交部部长。他当时并不明白孙中山与康、梁在政治主张上存在分歧。毛泽东后来说："这是我第一次发表政见，思想还有些糊涂。我还没有放弃对康有为、梁启超的钦佩。我并不清楚他们之间的差别。"[1]但是，从赞同君主立宪，到主张推翻清王朝，表明此时的毛泽东思想已经开始发生转变。

毛泽东还以实际行动投身于反对清王朝的革命洪流之中。当时，国内掀起反对清政府向帝国主义出卖铁路权的运动。湖南绅、商、学界组成"湘路协赞会"，反对清政府断送主权借外债筑路。革命派焦达峰、陈作新等谘议局议员，策划领导反对清政府的长沙起义。毛泽东和同学们一起被卷入了这一斗争潮流中。

为了表示与腐败的清王朝彻底决裂，毛泽东和另外一个同学在湘乡驻省中学倡议并带头剪掉了自己的辫子，以示拥护革命和反对清王朝的决心。在这个问题上，他还和一位法政学堂的朋友发生来了争论。最后，毛泽东驳得对方"哑口无言"。毛泽东还和几位同学采取"出其不意"的办法，强行剪掉十几个答应剪辫子后又迟疑不肯剪的同学的辫子。

1911年10月10日，湖北革命党人发动了武昌起义。辛亥革命爆发了。邻省湖南对此积极响应。长沙城内的形势开始变得十分紧张。湖南巡抚随即宣布长沙全城戒严。一时间，城门口、大街上到处张贴着戒严的告示，荷枪实弹的清兵如临大敌，到处巡逻。这时，新成立的湖北军

---

[1] ［美］埃德加·斯诺：《西行漫记》，董乐山译，东方出版社2005年版，第129页。

政府派人来到长沙，要求湖南的革命党人立即举行起义，响应和支持湖北的革命行动。

一天，一个湖北革命党人代表到学校作了一场演讲。这名革命党人详细介绍了湖北武昌起义的情况，引起了学生们的强烈反响。

毛泽东听后十分激动。他在学校再也坐不住了。四五天后，毛泽东决定投笔从戎，和几个同学一起北上武汉，参加黎元洪的革命军。他们从同班同学那里筹措了一些钱。毛泽东听说汉口的街道很湿，必须穿雨鞋，就到驻扎在长沙城外军队里的一个朋友那里借雨鞋。当毛泽东到达兵营门口时，兵营里的新军已经领到子弹，准备向长沙城开进。

毛泽东立即返回城内，爬到一处高地上观战。

这天是星期天，长沙革命党人发动的起义爆发了。起义军没费多少力气就取得了胜利，湖南巡抚在衙门口树起了一面白旗，上面写着一个"汉"字，投降了。当毛泽东回到学校时，发现学校已由新军守卫了。第二天，都督府成立了，湖南省宣布独立。这一切，使毛泽东感到很兴奋。

这时，很多学生都参军了，还组织起了一支学生军。毛泽东不喜欢学生军，认为人员太混杂了，决定参加正规军。毛泽东随即报名参加长沙革命军，并被编入湖南新军二十五混成协五十标第一营左队，成为一名列兵。

在部队里，毛泽东办事勤快、认真，和大家的关系很好。班里有矿工和铁匠出身的，毛泽东同他们很合得来，经常与他们交流，帮助他们写家信。他们也很尊重毛泽东，尊称他为"秀才"。

毛泽东每月有7元军饷，除了少数花在吃饭上，大多花在买报纸和书籍上。有一天，他从《湘汉新闻》上读到一篇谈论"社会主义"的文章，第一次知道了"社会主义"这个名词。其实，他看到的社会主义实际上是江亢虎鼓吹的社会改良主义。对此，毛泽东和士兵们一起讨论，并热情地写信给几个同学提出应该研究这个问题。可惜只有一位同学回信表示赞同。

两个多月后，全国大多数省份都已宣告独立，但革命成果被袁世凯窃取了。袁世凯当上了民国临时大总统。1912年春，孙中山和袁世凯达成了和议，南北实现了"统一"。

这时，毛泽东认为革命已经结束，决定退出军队，重新考虑自己的前程。

不但要会读有字之书，还要会读"无字之书"

毛泽东决定继续求学。

那时报纸上登有各类学校的招生广告，有警察学校、政法学校、肥皂制造学校、商业学校等。毛泽东曾先后报了好几所学校。后来，他考取了甲种商业学校。还未入学，他又看到了高等商业学校的广告。他认为这所学校是省立的，肯定教学水平高，于是写信征求父亲的意见，得到了父亲的支持。很快，他被录取了。但是，高等商业学校半数以上的课程都用英文教学，而毛泽东的英文程度不高，适应不了，入学才一个月，便不得不离开。

不久，毛泽东以第一名的成绩考取了湖南省立高等中学堂。由于毛泽东的作文写得太好了，以至于校长符定一和老师们怀疑不是他自己所作，因而又约他前来重新进行了面试，结果和上次考试一样好。这使得校长和老师们对他寄予了厚望。

省立高等中学堂在当时的湖南是一所数得上的学校。毛泽东在这里只读了半年的书，但他留下了好多作文，被老师批给同学们"传观"。其中，特别要提到的是一篇叫《商鞅徙木立信论》的作文。

"商鞅徙木立信"说的是，战国时期秦国的改革家商鞅在秦国推行变法，为了取信于民，就在秦国都城的南门竖了一根木桩，宣布谁能把木桩搬走，就赏谁10两金子。因为这件事太容易了，刚开始谁都不敢相信这是真的，没有人去搬。商鞅见没有人响应，又宣布谁去搬，赏50两金子。终于，有一位胆大的去搬了，结果，当场得金50两。人们这才相信朝廷说话是算数的。商鞅随即颁布新法，在全国推行。

毛泽东的这篇作文只有600字，但是论述非常精辟，文笔犀利。文章提出，要取信于民、开发民智，必须以法治国。国文老师给这篇文章打了100分。老师批阅道，"实切社会立论，目光如炬，落墨大方"，"有法律知识，是哲理思想，借题发挥，纯以唱叹之笔出之，是为压题法，至推论商君之法为从来未有之大政策，言之凿凿，绝无浮烟涨墨绕其笔端，是有功于社会文字"，还在文题上方还写了两个字——传观。

毛泽东的文章确实令省立高等中学堂的老师称道。国文老师柳潜对他更是钟爱有加，特意借给他一套《御批历代通鉴辑览》。毛泽东读后收获很大。他认为，学校的规则非常烦琐，课程设置既肤浅又限制颇多，自学会比在学校里学习效果更好。于是，他决定退学，发愤自学。

离开学校后，毛泽东并没有回韶山，而是寄居在长沙城新安巷的湘乡会馆。他制订了一个自修计划，每天步行到三里路外的湖南省立图书馆读书。

省立图书馆位于浏阳门外的定王台，藏书比较丰富，有大量的中外书籍，并设有阅览室，接待前来借阅的读者。每天图书馆尚未开门，毛泽东便早早等候在这里；每天晚上关门时，毛泽东总是最后一个离开。他常常一坐就是一整天，风雨无阻。毛泽东说自己到了图书馆"就像牛进了菜园"，埋着头不停歇地读书。

在这里，毛泽东读了大量的中外书籍。特别是西方18—19世纪资产阶级民主主义和近代科学的著作，如《原富》《物种原始论》《天演论》《名学》《群学肄言》《法意》《论人类不平等的起源和基础》《民约论》等。毛泽东对古希腊和古罗马的文艺作品也很感兴趣，读了不少这方面的书籍，可以说是受到了一次较为系统的西方思想文化的启蒙教育。

图书馆的墙上挂着一张《世界坤舆大地图》，毛泽东每天走到这里时，都会停留片刻，仔细观看。他意识到世界如此之大，中国只是其中的一小部分，而湘潭县在地图上还找不到。受此启发，毛泽东的眼界更加开阔了。

毛泽东在图书馆的自学生涯仅仅维持了半年。首先是生计难以维持。父亲觉得儿子在省城既不进学校，又不谋职业，未来不可想象，因而不再接济他。而此时，毛泽东的住处也出现了状况，住进了不少被遣散的士兵，他们经常寻衅滋事，打架斗殴，搞得会馆不得安宁。毛泽东不得不考虑下一步怎么办。

1913年春，毛泽东考进了湖南省立第四师范学校。这一次入学考试，毛泽东又是第一名。校长看了毛泽东考试的作文后，感慨地说道："这样的文章，我辈同事中有几个做得出来？"

之所以报考这所学校，是因为招生广告上明确写道：不收学费和膳食费，学生毕业后为教育服务。此时的毛泽东正为生活所迫，父亲不同意他自修，拒绝供给费用。同时，他也认为自己比较适合做教师。

一年后，湖南省立第四师范并入第一师范（简称"一师"）。毛泽东成为一师的学生。一师是一所老牌学校，创办于1903年，其规模、设备和师资在湖南来说都是其他学校不可比拟的，是当时一所比较民主开明、办得较好的学校。学校的老师，如徐特立、杨昌济、方维夏、王季范、黎锦熙等学识渊博，思想进步，对促进毛泽东的学业和思想进步有着相当大的帮助。其中，对毛泽东影响最深的是杨昌济和徐特立。

毛泽东在一师期间，遵循老师的教诲，注重把读书、思考、记录、批注结合起来，写下了许多读书笔记。毛泽东很珍爱这些笔记，曾送回老家韶山收藏。1929年，国民党军队到韶山抄他的家，附近的族人将这些本子和书籍都搬到后山烧毁。当时有一位曾教过毛泽东的私塾先生从火堆里抢救出一本讲堂录和两册教科书。

仅存的这本讲堂录，共有47页，前11页是毛泽东手录的《离骚》和《九歌》，后36页则是听课笔记，也包括一些读书札记。讲堂录所记的内容比较广泛，凡先秦哲学、楚辞、汉赋、史记、汉书、唐宋古文、宋明理学及明末清初的一些思想家、文学家皆有涉及；有多处评论历史、政治和人物；另有几处记载自然科学知识，也穿插写了他对一些文章的意见和看法。

在毛泽东读过的书上也有大量批注。如书中的有些句子和段落，被加上浓密的圈点，批上"此论甚精""言之成理"或"此论甚合吾意"等。他在书中某些句子和段落下面，画上线或打上叉，批注"不通""荒谬"或"陋儒之说也"。

有一本书特别值得介绍——《伦理学原理》。毛泽东在这本书上作了一万多字的批注。全书仅十几万字，每段都被他画满了各式符号。他还在空白处用小楷毛笔写满批语。他在同意书中观点的地方写下了"切论""此语甚精""此言与吾大合""诚哉，诚哉""洞悉人性之语""吾极主此说""此节议论透彻之至"及"真理在此"等批语；在存疑或持否定态度的地方写下了"诚不然""此不然""此节不甚当""此处又使予怀疑""吾意不应以此立说""此说终觉不完美"等批语。

不难看出，青年时代的毛泽东读书精于思考，有独到的见解，在一定程度上有些批注也反映了他的政治观点和倾向。

毛泽东虽在一师博览群书，但仍不满足。他心中又有一个新的目标。

1915年，他在给同学萧子升的信中说：读书，不但要善于读死的书本，还要善于读"活"的书本。不但要会读有字之书，还要会读"无字之书"。

在读了大量的有字之书后，毛泽东计划走出课堂、教室、图书馆，到人民群众中去，到农民中去，了解社会实际，了解农民的生产、生活，了解各地的风土人情、风俗习惯，进行调查研究，学习书本上没有的知识，丰富自己的实践。

1917年7月的一天，毛泽东利用学校放假的机会，和萧子升、萧蔚然两位同学一起，带着简单的行装（一把雨伞和一个装有衣服、笔记本、墨盒的布包），上了路。

他们计划先在湖南徒步"游学"一番。

第一站他们走到了宁乡县城，在一个同学家住了两宿。走访了当地的劝学所、玉潭高小及香山寺，又到了宋家潭，找到了当地的几位农民，了解了他们的生产和生活现状。他们还到黄材镇集市了解了当时农村小市镇的贸易情况。

随后，他们又步行一百多里到杓子冲何叔衡家。何家热情地款待了他们。他们参观了猪圈、牛栏、菜园、稻田和山林，了解了何家的经济收支及家庭历史，走访了何叔衡的堂兄和附近的农民。

离开宁乡后，他们又到了安化县的司徒铺。萧蔚然回家了，毛泽东和萧子升继续游学。经清塘铺、太平段去了县城——梅城。在那里，毛泽东查阅了《安化县志》，到东华山参观了农民起义烈士墓，调查了清代黄国旭领导的农民起义的情况。他们既走访了一些贫苦农民，又拜访了当地的饱学之士。

从梅城去益阳的路上，毛泽东和萧子升讨论了中国的家庭制度。毛泽东认为，中国人的家庭观念太重，人们因此缺乏民族感情，在现阶段，国家民族的利益应高于个人利益。毛泽东还认为，一个好的国家是保护人民的，因此人民有义务保卫国家。人民是国家的子民，必须有一个好的强有力的政府。一旦建立了好的强有力的政府，人民就可以组织起来。

到了益阳后，他们本想去拜访县长，但吃了闭门羹。后又到沅江县城。此时那里洪水泛滥，于是决定返回长沙。

这次"游学"，历时一个多月，途经五个县城，步行近千里，毛泽东写下了许多笔记和心得。师生在传阅他的游学笔记时，赞誉他"身无分文，心忧天下"。

这样的"游学"，毛泽东后来还进行过两次，每次收获都不小。"游学"使他更全面地了解了中国的城乡社会，了解了广大人民的疾苦，学到了书本上学不到的东西，更为重要的是，锻炼了他不畏艰难、吃苦耐劳的品格，培养了他重视调查研究的作风。

"与天奋斗，其乐无穷！与地奋斗，其乐无穷！与人奋斗，其乐无穷！"

在一师读书的时候，毛泽东养成了阅读报纸杂志的习惯。他拿出全部费用的三分之一订阅报纸杂志。《新青年》就是他十分爱看的杂志。

《新青年》是陈独秀在1915年9月15日于上海创办的，原名《青年杂志》。一年后更名为《新青年》。《新青年》高举科学和民主的大旗，积极传播新思想，陈独秀、李大钊、鲁迅、胡适等先进知识分子在上面发表的文章，令当时先进的知识分子和进步青年眼睛为之一亮。

毛泽东通过老师杨昌济介绍，很快成了这个刊物的热心读者，而且深受其影响。

1917年4月1日，《新青年》上刊载了一篇文章《体育之研究》，作者署名为"二十八画生"。这是毛泽东公开发表的第一篇文章。这篇文章是杨昌济推荐给陈独秀的。

这篇文章全文约7000字。文章一开头，即将体育和国力联系起来。毛泽东认为，身体是知识和道德的载体。在中学和中学以上，应该实行德、智、体"三育并重"。

在文章中，毛泽东还向读者详细介绍了自己编的一套体操。

毛泽东的这篇文章主要不是对体育形式的研究，而是反映了他提倡武勇世风和奋斗向上的人生观。

毛泽东认为，要干一番事业，必须有一个强健的体魄。出于救国救民的远大抱负，他从青少年时期就十分注意体育锻炼。他锻炼的项目很多，如日光浴、风浴、雨浴、冷水浴、游泳、登山、露宿、长途跋涉、体操、拳术等。

游泳是毛泽东青年时期最喜欢的体育活动。他的这个爱好一直保持到晚年。毛泽东认为，游泳既可以锻炼身体，又可以锻炼意志。在一师求学期间，他经常和同学们畅游湘江。同学罗学瓒身体素质很好，但不会游泳。毛泽东耐心地劝他学游泳，并悉心传授经验。在毛泽东的帮助下，罗学瓒很快喜欢上了游泳。

许多年后，毛泽东在谈到青年时期坚持体育锻炼时感慨说："我们也热心于体育锻炼。在寒假当中，我们徒步穿野越林，爬山绕城，渡江过河。遇见下雨，我们就脱掉衬衣让雨淋，说这是雨浴。烈日当空，我们也脱掉衬衣，说是日光浴。春风吹来的时候，我们高声叫嚷，说这是叫做'风浴'的体育新项目。在已经下霜的日子，我们就露天睡觉，甚至到了11月份，我们还在寒冷的河水里游泳。这一切都是在'体格锻炼'的名义下进行的。这对于增强我的体格大概很有帮助，我后来在华南多次往返行军中，从江西到西北的长征中，特别需要这样的体格。"①

毛泽东在一师求学期间，正是中国社会处于激烈动荡之时。

毛泽东十分关心国家大事，关注社会现实问题。他每天读报的时间很长，还常带着地图、字典和笔记本随时翻阅记录。跟同学们谈论起时事，他总是有条有理，对事态发展了如指掌。大家都称他为"时事通"。

1915年1月，日本帝国主义为了独霸中国，向袁世凯政府提出了灭亡中国的"二十一条"，并于5月7日发出最后通牒。袁世凯为了取得日本帝国主义的支持，以实现其复辟称帝的梦想，竟于5月9日复文表示基本接受日本的要求。消息传出后，举国上下义愤填膺，一师全体师生编印了揭露日本侵华野心及袁世凯卖国行径的《明耻篇》一书。毛泽东在封面上写下四句誓言："五月七日，民国奇耻，何以报仇，在我学子。"

这时，毛泽东的一个同学易永畦病逝了。5月23日，学友们为他举行追悼会，毛泽东借吊唁亡友写了一副挽联：胡虏多反复，千里度龙山，腥秽待湔，独令我来何济世；生死安足论，百年会有役，奇花初苗，特因君去尚非时。

① ［美］埃德加·斯诺：《西行漫记》，董乐山译，东方出版社2005年版，第138页。

1915 年的夏天到冬天，毛泽东一直在为反袁斗争奔走呼号。当时他担任校学友会文牍，主持把康有为、梁启超、汤化龙反袁的言论编成《汤康梁三先生之时局痛言》的工作，在校内外广为散发。

1916 年 6 月，袁世凯病逝。长沙、湘潭一带爆发了军阀之间的混战。毛泽东心中非常苦闷，"不觉泣下"。7 月 18 日，他在给萧子升的信中介绍了湖南军阀混战的情况，分析了湖南各派军阀的关系，对各派军阀乘反对袁世凯复辟帝制之机争权夺利、互相倾轧、为害湖南的行为甚为愤慨。7 月 25 日，他写信给萧子升，进一步分析了湖南、全国和世界的政治形势，还对中日关系作了精辟的分析和预测。

这时，国内报刊盛传日本大隈重信政府将要改组，国内许多人希望日本新内阁对中国的政策有所改善。毛泽东在给萧子升的信中分析了几年来的中日关系，指出：无论何人执政，其对我政策不易。思之思之，日人诚我国劲敌！他断言，"二十年内，非一战不足以图存"。

毛泽东的预见是正确的。果真在 1931 年 9 月 18 日，日本帝国主义发动了九一八事变，武装侵略中国东北。几年之后，日本帝国主义又发动了卢沟桥事变，开始了全面侵华战争。这是中华民族进行全面抗战的起点。

"奋斗的和向上的人生观"

毛泽东在一师读书期间，结交了一批志同道合的同学，如蔡和森、何叔衡、张昆弟、陈昌、陈绍休等人。这些人大多来自农村，出身贫寒之家，了解农民疾苦。他们没有少爷公子的浮华，却有着"奋斗和向上的人生观"，有着以天下为己任的社会责任感。他们经常在一起研究治学和做人的道理，探讨个人前途和国家的命运。

但是，毛泽东并不满足于这些，他认为自己的活动圈子还是比较窄，需要结识更多的朋友，讨论更多的问题，以便学到更多的东西。于是，他想出了一个办法——征友。

1915年暑假过后，毛泽东便向长沙各个学校发出一则《征友启事》。这个启事是他自己刻蜡板油印的，主要意思是：愿意和有爱国热情的青年结为朋友，愿意和那些不怕艰苦、不怕困难，能够为国为民献身的志士通信联络。

启事发出后，毛泽东等待了一些日子，陆续收到了五六个人的来信。人数虽然不多，但毛泽东仍然十分高兴。9月27日，毛泽东复信萧子升，托他再为自己介绍一些朋友。毛泽东在信中再次谈到了求友的迫切心情。他说："近以友不博则见不广，少年学问寡成，壮岁事功难立，乃发内宣，所以效嘤鸣而求友声，至今数日，应者尚寡。兹附上一纸，贵校有贤者乎，可为介绍。"① 11月9日，毛泽东在给黎锦熙的信中说："两年以来，求友之心甚炽。夏假后，乃作一启事，张之各校，应者亦五六人。近日心事稍快惟此耳。"②

与毛泽东联系的五六人中有一个是正在长郡中学读书的罗章龙。罗章龙看到毛泽东的启事后，当即回信约见。毛泽东很高兴，复信说"空谷足音，跫然色喜"，并约定在定王台湖南省立图书馆相见。两人谈了三小时，内容涉及治学、处世、人生、宇宙观和社会改造问题。分手时毛泽东对罗章龙说：我们谈得很好，"愿结管鲍之谊"，以后要常见面。

这期间，毛泽东和这些追求进步的青年学友一起，经常到岳麓山、橘子洲、平浪宫等风景名胜处聚会，或臧否人物、议论时事，或登高吟咏、斗韵唱和，相约不谈身边琐事。

从1916年开始，他们讨论最多的中心问题，是"如何使个人及人类的生活向上"。参加讨论这类问题的大概有15人，讨论的次数百次以上。他们逐渐达成一个共识：集合同志，创造新环境，为共同的活动。同

---

① 《毛泽东早期文稿》，湖南出版社1990年版，第28页。
② 同上书，第31页。

时，他们又受到新文化运动思潮的猛烈冲击，思想上发生了剧烈的震动。1917年冬天，毛泽东、蔡和森、萧子升等开始商量组织一个团体，立即得到了大家的响应。

1918年春，毛泽东和同学兼好友蔡和森一起前往湘阴、岳阳、平江、浏阳几个县，徒步周游了沿洞庭湖畔的部分地区。临走时，蔡和森告诉母亲，只出去两三天，谁知一走就是一个多月。他们风餐露宿，野果野菜充饥，沿途了解各地的地理环境和风俗习惯，了解农民的生产、生活情况，了解地主和佃户的租佃关系和收租、交租方式，了解贫农所受的压迫和剥削情况等。

这次"游学"的路上，他们俩详细地讨论了成立新民学会的问题。回到长沙没几天，1918年4月14日，在位于长沙岳麓山刘家台子的蔡和森家中召开了新民学会成立大会。参加大会的有毛泽东、蔡和森、萧子升、何叔衡、陈赞周、邹鼎丞、张昆弟、邹蕴真、陈书农、周明谛、叶兆桢、罗章龙等。

大会通过了由毛泽东、邹鼎丞起草的新民学会会章。会章规定：学会宗旨是"革新学术，砥砺品行，改良人心风俗"。会员守则为：（一）不虚伪；（二）不懒惰；（三）不浪费；（四）不赌博；（五）不狎妓。会议选举萧子升为总干事，毛泽东、陈书农为干事。不久，萧子升去往法国，会务工作由毛泽东主持。

关于新民学会的发起经过，毛泽东在1920年冬写的《新民学会会务报告》（第一号）中说："新民学会的发起，在国民六年之冬。发起的地点在长沙，发起人都是在长沙学校毕业或肄业的学生。这时候这些人大概有一种共同的感想：就是'个人及全人类的生活向上'。'如何使个人及全人类的生活向上'乃成为一个迫待讨论的问题。这时候尤其感到的是'个人生活向上'的问题。尤其感到的是'自己生活向上'的问题。相与讨论这类问题的人，大概有十五人内外。有遇必讨论，有讨论必及这类问题。讨论的情形至款密，讨论的次数大概在百次以上。至溯其源，这类问题的讨论，远在民国四五两年，至民国六年之冬，乃得到一种结论，就是'集合同志，创造新环境，为共同的活动'。于是乃有组织学会的提议，一提议就得到大家的赞同了。这时候发起诸人的意思至简单，只觉得自己品性要改造，学问要进步，因此求友互助之心热切到十分。——这实在是学会发起的第一个根本原因。又这时候国内的新思想和新文学已经发起了，旧思想、旧伦理和旧文学，在诸人眼中，已一扫而空，顿觉静的生活与孤独的生活之非，一个翻转而为动的生活与团体的生活之追求——这也是学会发起的一个原因。还有一个原因，则诸人大都系杨怀中先生的学生。与闻杨怀中先生的绪论，作为一种奋斗的和向上的人生观，新民学会乃从此产生了。"[1]

新民学会成立后，有会员七八十人，是当时国内十分有影响的社团。他们当中有许多人后来都成为中国共产党和中国革命史上的著名人物。

民众大联合是改造国家、改造社会的根本方法

1918年6月，毛泽东从湖南省立第一师范学校毕业了。

这时，毛泽东的恩师杨昌济已调到北京大学哲学系任教，举家迁到北京。蔡元培、李石曾等社会名流在北京组织了华法教育会，发起了赴法勤工俭学运动。杨昌济十分关心毛泽东等人的前途，写信给毛泽东，希望他响应蔡元培等人的号召，立即组织新民学会会员赴法勤工俭学。

6月下旬，毛泽东同萧子升、萧三、周世钊、何叔衡、陈赞周、蔡和森、邹鼎丞、张昆弟、陈书农、李维汉等人一起参加新民学会会议。会议讨论了会员毕业后的出路问题，大家一致同意应该"向外发展"，认为留法勤工俭学很有必要，应尽力进行，并推举蔡和森、萧子升专门

---

[1] 中国革命博物馆、湖南省博物馆编：《新民学会资料》，人民出版社1980年版，第2页。

负责。

6月25日，蔡和森到北京，经杨昌济介绍与李石曾、蔡元培接洽后认为，留法勤工俭学"颇有可为"。蔡和森立即函告毛泽东、萧子升等同志。蔡和森在给毛泽东的信中说，北京大学校长蔡元培正谋网罗海内人才，杨昌济老师很希望毛泽东进北京大学，以打下"可大可久之基"。没过多久，蔡和森再次致信毛泽东，希望他尽快赴京。

8月19日，毛泽东同萧子升、罗学瓒、罗章龙、陈赞周等20多名准备赴法勤工俭学的湖南青年到达北京。毛泽东先是住在杨昌济家，与看门人同住一间小屋。不久，因怕打扰老师，他搬到地安门内三眼井吉安东夹道七号，同蔡和森、罗学瓒等八人住在一起。

初到北京，毛泽东把主要精力用于赴法勤工俭学的组织工作。他和蔡和森、李石曾等一起制订计划，并为筹措经费四处奔走。随着湖南到京准备赴法的青年越来越多，困难也"实在不少，但到底没有一个人灰心的"。在杨昌济的大力协助下，华法教育会负责人李石曾同意为湖南青年在北京大学、保定育德中学、河北高阳县先办三处留法预备班，后又在长辛店机车车辆厂开办了半工半读的留法预备班。罗学瓒在给家里的信中说，此次在长沙招学生来京，组织预备班，毛泽东"出力甚多"。

在此期间，毛泽东还曾两次到长辛店机车车辆厂，了解工人们的工作和生活状况。

安排好了赴法勤工俭学的事情后，毛泽东留在北京。10月，经杨昌济介绍，毛泽东认识了北京大学图书馆主任李大钊。在征得蔡元培的同意后，李大钊安排毛泽东在图书馆当一名助理员，负责新到报刊和阅览人姓名的登记工作，月薪8块银圆。

由于工作关系，毛泽东时常到李大钊处请教，读到一些传播马克思主义的书刊，并参加李大钊组织的学生活动。他在天安门广场聆听了李大钊发表的《庶民的胜利》演说。这时，毛泽东开始具体地了解俄国十月革命和马克思主义。

在这期间，毛泽东曾与在京的新民学会会员，邀请蔡元培、陶孟和、胡适分别在北大文科楼谈话，主要谈论学术和人生问题。

毛泽东对政治的兴趣越来越浓，思想也越来越激进。他读了一些涉及无政府主义的小册子，很受启发。他还同北大学生朱谦之经常讨论无政府主义及其在中国的前景。

11月15日，李大钊在《新青年》第五卷上发表了《庶民的胜利》和《布尔什维主义的胜利》两篇文章。毛泽东看后很受影响。

1919年3月，毛泽东接到母亲病重的消息后，从北京回湖南，但为欢送赴法勤工俭学的湖南青年，中途绕道上海，4月上旬，回到长沙。

这一次的北京之行，令毛泽东的眼界更加开阔了。他走出了湖南，开始了迈向全中国的第一步。

1919年5月4日，北京爆发了伟大的学生爱国运动。消息传到湖南，全省震动。毛泽东联系新民学会会员、各学校学生骨干分子、新闻界和教育界的代表人物，交换看法，提出了在湖南开展爱国运动的具体意见。

5月7日，长沙各校学生举行"五七"国耻纪念游行，湖南督军张敬尧派军警冲散游行队伍。5月9日，长沙的报纸冲破督军张敬尧的新闻封锁，报道了北京的学生爱国运动。几天以后，北京学生联合会派邓中夏到长沙联络。邓中夏向毛泽东、何叔衡等详细介绍了北京学生运动的情况，并商讨恢复和改组现在的湖南学生联合会，以便发动湖南学生响应北京的爱国运动。5月23日晚上，毛泽东来到一师，约正在上晚自习的蒋竹如、陈书农、张国基等到学校后山操场，商谈响应北京学生运动，与北京学生采取一致行动的问题。据新民学会会员蒋竹如后来回忆：我们在月光下商谈了一阵，决定通过新民学会会员的活动，每个学校举一个或两三个代表，于25日上午到楚怡小学开会。第二天，我们便分途进行，通知各校推派代表。

随后的几天，毛泽东到一师、商业专门学校、明德中学等校进行活动，向学生骨干提出：（一）反帝爱国方向要明确，力争山东省主权完整，反对北京政府的卖国政策；（二）要有统一组织，使力量集中；（三）要准备对付张敬尧所施加的压迫。

5月25日，毛泽东同蒋竹如、陈书农等与各校学生代表易礼容、彭璜、柳敏等20多人在楚怡小学开会。毛泽东向大家介绍了邓中夏，并请邓中夏介绍北京学生运动情况。邓中夏希望湖南学生实行总罢课，声援北京学生。会议决定：成立新的湖南学生联合会；发动学生总罢课，以推动反帝爱国运动。三天后，湖南学生联合会正式成立。毛泽东经常到学联同负责人研究问题，指导工作。事实上，"他是这个富有战斗性的新的学生组织的实际领导者"。

6月2日，湖南学生联合会召开全体大会，决定全省学生从6月3日起，一律罢课。

6月3日，五四运动发展到一个新的阶段，中国无产阶级以巨大的声势加入这一运动。这一天，长沙20所学校举行总罢课。第二天，湖南《大公报》发表了学联的罢课宣言。随后，罢课风潮席卷全省。

在此期间，毛泽东同学联的负责人一起，利用暑期，组织青年学生到城乡、车站、码头等地，进行爱国反日宣传活动。

7月9日，在毛泽东的指导下，湖南学联发起成立了湖南各界联合会。联合会以"救国十人团"为基层组织。7月，基层组织已发展到400多个。不久后，正式成立了湖南救国十人联合会。

此时，在毛泽东的提议下，湖南学联决定创办杂志《湘江评论》，聘请毛泽东为主编和主要撰稿人。经过毛泽东等人的精心准备，7月14日，创刊号正式出版。毛泽东在创刊词中说："世界什么问题最大？吃饭问题最大。什么力量最强？民众联合的力量最强。什么不要怕？天不要怕，鬼不要怕，死人不要怕，官僚不要怕，军阀不要怕，资本家不要怕。"[1]"时机到了！世界的大潮卷得更急了！洞庭湖的闸门动了，且开了！浩浩荡荡的新思潮业已奔腾澎湃于湘江两岸了！顺他的生。逆他的死。如何承受他？如何传播他？如何研究他？如何施行他？这是我们全体湘人最

---

[1] 《毛泽东早期文稿》，湖南出版社1990年版，第292页。

切最要的大问题，即是‘湘江’最切最要的大任务。"①

　　毛泽东利用《湘江评论》这个阵地连续撰写文章，猛烈抨击帝国主义和封建势力，呼吁民众大联合。他在第二、第三、第四期上连续发表了《民众的大联合》一文，宣传反封建的民主革命思想，指出民众大联合是改造国家、改造社会的根本方法。文章热情称颂了俄国十月革命的胜利，赞扬中国的五四运动。文章指出，当今中国种种方面都要解放，"思想要解放，政治要解放，经济要解放"，强调中华民族有伟大的能力进行改革，号召工人、农民、学生、教师、警察、车夫各色人等联合起来，仿效别国的方法进行革命。文章也反映了他对马克思主义和无政府主义的看法，认为联合以后的行动，有两派：一派是很激烈的，主张"以其人之道还治其人之身"，其首领是生在德国的马克斯（马克思）；一派是较为温和的，这派人的思想"更广，更深远"，其首领为生于俄国的克鲁泡特金。《民众的大联合》在当时的进步思想界有相当影响。北京的《每周评论》说，此文"眼光很远大，议论也很痛快，确是现今的重要文字"。北京、上海、成都等地的一些报刊转载了这篇文章。

　　1919年8月中旬，《湘江评论》被湖南督军张敬尧查封了。《湘江评论》只发了四期，第五期刚印出来即被查封了，但在湖南产生了很大的影响。创刊号印了2000份，即刻售罄，又印了2000份，仍不能满足需要。不少进步青年，如任弼时、郭亮、萧劲光，就是受其影响开始觉悟的。

　　张敬尧原来是皖系军阀，1918年3月率北洋军进入湖南，担任督军兼省长。主政湖南期间，他横行霸道，作恶多端。湖南人民对他恨之入骨，认为"张毒不除，湖南无望"。张敬尧极端仇视学生爱国运动。1919年8月中旬，湖南学生联合会领导长沙群众焚烧日货，张敬尧即派军警包围了湖南学生联合会，并胁迫学生联合会会长彭璜停止反日爱国运动。他张贴布告，解散学联，查封了《湘江评论》，并闯入湘鄂印刷公司，没

---

① 《毛泽东早期文稿》，湖南出版社1990年版，第294—295页。

收了刚印好的《湘江评论》第五期。

由于事先得知张敬尧的举动，毛泽东随即布置学生联合会的职员离开，并将重要的文稿和学联的印信转移，因此学生联合会未遭受大的损失。

就在查封的当天晚上，毛泽东同留守的学生联合会骨干在何叔衡处开会，拟定了六条办法：（一）各校学生暂不用"学联"名义；（二）学联活动要秘密进行；（三）将查封《湘江评论》的情况通告报界；（四）要回乡学生宣传张敬尧的暴行；（五）函达全国学联和各界联合会争取支援；（六）积极准备"驱张"。

1919年9月中旬，毛泽东在商业专门学校召集原学联骨干酝酿驱逐张敬尧的问题，指出北洋军阀内讧是"驱张"的大好时机，湖南学生要做"驱张"运动的主力。他当即布置：尽可能策动教员和新闻界人士支援学生。同时，他还指派彭璜和商业专门学校代表李凤池等去上海，联络省外"驱张"力量。毛泽东还提出要为恢复学联做积极的准备工作。

一个多月后，毛泽东同湖南教育界1272人联合署名发出公启，揭露张敬尧派私党操纵改选并控制省教育会的内幕，反对张敬尧摧残教育事业。公启在翌年的2月20日《湖南》月刊上公开发表。

1919年11月16日，毛泽东领导被张敬尧解散的湖南学生联合会骨干分子重建学联，并召开了成立大会。当天，福州发生了日本暴徒持械殴打学生的"福州惨案"，湖南学联散发传单声援，并要求立即焚毁从长沙小吴门火车站查出来的日货。

12月2日，重建后的湖南学联联络长沙工人、学生、教职员、店员约万人，高举"民众联合""抵制日货""打倒奸商"的旗帜，在教育会坪举行第二次焚毁日货示威大会，但遭到张敬尧军警的武力镇压。这一事件更加激怒了湖南人民。第二天，毛泽东即同新民学会会员和湖南学联骨干、积极分子在长沙白沙井召开会议，研究形势，讨论对策。第三天，毛泽东出席了在楚怡小学召开的长沙各校教职员代表和学生代表联席会议，会议决定开展"驱张"运动，继续发动全省学校总罢课和游行演说。随后，召开紧急会议，决定组织"驱张"代表团，分赴北京、天津、上海、汉口、常德、衡阳、广州等地宣传"驱张"运动。

一场声势浩大的"驱张"运动开始了。毛泽东是这场运动的主要组织者和主要领导人。这是他第一次独立组织的具有广泛影响的政治运动。

12月6日，长沙各校学生罢课。湖南学联代表长沙学生向全国发出"张敬尧一日不去湘，学生一日不回校"的誓言。当天，毛泽东率"驱张"请愿团离开长沙赴北京。代表团在汉口停留了十天左右，分头动员旅鄂湖南学生一同"驱张"，联络湖北学生支持"驱张"运动。在赴京期间，毛泽东等发表"快邮代电"，向全国揭露张敬尧在湖南的罪行。

12月18日，毛泽东率湖南"驱张"请愿团到北京，使北京成为当时湖南"驱张"的大本营。毛泽东还同张百龄、罗宗翰等组织了平民通信社，并担任社长。每日发稿，分送京、津、沪、汉各报，将张敬尧祸湘的罪行及各地"驱张"运动的消息加以传布。12月下旬，毛泽东出席了有千人参加的湖南旅京各界公民大会，讨论"驱张"办法。大会要求与会的湘籍议员签字担保"驱张"。月底，毛泽东同彭璜、张百龄等以湖南旅京公民的名义，就张敬尧私运烟种一事上书国务院，揭露张敬尧到湘后，大开烟禁、劝民种烟的行径，要求国务院"速呈明大总统，将湖南督军张敬尧明令罢职，提交法庭依律处办，以全国法而救湘民"。

1920年1月，毛泽东率"驱张"代表团先后进行了多次请愿活动，提出："张督祸湘，罪大恶极，湘民痛苦，水深火热。张督一日不去湘，湘民一日无所托命。"他还作为请愿代表向北洋政府提出"驱张"要求。

"驱张"运动取得一定的效果，使得张敬尧陷入四面楚歌之中。几个月后，就在直皖战争爆发前夕，张敬尧不得不从长沙出走。

1920年4月上旬，毛泽东邀集湖南代表在景山东街中老胡同商讨结束在京"驱张"活动问题。会议决定，除留少数人在京外，其他代表分别到武汉、上海、广东、湖南继续进行"驱张"运动。毛泽东于4月11日离开北京前往上海。

"有三本书特别深地铭刻在我的心中，建立起我对马克思主义的信仰"

第二次北京之行，对毛泽东确立共产主义信仰产生了重要的影响。

在北京组织"驱张"活动期间，毛泽东的思想发生了很大的变化。毛泽东和李大钊、邓中夏、罗章龙等人有了更多的联系。他们经常在一起讨论改造中国社会的一些问题。在李大钊等人的影响下，毛泽东对马克思主义产生了越来越浓厚的兴趣。他很关注报刊上发表的有关马克思主义的文章，也积极搜寻为数不多的中文版马克思主义书籍。

1936年，毛泽东在与斯诺的谈话中回忆说："1920年冬天，我第一次在政治上把工人们组织起来了，在这项工作中我开始受到马克思主义理论和俄国革命历史的影响的指引。我第二次到北京期间，读了许多关于俄国情况的书。我热心地搜寻那时能够找到的为数不多的用中文写的共产主义书籍。有三本书特别深地铭刻在我的心中，建立起我对马克思主义的信仰。我一旦接受了马克思主义对历史的正确解释以后，我对马克思主义的信仰就没有动摇过。"①

毛泽东说的三本书，第一本是《共产党宣言》，陈望道译，这是用中文出版的第一本马克思主义的书籍；第二本是考茨基著的《阶级斗争》；第三本是柯卡普著的《社会主义史》。他说：到了1920年夏天，在理论上，而且在某种程度的行动上，他已成为一个马克思主义者了，而且从此也认为自己是一个马克思主义者了。

1920年1月，毛泽东经李大钊、王光祈介绍，参加少年中国学会。2月，毛泽东致信在长沙周南女校任教的新民学会会员陶毅。信中提到，

---

① ［美］埃德加·斯诺：《西行漫记》，董乐山译，东方出版社2005年版，第147页。

想和同志成立一个"自由研究社"（或称自修大学），用一两年的时间，将古今中外学术大纲弄个清楚，作为出洋考察的工具，然后组织一个留俄队，赴俄勤工俭学。3月14日，毛泽东在给周世钊的信中说，想暂不出国去，暂时在国内研究各种学问的纲要，还说想两三年后组织一个游俄队。他还提到，要在长沙办自修大学，在这个大学里"实行共产的生活"。在北京期间，毛泽东同李大钊等密切联系，认真阅读他们介绍的马克思主义书刊。这时，毛泽东较多地受到马克思主义理论和俄国革命历史的影响，对社会历史的发展有比较正确的理解。他后来说过，在李大钊的帮助下，"我才成为一个马列主义者"。

6月11日，湖南军阀张敬尧出走长沙。14日，湘军总指挥赵恒惕到长沙。湖南政局发生重大变化。当天，毛泽东在上海《申报》上发表了此前写好的《湖南改造促成会发起宣言》。随后又陆续在上海《时事新报》上发表了《湖南人再进一步》《湘人为人格而战》等文章。

在上海期间，毛泽东还就湖南改造促成会的一些计划征询陈独秀的意见。此时，陈独秀正在上海同李达、李汉俊等筹建上海共产党早期组织。在同陈独秀的交谈中，毛泽东谈到了读过的马克思主义书籍。毛泽东后来回忆说，陈独秀谈自己的信仰的那些话，在他一生中可能是关键性的这个时期，对他产生了深刻的印象。

信仰确立了，回到长沙的毛泽东开始致力于新文化运动和马克思主义的宣传活动。他同易礼容等创办了文化书社。他们还租了三间房子作为书社的社址。书社经营的书刊中有不少介绍马克思主义的，如《新俄国之研究》《劳农政府与中国》《马克思资本论入门》《社会主义史》等。

毛泽东还和方维夏、彭璜、何叔衡等筹组了湖南俄罗斯研究会，并担任书记干事。这个研究会先后介绍了刘少奇、任弼时、萧劲光等16名进步青年赴俄留学。

1920年8月，陈独秀等在上海成立了共产党早期组织。该组织函约各地社会主义分子组织支部。11月间，毛泽东收到了陈独秀、李达的来函，接受筹建长沙共产党早期组织的正式委托。

9月15日，毛泽东参加俄罗斯研究会成立会，被推举为书记干事。11月上旬，毛泽东在《大公报》上连日刊登《文化书社通告好学诸君》，说本社"目的专经售新出版物"，通告文化书社经售的出版物有罗素的《政治理想》和达尔文的《物种原始》《社会主义史》及《新青年》等计212种。也就是在这个时候，毛泽东应陈独秀之约，在长沙创建了湖南共产党早期组织。参加发起的还有何叔衡、彭璜等。

12月1日，毛泽东写长信给在法国的新民学会会友蔡和森、萧子升等，回复蔡、萧等人提出的关于新民学会的方针、方法的意见，表明自己接受马克思主义，主张走俄国十月革命的道路。几个月前，新民学会旅法会员在法国蒙达尔尼举行会议，提出以"改造中国与世界"为共同目标。但是，对于用什么方法达到这个目标，意见有分歧。蔡和森等接受马克思主义，主张组织共产党，实行无产阶级专政，走俄国式的革命道路；萧子升等信仰无政府主义，主张"温和的革命"，用教育作工具。会后，两派都写信告诉国内的毛泽东等会员。毛泽东在复信中明确表示不同意萧子升等人的主张，而对于蔡和森等人的主张表示"深切的赞同"。他还在信中说明了自己赞同革命道路的理由：历史上凡是专制主义者，或帝国主义者，或军国主义者，非等到人家来推倒，绝没有自己肯收场的。因此，"用和平方法去达共产目的"是不行的。信中表达了他对于过去接受过的无政府主义和西方民主主义的观点有所改变，说"我对于绝对的自由主义，无政府的主义，以及德谟克拉西主义，依我现在的看法，都只认为于理论上说得好听，事实上是做不到的"①。

就在创建长沙共产党早期组织的同时，12月2日，毛泽东还到张文亮处，商讨成立社会主义青年团问题。提出建团应分两步进行，第一研究，第二实行。要"多找同志"。1921年1月13日，湖南社会主义青年团正式成立，有团员16人，毛泽东任书记。

1921年1月上旬，毛泽东在新民学会新年大会的讨论中，主张新民学

---

① 《毛泽东书信选集》，人民出版社1983年版，第8页。

会应以"改造中国与世界"为目的。在讨论采用什么方法时，毛泽东在会上首先列举了世界上解决社会问题的五种方法：一是社会政策；二是社会民主主义；三是激烈的共产主义（列宁的主义）；四是温和方法的共产主义（罗素的主义）；五是无政府主义。他认为只有激烈方法的共产主义，即所谓劳农主义，用阶级专政的方法，是可以达到预计效果的，故最宜采用。

1920年年底，毛泽东收到蔡和森于9月16日写的长信。1921年1月21日，他复信蔡和森，对蔡和森信中提出的"正式成立一个中国共产党"等主张，表示"见地极当，我没有一个字不赞成"。毛泽东还写信告诉蔡和森，"党一层，陈仲甫先生等已在进行组织"，并称赞共产党上海发起组出版的刊物《共产党》"颇不愧'旗帜鲜明'四字"。

"自从有了中国共产党，中国革命的面貌就焕然一新了"

1920年8月上海共产党早期组织建立后，全国一些地方的共产党早期组织也纷纷筹建起来。

1921年6月初，两位高鼻梁、绿眼睛、红头发的外国人先后来到上海，与两位上海共产党早期组织的发起人李达、李汉俊会面。他们就是共产国际代表马林和共产国际远东书记处代表尼克尔斯基。他们在了解到上海等地共产党早期组织成立的一些情况后，提出应及早召开中国共产党第一次全国代表大会，宣告中国共产党成立。李达、李汉俊同当时在广州的陈独秀和在北京的李大钊通过书信商议，决定在上海召开中国共产党第一次全国代表大会。随即，他们写信通知北京、武汉、长沙、济南、广州和旅日的共产党早期组织，要求各派两名代表于7月到上海开会。

6月，毛泽东接到了到上海参加中国共产党第一次全国代表大会的通知。

从1920年的11月开始，毛泽东就为筹建长沙共产党早期组织四处奔走。1921年2月，毛泽东回韶山过春节。大年三十的晚上，他和弟弟妹妹们围着火塘守岁。毛泽东在听完弟弟毛泽民关于家中生活境遇的述说后，说：国乱民不安生，要舍家为国，舍己为民，走出去干点事；家里的房子可以给人家住，田地可以给人家种；欠人家的钱一次还清，人家欠他们的就算了；那几头牛，还是让别人去喂，要春耕了，人家用得着；剩下的谷子，春耕时粜给上下屋场的人吃。过完春节，毛泽东即带着弟弟、妹妹们离开了韶山。

1921年6月29日晚上6时，毛泽东和何叔衡一起来到长沙小西门码头，在暮色中登上了一艘开往上海的小火轮。事关机密，加之走得突然，没有人给他们送行，就连旅费也是由熊瑾玎悄悄为他们筹集的。

他们两人是作为长沙共产党早期组织的代表参加会议的。轮船顺着滚滚的江水东下。几天后，也就是在7月初，他们到达了上海，住进了白尔路的博文女子学校。

在毛泽东、何叔衡到达前后，还有其他地区的一些共产党早期组织的代表陆续来到了上海。他们中间除陈公博携新婚妻子住在上海大东旅社外，其他人都以"北大暑期旅行团"的名义住在了博文女子学校。彼此之间有的认识，有的并不熟悉，但他们都怀有一个共同的目的。

7月23日晚，在上海法租界贝勒路树德里3号——上海代表李汉俊与其兄李书城的寓所，中国共产党第一次全国代表大会秘密召开了。参加会议的各地共产党早期组织的代表有：上海代表李达、李汉俊，北京代表张国焘、刘仁静，长沙代表毛泽东、何叔衡，武汉代表董必武、陈潭秋，济南代表王尽美、邓恩铭，广州代表陈公博，旅日代表周佛海。会议本来是由陈独秀主持的，但因陈独秀此时担任广东政府教育委员会委员长，正忙于筹建广东大学，不能抽身，所以委派包惠僧代表出席。与会代表共计13人，代表着全国50多名党员。

马林和尼克尔斯基也参加了会议，李汉俊、刘仁静担任翻译。

会场陈设比较简朴，但气氛很庄重。房间的正中放着一张长形大餐桌，四周围着一圈圆凳；桌上放着茶具、一对紫铜烟缸和一只饰有荷叶边的粉红色玻璃花瓶；东、西墙边各安置了一只茶几和两张椅子，靠北端的红漆板壁边放置了一张小桌。

会前，代表们先在博文女子学校开了一个简短的预备会议，大家交换了意见，认为应立即举行中国共产党第一次全国代表大会，宣告党的成立。

会议推举张国焘主持，毛泽东和周佛海担任记录。

会议开始后，张国焘向代表们报告了会议的筹备经过，说明了这次会议召开的重要意义。接着，张国焘提出大会的议题，包括制定党的纲领、党的工作计划和选举中央机构。随后，马林代表共产国际致辞，说中国共产党成立具有重大的世界意义。他建议中国同志要特别注意开展工人运动，建立工会组织，吸收工人中的先进分子入党。他还建议成立一个起草党纲和工作计划的委员会。毛泽东后来回忆说，马林"精力充沛，富有口才"。尼克尔斯基也致了辞。然后，代表们具体商讨了一大的议程和任务。

随后几天会议的议程主要是由各地代表报告各地区的工作，最后选举党中央的领导机构。

毛泽东在会上只作过一次发言，介绍了长沙共产党早期组织的情况。据参加大会的刘仁静、李达后来回忆说，毛泽东很少发言，但他十分注意听取别人的发言。

7月30日晚，正当会议进行的时候，一名陌生男子突然闯入会场，环视一周后匆忙离去。具有长期秘密工作经验的马林立即断定此人是敌探，建议马上中止会议。大部分代表迅速转移。十几分钟后，法租界巡捕包围并搜查会场，结果一无所获。于是，代表们听取李达夫人王会悟的建议，转移到她的家乡浙江嘉兴南湖，在一条游船上举行了最后一次会议。会议通过了中国共产党党纲，确定党的名称为中国共产党。规定党的奋斗目标是：以无产阶级革命军队推翻资产阶级，由劳动阶级重建国家，直到社会的阶级区分消除为止；承认无产阶级专政，直到消灭社会的阶级区分；消灭资本家私有制，没收机器、土地、厂房和半成品等生产资料，归社会公有；联合共产国际。纲领明确提出要把工人、农民和士兵组织起来，并确定党的根本政治目的是实行社会革命。大会选举陈独秀、张国焘、李达组成中央局，陈独秀为中央局书记。

大会确定党成立后的中心任务是组织工会，领导工人运动。

中国共产党第一次全国代表大会宣告中国共产党正式成立。这是中国历史上开天辟地的大事件。

"我就是工人代表"

毛泽东参加完党的一大回到长沙后，因身体不好，住在船山学社。这期间，他主要做了两件事。

第一就是发展党员。8月中旬，毛泽东在文化书社和清水塘多次同何叔衡、易礼容商量在湖南成立共产党支部的问题。随后，毛泽东与何叔衡创办了湖南自修大学，毛泽东任指导主任，实际上负领导责任。在创办湖南自修大学的同时，毛泽东着手组建的中国共产党湖南支部于10月10日正式成立，毛泽东任书记，成员有何叔衡、易礼容等。毛泽东在长沙小吴门外的清水塘租赁了一所房子，作为党支部活动的秘密机关，并和妻子杨开慧搬到那里居住。

湖南党支部建立后，毛泽东开始注意在学生和工人中吸收先进分子入党。他先在湖南第一师范、岳云中学、甲种工业学校等发展了一批党员。10月中旬，毛泽东来到衡阳，在湖南第三师范学校研究发展党员、成立党的组织问题。随后吸收了进步团体"心社"的负责人蒋先云、黄静源和教员蒋啸青等加入中国共产党。

11月，中共中央局发出关于建立与发展党、团、工会组织及宣传工作决议的通告，要求上海、北京、广州、武汉、长沙五区在1921年内，最迟于1922年7月前，分别发展党员至30人，成立区执行委员会。

毛泽东按照通告要求，经常深入到长沙第一纱厂、电灯公司、长沙粤汉铁路工人中以及泥木、缝纫、印刷等行业工人中，同他们交朋友，发展党员。

不到半年时间，湖南已发展党员30名。毛泽东和何叔衡在此基础上建立了中共湘区委员会，毛泽东任书记。区委机关仍设在清水塘22号，杨开慧负责区委的机要和联络工作。

第二就是开展工人运动。中国共产党第一次全国代表大会结束不久，中国劳动组合书记部即在上海成立。这是公开领导工人运动的机关。10月，劳动组合书记部湖南分部在长沙成立，毛泽东担任主任。11月，毛泽东在湖南劳工会的刊物《劳工周刊》上发表文章，对改组劳工会提出了几点建议。同时，毛泽东还指定专人同劳工会领袖黄爱、庞人铨联系，多次约他们到清水塘恳谈。12月25日，根据中共中央局的指示，毛泽东通过湖南劳工会、省学联，发动了长沙1万多名工人、市民和学生，举行示威，反对美、英、法、日等帝国主义召开损害中国主权的太平洋会议。

12月，一部分有觉悟的安源路矿工人致信劳动组合书记部，请求派人到安源提供帮助并指导工作。书记部当即派毛泽东前往。毛泽东以交朋友的方式与工人谈心，并深入矿井工棚了解工人们的疾苦和受压迫的情形。毛泽东对工人们说：不是我们工人的命不好，是帝国主义、资本家剥削了我们，压迫了我们；所以我们工人要解放，一不靠神仙，二不靠皇帝，要靠我们自己。他指着地上的一粒小石子，打了一个比方说：这石子，一脚就可以踢开，但如果是块大一点的石头，就要很多人才能搬动。安源的工人团结起来，就像一座石山，资本家不但搬不动，倒下来还会把他们砸扁、砸死。毛泽东先后七次到安源发展工人运动。他还派李立三到安源开展工作，后来又陆续派刘少奇、蒋先云、黄静源、毛泽民等到安源工作。

1922年9月，在毛泽东的领导下，安源路矿1.7万名工人发动了大罢工，迫使路矿当局答应了保障工人的政治权利、改善工人的福利待遇、增加工人的工资等全部条件，罢工取得了彻底胜利。

10月，毛泽东又亲自发动和领导了长沙6000多名泥木工人的罢工斗争。

长沙城里有6000多名泥木工人，他们整天在建筑工地日晒雨淋，食不果腹，衣不蔽体，生活十分艰苦，而工价却少得可怜。10月6日，长沙泥木工人举行了声势浩大的罢工，要求提高工价。罢工持续了数日，但长沙县公署不仅拒绝了工人们的要求，而且张贴布告，禁止工人们请愿，还说工人中有"暴徒"。一些工人担心当局会镇压工人。毛泽东帮助工人们分析形势，鼓励大家坚持斗争到底。10月23日，毛泽东和数千名泥木工人一起举行游行示威请愿大会。毛泽东穿着一件对襟衣，走在工人队伍中间，领着工人喊口号。10月24日，毛泽东亲自担任泥木工人首席代表，率领几名工人代表到省政务厅同政务厅长吴景鸿谈判。谈判持续了三个多小时，迫使吴景鸿答应由泥木工人行具一个呈文，说明要求增加工资和营业自由，交省政府赵恒惕批准。毛泽东当场将吴景鸿和工人代表的谈话记录下来，并起草呈文。第二天，《呈省长文》在长沙《大公报》上发表。于是，省长赵恒惕不得不批准了这个呈文。泥木工人经过20多天的罢工斗争，取得了完全的胜利。

1922年11月1日，毛泽东在长沙新河主持召开粤汉铁路总工会成立大会。与会代表一致赞成组织湖南全省工团联合会，随即又召开联合会第一次代表会议，毛泽东被推为主席并代表中国劳动组合书记部湖南分部发表演说。11月5日，全省各工团召开第二次代表会议，正式成立全省工团联合会，毛泽东被选为湖南全省工团联合会干事局总干事。

湖南全省工团联合会成立后，毛泽东即以联合会总干事的身份，率领工人代表同赵恒惕政府进行了面对面的说理请愿斗争。

工团联合会一成立，赵恒惕政府即制造谣言，说干工运的是"过激派"，搞无政府主义，要推翻现政府。同时还放出话来，要对工人采取严厉的镇压手段。

毛泽东决定采取先发制人的办法。12月11日，毛泽东以湖南全省工团联合会总干事的身份，率领粤汉铁路、泥木、理发、铅印活版等11个工会的代表郭亮、任树德、罗学瓒等20余人，会见长沙县知事周瀛干、省警察厅长石成金。12日，他们又会见省政务厅长吴景鸿。13日，他们直接会见省长赵恒惕，就10个问题进行交涉：第一，请政府说明对工界的态度；第二，集会结社问题；第三，表明工人的态度问题；第四，工人与政府接头问题；第五，设劳资裁判所问题；第六，人力车工会会牌被警方取下问题；第七，理发工会提出的营业自由问题；第八，笔业罢工拖延不决问题；第九，机械工会改选、更名问题；第十，缝纫工会旧总管不交财产文卷问题。

经过毛泽东和工人代表的斗争，工人的要求基本上得到解决。毛泽东等立刻以《各工团代表与赵省长、吴政务厅长、石警察厅长、周长沙县知事交涉的实在情形》为题，披露说理斗争的详细情况，发表在1922年12月15—17日的长沙《大公报》上。

赵恒惕事后对人说："湖南再来一个毛泽东，我就不能立足了。"

"农民运动的王"

1923年6月，毛泽东以湘区党代表的身份出席在广州召开的中国共产党第三次全国代表大会。会议决定全体共产党员以个人名义加入国民党，但仍保持共产党组织的独立性。毛泽东在会上当选为中央局五个成员之一，陈独秀任中央局委员长，毛泽东为中央局秘书。

毛泽东在中共三大上作了发言。毛泽东在发言中强调了农民革命的重要性，进而指出中共不应只看见处广州一隅的国民党，而应重视全国广大的农民。毛泽东指出，湖南工人数量很少，国民党员和共产党员更少，可是满山遍野都是农民，而中国历代的造反和革命，每次都是以农民为主力；国民党在广东有基础，无非是有些农民组成的军队，如果中共也注重农民运动，把农民发动起来，也不难形成像广东这样的局面。这种看法，是毛泽东对于中共极大的贡献。

会议委托毛泽东和谭平山起草了农民问题的决议案。但这时全党对农民运动的认识还是很不够的。

毛泽东决定回湖南开展农民运动。

1924年年底，毛泽东因工作过于劳累患病，经中共中央同意，从上海回到湖南长沙疗养。在岳母家过完春节后，他回到了韶山。这时，毛泽东一家已是4口人了——他的第二个儿子毛岸青出生于1923年11月。与毛泽东一家同行的还有毛泽东的大弟弟毛泽民。

毛泽东一家的到来，令韶山的乡亲们非常高兴。毛泽东一边养病，一边做些社会调查。毛泽东还经常到朋友、同学、亲戚和邻居家进行走访，或邀请亲友到家中，谈家常、讲时事。经过同形形色色的人的接触，毛泽东了解了韶山附近农民的生产生活情况、农村的阶级状况等各种社会情况。同时，毛泽东也趁机向他们描述国家的政治形势，讲述世界上的人为什么有穷有富；讲述为什么农民起早摸黑，一年累到头，自己却没有饭吃，没有衣穿；讲述为什么地主不劳动，却吃大鱼大肉，穿绫罗绸缎，有权有势。他又用算账的办法，说明地主豪绅和贪官污吏是怎样吮吸农民的血汗的。毛泽东还用湖南连年发生军阀混战，英、美、日等帝国主义操纵各派军阀争权夺利的事实，说明帝国主义是地主阶级和封建军阀的后台老板，是"洋财东"，启发农民不仅要打倒地主阶级，还要打倒帝国主义。

毛泽东的话入情入理，通俗易懂，说到大家心里去了，去他家的人越来越多。不管是家里碰到了什么事，或心里有什么解不开的问题，老乡们都愿意说给毛泽东听，求他拿个主意。通过毛泽东的启发，不少老乡慢慢懂得了一些革命道理。

一天，毛泽东的家里又来了不少乡亲。他们中有刚从安源煤矿回来的共产党员毛福轩，有穷郎中毛新枚，有小学教员李耿侯和庞叔侃，还有被乡亲们称为"硬汉子"的农民钟志申。钟志申是毛泽东小时候的同学，前些年带头抗缴烟灶税，赶走了当地恶霸成胥生的团丁，冲进团防局造反，结果遭到通缉，在外躲了几年才回来。

毛泽东问起乡亲们这些年的境况，大家纷纷把村里的情况和个人遭遇讲给毛泽东听。听完大家的诉说，毛泽东站起身来在房子里一边走一边说：我们韶山，有个最大的特点，就是穷。穷到什么程度呢？十户就有九户是田无升合，地无寸土，拿在座的新枚哥来说，自己虽然做郎中，可是全家老小七口人吃茶饭，只一亩田，年年是禾镰上壁，就没有饭吃。但是穷得有志气，好多人都不情愿受地主的欺压，像志申哥就是这样，敢于和成胥生作对，把成胥生的团丁像赶疯狗一样赶跑。

还有一天晚上，毛福轩等人来到毛泽东家中。毛泽东问大家：像成胥生这样的土豪劣绅，我们要推倒他们，办得到办不到？大家你一言，我一语，没有统一意见。毛泽东听后说：推得倒推不倒，就看大家齐心不齐心了。我们可以扳着指头算算看，在韶山是像成胥生这类的土豪劣绅多呢，还是像毛福轩、钟志申这类受苦受压的人多？当然是受苦受压的人多。只要我们齐心了，联合起来，就一定能够推翻骑在穷人头上的富人！

为了让大家理解，毛泽东还顺手拿起一根筷子，打比方说，一根筷子一折就断，一把筷子就折不断了。往后，大家要组织起来干，一起去和成胥生这些土豪劣绅作斗争。在深入交谈中，毛泽东发现毛新枚、庞叔侃、钟志申、李耿侯等人的政治热情和觉悟提高很快，便与毛福轩商量，把他们作为骨干，依靠他们去发动组织贫苦农民。

为了更广泛地发动农民，毛泽东还吸取办工人夜校的经验，创办农民夜校，教农民识字，学算术，并传播一些简单的革命道理。在讲到"手""脚"两个字时，他说：人人都有手脚，可是农民的手脚一年到头不停地劳动，却缺衣少吃；地主有手不劳动，有脚还坐轿子，吃大鱼大肉，穿绫罗绸缎。通过这样的事实，农民的觉悟得到了启发。到了1927年7月，这样的夜校在当地办起了20多所。

从1925年3月起，毛泽东就开始指导组织秘密的农民协会。夜校的学员大多数成为协会的会员。几个月的工夫，这样的协会就发展到20多个。在这个基础上，毛泽东亲自发展了韶山第一批中共党员。6月中旬的一天晚上，在自家的阁楼上，毛泽东亲自主持了毛新枚、钟志申、庞叔侃、李耿侯等人的入党仪式。毛新枚等四人围坐在一张方桌周围，毛福轩简单介绍了四人的情况后，领着他们肃立在列宁像和鲜红的党旗面前庄严宣誓。随后，毛泽东宣布中共韶山支部成立，由毛福轩任支部书记。同时确定党支部的代号为"庞德甫"，并由钟志申负责在银田寺开办"合作书店"，作为与上级通信的秘密联络点。这是毛泽东在农村创建的第一个党的基层组织。

毛泽东还经常召集农民协会骨干开会，讲述土豪劣绅如何压迫剥削农民，农民应当怎样向土豪劣绅开展斗争。中共韶山支部建立后，毛泽东开始在家乡发动农民，开展斗争。

1925年7月，韶山一带大旱，田地干裂，眼看快要成熟的稻子被烤得枯黄。此时正是青黄不接的时节，不少农民家中断了粮。而黑心地主却乘机囤积居奇，抬高米价，原来一升米60文，转眼就涨成了160文。农民本来就没钱买粮，这下子更买不起了，而且借贷无门，不少人只好外出逃荒，有的走投无路，欲寻短见。

毛泽东立即召集毛福轩、钟志申等党员和农民协会骨干开会想办法。大家认为，韶山一带真正掌握粮食命脉的是上七都团防局长成胥生。此人家财万贯，经常欺压百姓。毛泽东回乡后办起了夜校，他处处从中作对，搞破坏。大家纷纷要求吃成胥生的"排饭"。毛泽东思考后决定发动农民，迫使成胥生开仓平粜（平价卖出）。毛泽东说，可以先派两个人去找成胥生，请他平粜，如果他答应了，其他地主也就不敢抬高米价了；如果他不肯，就要想办法逼他平粜。

中共党员钟志申、庞叔侃去找成胥生，成胥生拒绝了钟志申、庞叔侃的请求。

毛泽东得知这一消息后，立即让毛福轩等人密切监视成胥生的动静。果不其然，一天晚上，成胥生命家丁偷偷将粮食运到银田寺，准备从水路运到湘潭高价出售。毛泽东让毛福轩带领数百名农民，带着锄头、扁担、箩筐，连夜奔赴银田寺，阻止谷米起运。成胥生见此情形，被迫将谷子运回，平价卖给农民。见成胥生平价卖米，其他地主也只好跟着平粜了。

毛泽东在韶山一带的活动，引起了土豪劣绅的忌恨。成胥生立即写信给赵恒惕，说毛泽东"聚众闹事，危害乡里"。8月28日，赵恒惕接报后，立即电令湘潭县团防局急速逮捕毛泽东，"就地正法"。

县议员、开明绅士郭麓宾在县长办公室看到这封密电后，立即写了一封信派人送到韶山。这时，毛泽东正在谭家冲开会。接到信后，毛泽民的夫人王淑兰立即给毛泽东雇了顶轿子，毛泽东假扮成郎中，连夜离开了韶山。等到几天后团防局来捉人时，毛泽东早已到了长沙。

此时的毛泽东正在赵恒惕的眼皮底下举行秘密会议，向中共湘区委员会报告韶山农民运动的有关情况。他还来到湘江岸边橘子洲头，回想当年风华正茂的学生生活，写下了《沁园春·长沙》：

独立寒秋，湘江北去，橘子洲头。看万山红遍，层林尽染；漫江碧透，百舸争流。鹰击长空，鱼翔浅底，万类霜天竞自由。怅寥廓，问苍茫大地，谁主沉浮？

携来百侣曾游。忆往昔峥嵘岁月稠。恰同学少年，风华正茂；书生意气，挥斥方遒。指点江山，激扬文字，粪土当年万户侯。曾记否，到中流击水，浪遏飞舟？

1926年1月，中国国民党召开了第二次代表大会。会上，毛泽东受主席团的指定，参加修改《农民运动决议案》。会后，他参加了新成立的国民党中央农民运动委员会。3月19日，毛泽东被任命为国民党中央在广州主办的第六届农民运动讲习所所长。

这个讲习所创办于1924年7月，目的是培养农民运动人才，此前已经举办了五届，培养了454人。最初的主办人是彭湃。

第六届讲习所于5月15日正式开课，学生327名，来自20个不同省区。共开设25门课程，内容主要是围绕中国革命的基本知识，其中有关农民运动的课程有八门。教员有彭湃、阮啸仙等。毛泽东也授课，主要讲授中国农民问题、农村教育、地理等课程。

毛泽东还十分注重对社会情况的实际调查。他提倡学员研究各省的农民问题，组织了以地区划分的13个农民问题研究会，并拟定了36个调查项目。8月，他组织师生到彭湃领导的广东海丰东江实习两周，使学员对农民运动的了解大大加深了。

1924年7月上旬，国民革命军在广州誓师北伐。7月中旬，中国共产党在上海召开中央执行委员会扩大会议，讨论北伐中国共合作策略和民众运动政策问题。其中对农民运动限制很多，认为农民协会"尚不能带有阶级色彩"，农民武装"不要超出自卫的范围"。

毛泽东的认识和中央不同，他组织编印了一套《农民问题丛刊》。在出版第一辑时，毛泽东写了一篇序言《国民革命与农民运动》，指出，农民问题乃国民革命的中心问题，农民不起来参加并拥护国民革命，国民革命不会成功。他批评了一些同志忽视农民运动的倾向，号召大批同志下定决心去做组织农民运动的工作。

为有力配合和支持北伐战争，第六届农讲所于9月结束，学员们分赴各地，投身于农民运动。10月，毛泽东接到中共中央通知，担任中共中央农民运动委员会书记。毛泽东随即来到党中央所在地上海，主持中央农委工作。他很快制订了一个"目前农运计划"，得到了中央局的批准。"目前农运计划"要求各地农民运动切实与国民党左派合作，同时还决定在武昌开办农民运动讲习所。

毛泽东还专门赴长江沿线一带考察，联络江西、湖南、湖北等省国民党党部，商议武昌农民运动讲习所有关事宜。

农民运动的迅速开展，引起了国民党右派和北伐军中一些军官的强烈不满。他们攻击农民运动是"痞子运动"，"扰乱了北伐后方"。

党内也发生了争论。1926年12月，中共中央在汉口召开特别会议。会议规定，当前党的主要策略是限制工农运动的发展。会上，中央局领导人陈独秀也说湖南工农运动"过火"，"幼稚"，"妨碍统一战线"。毛泽东在会上表示了不同看法。但会议最后还是接受了陈独秀的意见。

这时，毛泽东接到了湖南全省农民第一次代表大会的邀请——"先生对于农运富有经验，盼即回湘，指导一切"。12月17日，毛泽东回到长沙。

12月20日下午，湖南全省农民、工人代表大会联合举行欢迎会，会议《通告》说："毛先生泽东奔走革命，卓著勋绩。对于农民运动，尤为注意。去岁回湘养疴，曾于韶山一带，从事农民运动。湘省之有农运，除岳北农会外，实以此为最早。"

1927年1月4日至2月5日，毛泽东身着长衫，脚穿草鞋，手拿雨伞，以国民党中央候补执行委员的身份，考察了湘潭、湘乡、衡山、醴陵、长沙五县，历时32天，行程700千米。

在湘潭，毛泽东于县城召开座谈会，后又步行来到了银田镇，召开了第一区以及有各乡农协代表30多人参加的座谈会，靠近银田的宁乡、湘乡等地的农会干部闻讯纷纷赶来参加。大家围坐在一起，谈起了当地的情况。

在湘乡，他还了解了农民诸禁和农民武装的情况。毛泽东说，农民要组织自己的武装，把团防局接收过来，在全县组织农民自卫队。

在衡山的白果乡，毛泽东召集区农民协会干部座谈。他赞扬岳北农民敢于在赵恒惕的胞衣里闹革命，鼓励他们以南岳衡山革命烽火去引燃其他几岳，让革命风暴席卷全中国。

在醴陵，毛泽东了解了农民运动的情况，在一次座谈会上对一位认为农民运动过火的同志提出了批评。

回到长沙，毛泽东在长沙县郊区邀请农民协会负责人座谈，并向中共湖南区委作了几次关于农民运动的报告。

2月12日，毛泽东从长沙回到了武昌。16日，他就考察湖南农民运动的情况写报告给中共中央。报告提出：党对农运的政策，应注意以"农运好得很"的事实，纠正政府、国民党、社会各界一致的"农运糟得很"的议论；以"贫农乃革命先锋"的事实，纠正各界一致的"痞子运动"的议论；以从来并没有什么联合战线存在的事实，纠正农协破坏了联合战线的议论。对今后农运的方针政策，毛泽东在报告中提出了10点意见。

这就是著名的《湖南农民运动考察报告》。3月5日，中共湖南区委机关刊物《战士》周报首次刊登了该文的部分章节。3月12日，《向导》周刊发表了部分章节。随后，许多报刊相继转载。4月，以《湖南农民革命（一）》为书名，出版了全文单行本。瞿秋白在为该书写的序言中说毛泽东是"农民运动的王"。

"须知政权是由枪杆子中取得的"

1927年4月12日，蒋介石公然背叛革命，发动了"四一二"反革命政变，并于六天后在南京另组国民政府，宣布武汉国民政府、国民党中央一切决议非法，包括毛泽东在内的193名共产党人和国民党左派人士遭到公开通缉。

4月27日至5月9日，中国共产党在汉口召开了第五次全国代表大会。大会虽然提出了争取无产阶级对革命的领导权、建立革命民主政权和实行土地革命的一些正确原则，但对无产阶级如何争取革命领导权，如何领导农民实行土地革命，如何对待武汉国民政府和国民党，特别是如何建立党领导的革命武装等问题，没有提出具体有效的措施。毛泽东参加了大会，被选为中央候补执行委员。当时，毛泽东对于党的政策，特别是关于农民运动的政策，很不满意。他向大会提出了一个农民运动决议案，建议广泛地重新分配土地。大会没有采纳，甚至未予讨论。

1936年，毛泽东同斯诺谈到这段历史时说："在湖南我视察了长沙、醴陵、湘潭、衡山、湘乡五个县的农民组织和政治情况，并向中央委员会作了报告，主张在农民运动中采取新的路线。第二年初春，我到达武汉的时候，各省农民联席会议正在举行。我出席会议并讨论了我的文章中提出的建议——广泛地重新分配土地。出席会议的还有彭湃、方志敏等人和约克、沃伦两个俄国共产党员，会议通过了决议，采纳我的主张并提交共产党第五次代表大会考虑。但是，中央委员会把它否决了。"①"结果，在大革命危机前夜举行的第五次代表大会，没有能通过一个适当的土地政纲。我要求迅速加强农民斗争的主张，甚至没有加以讨论。因为中央委员会也在陈独秀支配之下，拒绝把我的意见提交大会考虑。"②

毛泽东预感到一场劫难就要来临，自己的主张又不能被以陈独秀为代表的中央理解，"心情苍凉，一时不知如何是好"。他独自徘徊在黄鹤楼前，望着滚滚东逝的长江水，写下了《菩萨蛮·黄鹤楼》：

茫茫九派流中国，沉沉一线穿南北。烟雨莽苍苍，龟蛇锁大江。黄鹤知何去？剩有游人处。把酒酹滔滔，心潮逐浪高。

这时，武汉地区的形势急剧恶化，反革命活动迅速表面化。受到蒋介石策动的武汉政府的反动军官，公开发动叛乱。4月底，国民革命军第三十五军军长何键在汉口召集反动军官密商反共"清党"计划。5月9日，驻四川东部的国民革命军第二十军军长兼川鄂边防司令杨森率部占领宜昌，强令解散宜昌总工会、农民协会，屠杀工农群众，同时发出反共、讨伐武汉通电。5月13日，驻宜昌的国民革命军第十四独立师夏斗寅

049

---

① ［美］埃德加·斯诺：《西行漫记》，董乐山译，东方出版社2005年版，第152页。
② 同上书，第152—153页。

与杨森密切配合，通电联蒋反共，并于17日率部进逼武汉，短短一个月内，农民群众死难者达四五千人。5月21日，驻长沙的国民革命军第三十五军独立三十三团团长许克祥率兵袭击湖南省农民协会、省总工会、国民党党部及一切革命组织，杀害共产党员、国民党左派和革命群众，史称"马日事变"。

为了应对白色恐怖，中国共产党人也在积极抗争。

面对夏斗寅的叛变，时任武昌卫戍司令的叶挺根据中共中央和国民政府的命令，率部奋起反击。毛泽东组织中央农民运动讲习所的400余人编入叶挺部队参加讨伐叛乱。部队迅速击败了夏斗寅的叛军。

"马日事变"后不久，毛泽东担任常委的全国农民协会发出声讨通电，要求武汉国民党中央党部、国民政府对许克祥"立刻免职查办"。毛泽东还和蔡和森在武汉接待了逃亡出来的湖南工农干部，了解情况，并要求大家"回到原来的岗位，恢复工作，拿起武器，山区的上山，滨湖的上船，坚决与敌人作斗争，武装保卫革命"。

经过"马日事变"的严重打击，中共湖南省委已接近瘫痪。毛泽东于5月底向中央请示到湖南工作。6月7日，中共中央政治局常委会作出决定，派毛泽东去湖南，组织临时省委，毛泽东任书记。但是，这个决定并没有实行。6月17日，中共中央政治局召开常委会，讨论湖南问题。邓中夏在会上报告了长沙、湘潭、衡山的情况，对湖南的工作提出批评。蔡和森提议改组湖南省委，书记由毛泽东担任。这个意见在会上没有讨论。周恩来提出湖南暴动计划，后因共产国际的反对，也未能实行。6月24日，中共中央政治局常委会决定成立由毛泽东任书记的新的湖南省委。

毛泽东随即奔赴长沙，开展恢复党的组织等工作。随后，毛泽东又在衡阳召集会议，毛泽东说，"马日事变"是"上海事件"的继续，随后将会有无数个"马日事变"在全国发生，对已经反动的国民党分子要严加处置。他强调，各县工农武装一律迅速集中，不要分散，要用武力来对付反动军队，以枪杆子对付枪杆子，不要再徘徊观望。

7月初，毛泽东即被中央召回。7月4日，毛泽东在中共中央政治局常委会上提出，农民自卫军应该上山，"上山可造成军事势力的基础"，农民自卫军必须保存，"不保存武力则将来一到事变，我们即无办法"。①

　　7月12日，中共中央改组，由张国焘、李维汉、周恩来、李立三、张太雷组成临时中央常务委员会，陈独秀被停职。7月13日，中共临时中央常务委员会改变对汪精卫的妥协退让政策，发表《中国共产党中央委员会对政局宣言》，公开谴责武汉国民党中央和国民政府限制工农运动，默认、掩护和帮助一切摧残工农运动的反革命进攻；宣布撤回参加国民政府的共产党员；申明中国共产党将同坚持三大政策的国民党内的革命分子继续合作。

　　7月15日，汪精卫控制的武汉国民党中央召开"分共"会议，决定同共产党决裂。随后，汪精卫集团对共产党员和革命群众实行大逮捕、大屠杀。至此，轰轰烈烈的大革命宣告失败。

　　此时，中共中央紧急疏散、撤离和隐蔽党在武汉的各级组织和党员，派毛泽东去四川，但毛泽东请求回湖南工作。中共中央确定实行土地革命和组织民众武装起义的新政策，着手制订湘、鄂、粤、赣四省秋收起义的计划。

　　8月1日，根据中共中央决定，以周恩来为书记的中共中央前敌委员会在南昌领导了武装起义，打响了武装反抗国民党的第一枪。

　　8月7日，中共中央又在汉口召开紧急会议，即著名的八七会议。会议总结了大革命失败的经验教训，纠正了陈独秀右倾机会主义错误，确定实行土地革命和武装反抗国民党反动派屠杀政策的总方针，决定在湘、鄂、粤、赣四省发动秋收起义。

　　毛泽东出席了会议，并在会上作了发言。他从国共合作、农民问题、军事问题和党的组织四个方面批评了陈独秀的右倾错误。毛泽东还对会议确定的总方针的两个方面提出了自己的见解。关于军事工作，毛

---

① 《中国共产党史稿》（第一分册），人民出版社1981年版，第235页。

泽东说，秋收暴动非有军事不可，党要非常注意军事问题，"须知政权是由枪杆子中取得的"[1]。毛泽东在会上提出的关于农民土地问题的意见，并没有被参加会议的共产国际代表所采纳。

八七会议选出以瞿秋白为首的中央临时政治局，毛泽东当选为政治局候补委员。

八七会议后，在中央临时政治局分工之前，瞿秋白征求毛泽东去上海中央机关工作的意见。毛泽东表示，不愿去大城市住高楼大厦，愿到农村去，上山结交绿林朋友。

8月9日，中共中央召开临时政治局第一次会议。毛泽东在会上说，大家不应只看到一个广东，湖南也是很重要的，湖南民众组织比广东还要广大，所缺的是武装，现已适值暴动时期，更需要武装。纵然失败，也不用去广东，而应上山。会议决定毛泽东以中央特派员的身份回湖南传达八七会议精神，改组省委，领导秋收起义。

"高高举起共产党的旗子"

1927年8月12日，毛泽东回到了长沙杨开慧家里。他先是开了几天的调查会，了解到农民要求全盘解决土地问题的一些想法。8月18日，他出席在长沙市郊沈家大屋召开的中共湖南省委会议，讨论如何贯彻八七会议确定的新策略。

毛泽东在会上提出，必须没收整个地主阶级的土地分配给农民。说到秋收暴动，毛泽东提出：秋收暴动的发展是要夺取政权，解决农民的土地问题。要发动暴动和夺取政权，没有军事武装，单靠农民力量是不

---

[1] 中共中央文献研究室编：《毛泽东年谱（1893—1949）》（上卷），人民出版社、中央文献出版社1993年版，第208页。

行的。会议还讨论了暴动的区域问题。毛泽东不同意中央关于先夺取湘南然后在全省发起暴动的计划，认为应"缩小暴动范围"。第二天，中共湖南省委就湖南秋收暴动的有关情况写信报告中央。

8月20日，毛泽东以中共湖南省委的名义给中央写信。信中提出秋收起义不应再打国民党的旗子了，只有共产党的旗子才是人民的旗子，我们应"高高举起共产党的旗子"。

中共中央临时政治局在接到湖南省委的两次来信后，专门召开常委会，讨论了湖南秋收暴动问题。有的常委认为，毛泽东的"枪杆子中夺得政权"的论断与中央意见有点不同，还认为毛泽东抛弃湘南暴动计划是不对的，现在仍应在各地掀起农民暴动。8月23日，中共中央复信湖南省委，批评暴动计划"偏重于军力，其结果只是一种军事冒险"，同时还提出"此时我们仍然要以国民党名义来赞助农工的民主政权"，如果抛去国民党的旗帜、实现苏维埃政权，"这是不对的"。8月30日，湖南省委在给中央的回信中明确表示了对中央批评的不同意见。

尽管省委与中央的意见有分歧，但起义的准备工作仍在加紧进行。这时，省委接到安源市委关于湘赣边界工农武装力量情况的报告，立即召开省委常委会议，讨论湖南秋收暴动的最后计划。会议确定，首先集中力量在条件较好的平江、浏阳、醴陵等县和安源发起暴动，并决定成立暴动领导机关，由各军事负责人组成中共湖南省委前敌委员会，由毛泽东任书记。会议指定毛泽东去湘赣边界统率工农武装，组织前敌委员会，领导秋收暴动。

8月31日一早，毛泽东告别妻儿，乘火车前往安源。谁也没有料到，这一走，竟是他和杨开慧的诀别！

9月初，毛泽东到了安源后，立即在张家湾召开军事会议，传达中央八七会议精神和湖南省委的秋收暴动计划。到会的有浏阳县委书记潘心源、安源市委书记蔡以忱、委员宁迪卿和杨俊，赣西农民自卫军总指挥兼安福县农军负责人王兴亚等。会议听取了潘心源、王兴亚关于湘赣边界军队情况的详细报告，正式决定组建工农革命军第一军第一师，师长余洒度，副师长余贲民，参谋长钟文璋，下辖三个团。初步拟定分三路向长沙前进攻击：第一路进攻萍乡与醴陵，向长沙取包围之势，但无论如何不能放弃萍乡、安源，以防敌人断绝自己的退路，同时要株洲区委发动株洲工农扰乱敌人后方，配合醴陵农民暴动；第二路从修水向平江进攻，并发动平江农民在全县暴动，夺取平江后再向长沙推进；第三路由铜鼓向浏阳进攻，并发动浏阳农民在四乡暴动，进逼长沙。会上，正式组成以各路军主要负责人为委员、毛泽东为书记的中共湖南省委前敌委员会，统一领导湘赣边界的秋收起义。

9月5日，中共湖南省委常委会决定：9日开始破坏铁路，11日各县暴动，15日长沙暴动。

9月6日，毛泽东在得知省委的决定后，立即以中共前敌委员会的名义向工农革命军第一师三个团下达秋收起义计划与部署，要他们积极作好暴动准备。在安源将工作安排就绪后，毛泽东和潘心源赶赴铜鼓第三团领导秋收起义。

9月9日，湘赣边界的秋收起义爆发了。工农革命军第一军第一师第一团和师部在驻地江西修水县城宣布起义。第一团立即从修水出发，向湖南平江长寿街进军。

这天，毛泽东和潘心源正在赶往铜鼓的路上。不料，在途经浏阳张家坊时被团防局的清乡队抓住。在被押去团防局的路上，毛泽东机智脱险，死里逃生。多年后，他曾向美国记者斯诺讲述过这段经历：

当我正在组织军队、奔走于汉阳矿工和农民赤卫队之间的时候，我被一些同国民党勾结的民团抓到了。那时候，国民党的恐怖达到顶点，好几百共产党嫌疑分子被枪杀。那些民团奉命把我押到民团总部去处死。但是我从一个同志那里借了几十块钱，打算贿赂押送的人释放我。普通的士兵都是雇佣兵，我遭到枪决，于他们并没有特别的好处，他们同意释放我，可是负责的队长不允许。于是我决定逃跑。但是直到离民团总部大约二百码的地方，我才得到了机会。我在那地方挣脱出来，跑到田野里去。

我跑到一个高地，下面是一个水塘，周围长了很高的草，我在那里躲到太阳落山。士兵们追捕我，还强迫一些农民帮助他们搜寻。有好多次他们走得很近，有一两次我几乎可以碰到他们。虽然有五六次我已经放弃希望，觉得我一定会再被抓住，可是我还是没有被发现。最后，天黑了，他们放弃了搜寻。我马上翻山越岭，连夜赶路。我没有鞋，我的脚损伤得很厉害。路上我遇到一个农民，他同我交了朋友，给我地方住，又领我到了下一乡。我身边有七块钱，买了一双鞋、一把伞和一些吃的。当我最后安全地走到农民赤卫队那里的时候，我的口袋里只剩下两个铜板了。①

9月10日，毛泽东脱险后到达了铜鼓第三团的团部，宣布把部队改编为工农革命军第一军第一师第三团，向浏阳进发。

9月11日至15日，工农革命军第一军第一师各团分别进攻平江、浏阳的同时，长沙县及醴陵、平江、株洲、浏阳等地均有不同规模的农民起义，配合行动，但没有形成预期的声势。第一、第二、第三团很快也在进攻中失利。

这时，毛泽东审时度势，决定各路起义部队立即停止进攻，退往浏阳文家市集中。同时，毛泽东致信中共湖南省委，建议停止执行长沙暴动计划。15日，中共湖南省委决定停止原来准备在16日发动的长沙暴动。

此间，毛泽东写了一首词——《西江月·秋收起义》：

军叫工农革命，旗号镰刀斧头。匡庐一带不停留，要向潇湘直进。
地主重重压迫，农民个个同仇。秋收时节暮云愁，霹雳一声暴动。

秋收暴动停止了。

---

① [美] 埃德加·斯诺：《西行漫记》，董乐山译，东方出版社2005年版，第157页。

1927年9月17日，毛泽东同苏先俊率第三团辗转到达浏阳孙家塅与卢德铭、余洒度率领的第一团会合。当天，毛泽东主持召开中共湖南省委前敌委员会会议，讨论军事行动问题。会上，师长余洒度主张继续进攻长沙，毛泽东等多数人则主张向南撤退。会议最后决定退往湘南。会后，第一、第三团分两路向文家市前进。

两天后，第一、第三团和第二团余部会师文家市，这时部队只剩下1500多人了。晚上，毛泽东在里仁学校主持召开了前敌委员会会议，讨论工农革命军的行动方向问题。会议经过激烈的争论，否定了余洒度等人坚持的"取浏阳直攻长沙"的意见，在总指挥卢德铭等人的支持下，通过了毛泽东关于放弃进攻长沙的主张，决定转向敌人统治力量薄弱的农村、山区，寻求落脚点，以保存实力，再图发展。

9月20日早晨，毛泽东在里仁学校操坪上向工农革命军第一师全体人员讲话，宣布了前委关于不打长沙转兵向南的决定。毛泽东表示："中国革命没有枪杆子不行。这次秋收起义，虽然受了挫折，但算不了什么！胜败乃兵家常事。我们的武装斗争刚刚开始，万事开头难，干革命就不要怕困难。我们有千千万万的工人和农民群众的支持，只要我们团结一致，继续勇敢战斗，胜利是一定属于我们的。我们现在力量很小，好比是一块小石头，蒋介石好比是一口大水缸，总有一天，我们这块小石头，要打破蒋介石那口大水缸。大城市现在不是我们要去的地方，我们要到敌人统治比较薄弱的农村去，发动农民群众，实行土地革命。"①

第二天，毛泽东同卢德铭、余洒度率领工农革命军，由文家市出发，沿罗霄山脉南下，向江西萍乡、莲花前进。当部队进抵萍乡县上栗市时，得知县城驻有敌军，遂决定部队转东向南，绕道芦溪进入莲花。

但是，途中并不顺利，部队不断遭到国民党军队的"追剿"，接连损兵折将。25日，由于军事侦察不力，敌情不明，部队在出发途中，后卫

---

① 中共中央文献研究室编：《毛泽东年谱（1893—1949）》（上卷），人民出版社、中央文献出版社1993年版，第219—220页。

第三团遭到敌军袭击，损失人枪各两三百。于是部队向莲花方向突围，总指挥卢德铭为掩护主力撤退而英勇牺牲。这是一个重大的损失，毛泽东十分痛心。

这时，部队的士气也特别低落，不少人离队。毛泽东向部队讲话，要求大家不要怕行军困难，不要怕暂时受挫，要看到光明。当天晚上，部队到达莲花县甘家村。毛泽东听取了当地党组织负责人的汇报，得知莲花县农民自卫队于9月18日攻城失败，12人牺牲、90多人被捕的情况后，立即召开了有当地党组织负责人参加的军事会议，决定攻打莲花县城，营救被捕同志。

第二天清晨，在当地党组织和革命群众的配合下，部队一举攻克了县城，俘获县保安队长，并且释放了被关押的70多名共产党员和革命群众，还开仓分粮给贫苦群众。部队的情绪有所好转。下午，毛泽东在县城召开莲花县党组织负责人会议，听取了朱亦岳等人汇报的莲花县党组织、农民武装以及永新、宁冈农民武装斗争的情况，证实井冈山确有两支地方武装。晚上，毛泽东前去参加师长余洒度召集的会议，当得知县保安队长已被放走时，他严厉批评了余洒度。余洒度拒不接受批评，会议也未开成。

9月27日，部队从莲花县城出发，向永新方向前进。9月29日，部队到达永新县三湾村。当地群众由于不了解工农革命军，大都躲到了山里。毛泽东要求各单位立即分头上山喊话，向群众做宣传，很快群众陆续回到村里。当晚，毛泽东主持召开前敌委员会扩大会议。会议决定对部队进行改编，主要内容有三个方面。一是整顿组织，将一个师缩编成一个团，称为工农革命军第一军第一师第一团，陈浩为团长，下辖一营、三营、特务连和军官队、卫生队。改编时，提出去留自愿，愿留则留，不愿留发给路费，希望他们继续革命。二是建立党的各级组织和党代表制度，支部建在连上，班排设党小组，连以上设党代表，营、团建立党委，部队由以毛泽东为书记的中共前敌委员会统一领导。三是部队内部实行民主制度，官长不准打骂士兵，士兵有开会说话的自由，连、营、团三级建立士兵委员会。

这次改编被称作三湾改编。它从组织上确立了党对军队的领导，是把工农革命军建设成为无产阶级领导的新型人民军队的重要开端。

9月30日，毛泽东在三湾枫树坪向全体指战员宣布前委关于部队改编的决定，并做动员讲话。他说："贺龙同志两把菜刀起家，现在带了一军人。我们现在还不只两把菜刀，我们有两营人，还怕干不起来吗？你们都是起义出来的，一个可以当敌人十个，十个可以当他一百……没有挫折和失败，就不会有成功。"①

三湾改编后，部队的情绪明显高涨，面貌焕然一新。

这时，毛泽东认为，眼下部队最重要的是要找到一个落脚点。必须和地方取得联系，得到地方的支持。这样，既可帮助部队解决伤病员的安置，同时也可帮助地方发展壮大武装，部队才不会被敌人打垮。

毛泽东看到了井冈山。

开辟井冈山革命根据地

井冈山位于湘赣边界的罗霄山脉中段，地处湖南酃县和江西宁冈、遂川、永新四县的交界。这里有较好的群众基础，大革命时期这几个县都建立了党的组织和农民自卫军。位置离中心城市较远，交通不方便，国民党统治力量比较薄弱。另外，地势十分险要，崇山峻岭，森林茂密，只有几条狭窄的小路通往山里，进可攻，退可守。

这里还活跃着两支绿林式的农民武装。一支由袁文才率领，另一支是王佐的队伍。袁文才是当地茅坪马源坑人，大革命时期还担任过宁冈农民自卫军总指挥，并加入了中国共产党。王佐也是当地人，家住遂川

---

① 萧克、何长工主编：《秋收起义》，人民出版社1979年版，第49页。

下庄，有一身好武艺，和袁文才是拜把子兄弟。他们各有百来号人、几十条枪，一个驻扎在井冈山北的宁冈茅坪，一个占据井冈山上的茨坪和大小五井，成犄角之势，互相呼应。他们是这里的"山大王"，素来"打富不打贫"。

工农革命军要想在这里落脚，没有他们的允许是根本不可能的。毛泽东分析了他们两人的情况，决定争取袁文才。他根据中共江西省委的介绍，写了一封信，派人送交宁冈县委负责人龙超清，同时也给袁文才写了一封信。

龙超清是宁冈人，曾任国民党南昌市党部组织部部长，1925年加入中国共产党，和袁文才结拜过，是生死之交。国民革命军北伐后，他回到宁冈，担任中共宁冈县委负责人。1926年9月，龙超清策动袁文才举行宁冈暴动，任命袁文才为宁冈农民自卫军总指挥，并介绍他加入中国共产党。请龙超清去做袁文才的工作，把握更大些。

10月初，毛泽东在三湾接待了前来接头的龙超清和袁文才的代表陈慕平。毛泽东向他们说明了工农革命军的政治主张和来意，希望同袁文才部合作，一道开展革命斗争。

龙超清表示欢迎工农革命军进驻宁冈，可以先到离此30里的古城驻扎。10月3日，毛泽东率部队向古城前进。出发前，毛泽东向战士和干部讲话，并宣布了行军纪律：说话要和气，买卖要公平，不拿群众一个红薯。部队到达古城后，毛泽东当晚就在古城文昌宫主持召开了前委扩大会议。会上传达了八七会议精神，初步总结了湘赣边秋收起义的经验教训，着重讨论了"安家"和开展游击活动的问题，进一步研究了井冈山地区的情况，确定了对袁文才、王佐两支地方武装采取团结、改造的方针，并决定尽快在茅坪设立后方留守处和部队医院。

部队随即在井冈山周围地区开展游击战争。

毛泽东在同袁文才的代表谈话时，了解到袁文才十分看重枪，于是向前委提议送100支枪给袁文才。经过毛泽东的说服工作，前委同意了毛泽东的建议。10月6日，毛泽东只带了少数随行人员到宁冈大仓村会见袁文才。毛泽东说明是经江西省委介绍来找他们的，并充分肯定了袁文才他们"劫富济贫"的革命性，同时也说到了工农革命军目前面临的困难。一开始，袁文才对毛泽东的到来还存有戒心，甚至还在会场外埋伏了20多人。但交谈后，双方感觉很投机。毛泽东当场宣布送100支枪给他们，既出乎袁文才的意料，又令他十分感动。袁文才也当即表示回赠工农革命军几百块银圆，并表示愿尽全力帮助工农革命军解决各种困难，同意工农革命军在茅坪建立后方医院和留守处。袁文才还答应上山做王佐的工作。

10月7日，毛泽东率部队进驻茅坪一带，在袁文才的帮助下，设立了留守处和后方医院。第二天，除留下伤病员和留守机关外，毛泽东率部队沿湘赣边界开展游击活动。第一团主力先向湘南酃县方向挺进，打击反动势力，发动群众，联络农军，解决给养问题。

随后，应袁文才的请求，派游雪程、徐彦刚、陈伯钧等党员军事干部到袁的部队里帮助他们进行政治军事训练。

10月23日，毛泽东率领的工农革命军在大汾镇突遭遂川地主武装"靖卫团"的袭击，队伍被打散。毛泽东率团部与特务连撤退，一直退到井冈山南麓黄坳，途中收集失散人员40多人，向井冈山转移。队伍行至井冈山西南的荆竹山下，王佐派人接应他们上山。10月24日，临上山前，毛泽东对部队战士发表讲话：上井冈山要建立根据地，大家一定要和山上的群众及王佐的部队搞好关系，做好群众工作。毛泽东还当场宣布了三项纪律：（一）行动听指挥；（二）不拿群众一个红薯；（三）打土豪要归公。当晚部队到达山上，受到王佐及其部队的欢迎。

10月27日，毛泽东率部队进驻茨坪。随后，宛希先率领的一营两个连也从茶陵来到茨坪。毛泽东送给王佐部队70支枪。王佐资助工农革命军500担稻谷和一些银圆。

部队在茨坪驻扎了几天后，毛泽东又率领他们回到了茅坪，开始创建以宁冈为大本营的井冈山根据地。

此后一段时间，毛泽东继续抓紧对袁文才、王佐两支绿林武装的教育改造工作。他多次同袁文才谈心，帮助袁文才消除封建帮会思想，提高政治思想水平。毛泽东也几次上山找王佐谈心，还应他要求，派何长工到他的队伍中担任党代表，做团结、改造部队的工作。毛泽东还率部帮助王佐消灭了宿敌尹道一，逐步取得了他的信任。在征得袁文才、王佐的同意后，在他们的部队中也建立起党的基层组织和士兵委员会，并且派去20多名党员干部分别担任袁文才、王佐部的连长、排长和党代表。1928年年初，王佐加入了中国共产党。2月中旬，袁、王部队正式改编为工农革命军第一师第二团，袁文才任团长，王佐任副团长，何长工任党代表。

毛泽东率部上了井冈山后，十分关注周恩来、朱德、贺龙等人领导的南昌起义部队南下的情况。

原来，南昌起义部队在南下广东的过程中接连遭到了敌人的几次围攻，损失重大。保存下来的部队一部分去了海陆丰，一部分在朱德和陈毅等人的率领下，退到了湖南和江西的交界地区。朱德等人也知道毛泽东领导秋收起义后率部队转移，但不知道具体驻扎在哪里。

毛泽东和朱德都希望尽快取得联系，便于互相支持。因此，他们都在派人寻找对方。

早在1927年10月12日，毛泽东就派何长工去打听南昌起义部队的下落。何长工从井冈山出发后先到长沙、再到衡阳向中共湖南省委和湘南特委汇报了秋收起义部队的情况，并于12月到达广州，正赶上张太雷、叶挺、叶剑英领导的广州起义爆发。国民党调集了江西和湖南的部队前往镇压。广州的形势非常混乱。何长工躲过搜捕，几经辗转，于12月下旬到了广东韶关。一个偶然的机会，何长工打听到朱德等人率领的部队就在离韶关40多里地的犁铺头，于是连夜赶到朱德部队的驻地。何长工向朱德、陈毅转达了毛泽东的关心。他说，毛委员一直很关心南昌起义的这支部队，盼望他们能到井冈山和工农革命军会师，一道发展井冈山革命根据地。朱德听后十分高兴。他说：从敌人的报纸上才知道了井冈山的消息；我们跑来跑去，也没个落脚的地方，正要找毛泽东同志呢，前些天刚派毛泽覃到井冈山去联系了。

何长工完成任务后的第二天，就带着朱德的一封亲笔信和一部分路费返回了井冈山。临走时，朱德说："希望你赶快回到井冈山，和毛泽东同志联系。我们正在策动湘南暴动。"①

1928年1月上旬，何长工回到了井冈山。毛泽东听了他的汇报后，十分高兴，并告诉他，毛泽覃已经来了。

毛泽覃是毛泽东的小弟弟。他是在1927年11月受朱德、陈毅派遣来井冈山的。毛泽覃向毛泽东介绍了南昌起义军余部的情况以及朱、陈派他来联系的意向。毛泽东同意毛泽覃留在井冈山工作，决定再派专人到朱、陈部联系，欢迎两支起义军联合起来。12月18日，毛泽东还致信中共湖南省委，提议改组前敌委员会，表达朱、毛两部联合领导的意向。信中说：部队行动，由朱德、陈毅、张子清、宛希先、余贲民、袁文才、毛泽东七人组成前委，请批准。12月21日，中共中央致信朱德，提出："桂东的北边茶陵、酃县以至江西莲花均有毛泽东同志所带领的农军驻扎，不知你们已和他联系否？""他们如果驻在这些地方，你们应确实联络，共同计划一个发动群众、以这些武力造成割据的暴动局面，建立工农兵代表会议——苏维埃政权。"

两支部队终于联系上了。

1928年1月，朱德、陈毅率部发动了湘南暴动，建立了10个县的红色政权，部队也扩大到了1万多人。4月中旬，国民党调集大军围攻，在敌众我寡的情况下，朱德、陈毅等率部向井冈山靠拢。

2月，毛泽东率部粉碎了赣军对井冈山革命根据地的第一次"进剿"，并在宁冈砻市召开了全县万人大会，宣告宁冈县工农兵政府成立。

3月下旬，在得知朱德、陈毅率领的湘南暴动部队，遭到了广东、湖南国民党"协剿"军的南北夹击，在湘南难以立足后，毛泽东决定兵分

---

① 中国社会科学院现代革命史研究室编：《南昌起义资料》，人民出版社1979年版，第437页。

两路赶往湘南，接应和掩护部队撤退。毛泽东亲率工农革命军第一团离开中村，向桂东、汝城方向前进；同时命令袁文才、何长工率第二团向彭公庙和资兴方向前进。

在毛泽东率领的工农革命军的掩护下，4月20日，朱德、陈毅率领的湘南起义主力部队进驻酃县沔渡。随后，到达宁冈砻市。4月24日前后，毛泽东也率工农革命军第一团回到砻市，两支部队会合了。会师的当日，毛泽东带着身边的干部到龙江书院会见了朱德、陈毅等人，共同商议成立工农革命军第四军等问题。根据毛泽东的意见，确定了以罗霄山脉中段为根据地，发动群众斗争，实行土地革命，向北发展，向南游击的方针。随后，召开两支部队连以上干部会议。根据中共湘南特委决定，两支部队编为工农革命军第四军，朱德任军长，毛泽东任党代表。下辖两个师一个教导大队：朱德兼第十师师长，宛希先任党代表；毛泽东兼代第十一师师长，何挺颖任党代表；陈毅任教导大队大队长。会议讨论决定：趁"五四"纪念日召开军民联欢大会，庆祝两军胜利会师。接着，召开中国共产党工农革命军第四军第一次代表大会，毛泽东当选为中共工农革命军第四军军委书记。

5月4日，在宁冈砻市举行了庆祝两军会师并宣布工农革命军第四军成立大会。大会由陈毅主持。毛泽东在会上讲话，指出这次两军会师具有历史意义。他分析了工农革命的光明前途，并代表第四军军委宣布"三大任务"和"三大纪律、六项注意"。大会宣布工农革命军第四军正式成立，朱德任军长，毛泽东任党代表。全军万余人，枪2000余支。后编为六个团，即第二十八、二十九、三十、三十一、三十二、三十三团，取消师的编制，由军部直接指挥。

朱毛会师，是中国工农红军发展史上的一件大事。从此，井冈山革命根据地开始呈现出了蓬勃发展的崭新局面。

朱毛会师，进一步壮大了井冈山革命根据地的力量，同时也引起了敌人的恐慌。1928年5月2日，蒋介石急忙电令湘粤赣三省政府"会剿"。

按照蒋介石的指令，三省参加"会剿"的兵力有：湘军李朝芳、向成杰各率一个师；粤军范石生、胡凤章各率一个师；赣军则派出了"两只羊"——杨如轩、杨池生各一个师。"两只羊"是此次"会剿"的主力。

毛泽东闻讯后，立即与朱德共谋破兵之策，决定"对湘军、粤军采取守势，对赣军取攻势"。

5月初，赣军杨如轩部进犯井冈山北端的永新县城。杨如轩部兵分两路，企图合围井冈山。

毛泽东和朱德识破了敌人的企图，即令王尔琢率第二十八团从大陇出发，沿茨坪、黄坳前进，对遂川之敌实施佯攻；胡少海率第二十九团出宁冈，经茨坪，直奔黄坳，迎击进犯之敌。

果然不出毛泽东所料，第二天凌晨，敌人凭借精良的武器装备，分两路，由东侧和北侧向五斗江同时发起了攻击。第二十八团是南昌起义的精锐，团长王尔琢更是智勇双全的名将。他亲率战士英勇杀敌，打退了敌人的进攻，歼灭敌人一个营，俘虏敌人数十人，缴枪300多支。

五斗江战斗是朱毛会师后工农革命军打的第一个大胜仗，极大地鼓舞了干部战士的士气。第二十八、二十九团乘胜向永新方向追击，迅速占领了永新县城。毛泽东立即宣布成立永新县工农兵政府。同时要求干部战士积极做好准备，防止敌人再次"进剿"。

5月中旬，杨如轩又集中兵力，由吉安再次扑向永新，对井冈山革命根据地发动了新的"进剿"。

毛泽东决定"敌进我退"。留下第二十九团在永新赤卫大队的配合下，同敌人保持正面接触，并伺机袭扰敌人，主力部队且战且退，撤至宁冈进行休整。

杨如轩进入永新县城后，大喜过望，总算为上次的失败找回点脸面，一面急忙向上级发电邀功，一面调集各种作战物资，企图以永新县城为基地，向井冈山步步进逼。

毛泽东在认真分析战场形势后认为，龙源口临敌多达两个团，且攻势正锐，若与其硬打，工农革命军没有取胜的把握，应避其锋芒。但是，杨如轩指挥部所在的永新县城，此时只有一个团，兵力相对空虚，并且永新城内还有敌人大量的作战物资。若举兵袭击永新县城，不仅相对容易得手，而且一旦打掉了敌指挥部，缴获敌人的作战物资，既可解除龙源口的危局，又可确保宁冈的大本营安然无恙，进而从根本上挫败敌人的企图。

毛泽东设下了"围魏救赵"的妙计：由朱德、王尔琢率部从高陇出发，行军130余里，深夜赶到距永新城30多里的澧田镇附近。尖刀连迅速端掉了澧田挨户团。残敌逃到县城向杨如轩报告，说在澧田发现了共产党的游击队。杨如轩以为是从湖南败退下来的工农革命军，便令第七十九团团长刘安华迅速前往澧田，"全歼这股共匪游击队"。

朱德洞察了敌人的动向，决定利用澧田和永新之间的有利地形，在草市坳布好了一个"口袋"阵，等待敌人自投罗网。

第二天上午，刘安华率第七十九团一下子就钻进了"口袋"。朱德随即命令在"袋底"位置的第二十八团一营率先开火。敌人顿时乱作一团，刘安华带头退往草市坳方向，并企图占领制高点。正当他暗自庆幸此处没有工农革命军时，早已预伏在这里的第二十八团二营突然开火了。刘安华率部慌忙退到草市坳的大桥头，指望从侧面找到一条逃生的道路。然而，还没等他下达命令，第二十八团三营及永新县城的赤卫队员又突然跃出田垄，封锁住敌人唯一一条退路。

工农革命军将敌人团团围住，仅经过一个多小时的激战，战斗便胜利结束了，击毙团长刘安华，缴枪400余支。

朱德率部乘胜东进，攻打永新县城。杨如轩惊恐万状，急忙调集师部警卫官兵企图顽抗。最后眼看守城无望了，杨如轩便在卫兵的保护下，越城墙而逃。工农革命军第二次占领永新县城。

就这样，"两只羊"之一的杨如轩被打败了。

6月，毛泽东、朱德率领的工农革命军第四军正式改称红军第四军。

6月中旬，蒋介石又从湘赣两省调集了十多个团的兵力，向井冈山革命根据地发动了更大规模的联合"会剿"。这次是"两只羊"的联合进攻。以杨池生部为主力，杨池生任总指挥，杨如轩为前线总指挥。

当敌人以五个团的兵力扑向永新县城时，毛泽东仍然采取"敌进我退"的战术，红四军主动放弃了永新县城。

6月22日，"两只羊"指挥三个团进犯龙源口和白口，企图经新七溪岭或老七溪岭进入宁冈，寻求与工农革命军决战。毛泽东当即决定，由朱德率第二十九团和三十团一个营，在新七溪岭下面阻击向宁冈进犯之敌；由陈毅、王尔琢率第二十八团，经老七溪岭迂回敌后，并监视湘军动静。

6月23日上午，朱德率部到达新七溪岭，先敌抢占了有利地形，阻击了杨池生的第九师第二十六团；陈毅、王尔琢率部经过多次攻击，终于突破了老七溪岭的敌军防线，并乘胜追歼纵深之敌，一举捣毁了位于白口村的敌前方指挥所。

杨如轩匆忙策马而逃。陈毅、王尔琢率部不断扩大战果，迅即向龙源口迂回。与此同时，朱德下令对杨池生部实施反击，迫使敌第二十六团缩回龙源口。

这时，毛泽东下令对龙源口之敌实施夹击。朱德部和陈毅、王尔琢部很快将敌杨池生部全部歼灭。杨池生负伤而逃。

龙源口战斗结束后，红四军主力乘胜追击，直逼永新城下，守敌见大势已去，便弃城退往吉安。红四军第三次占领永新县城。

当时流传着一首歌谣，称赞红军的胜利：

朱毛会师井冈山，率领工农打胜仗。

不费红军三分力，打败江西"两只羊"。

龙源口大捷后，井冈山革命根据地扩大到宁冈县、永新县、莲花县全县，吉安县、安福县各一小部分，遂川县北部，酃县东南部，面积达7200多平方千米，根据地进入全盛时期。

周恩来

第二章

"我认的主义一定是不变了，并且坚决地要为他宣传奔走"

1898年3月5日清晨，周恩来出生于江苏省淮安府山阳县（今淮安市楚州区）城内驸马巷的一座宅院里。

周恩来祖籍浙江绍兴。绍兴在清朝是出"师爷"的地方。周家在绍兴是一个大家族。周恩来的祖父周起魁有些文化，也是"绍兴师爷"中的一员。因为做"师爷"，周起魁举家迁到淮安，并与二哥周亥祥合买了驸马巷的宅院定居。晚年时，周起魁还当过很短时间的山阳县知县，但他并没有给子孙们留下什么田产。到了周恩来父辈时，家境已败落了。

周恩来的生父周贻能，后改名劭纲，字懋臣，弟兄四人，他排行老二。周贻能生性忠厚老实，常年在外省做小职员，每月的薪水不多，勉强支撑一家人的生活。

周恩来的母亲万氏，是淮安府清河县知县万青选的女儿，在当地也算是出身名门。因为在家中排行十二，所以人称万十二姑。嫁到周家后，生了三个儿子，即周恩来、周恩溥、周恩寿。周恩来是长子。

周恩来出生时，父母给他取了个乳名："大鸾"。鸾是一种与凤齐名的神鸟，象征吉祥、幸福。周恩来不满一岁时，最小的叔父周贻淦病重。周贻淦新婚不到一年，膝下无儿无女。为了给弥留之际的周贻淦一点安慰，也因为民间的"冲喜"一说，周贻能将周恩来过继给了弟弟周贻淦。两个月后，周贻淦去世，周恩来就由守寡的嗣母陈氏抚养，陈氏这年22岁。周恩来称周贻淦为"父亲"，喊陈氏为"娘"；称自己的生父为"干爹"，喊生母万氏为"干妈"。

"感谢母亲的启发，没有她的爱护，
我不会走上好学的道路"

在周恩来的成长中有三位母亲对他产生了很大的影响。

周恩来的生母万氏，小时候读过五六年的家塾，受到过良好的教育，加上性格开朗、处事精明，所以很有办事能力，是一个贤惠之人。与周贻能结婚后，她全力主持周家的家务。周家此时虽然已经较为衰败，却还要维持名门望族的体面，婚丧嫁娶、迎来送往、逢年过节，这些应酬事项都由万氏操持。周恩来六岁时，随母亲万氏搬到外祖父家居住，因为外祖父家人多、事多，家族间发生什么纠纷，都经常请她出面帮助调解。她在处理各种问题时，总是先耐心地听别人把情况说清楚，然后再发表意见，总能比较顺利地解决问题。耳濡目染，生母的精明干练以及待人接物、处理问题的方式方法，深深影响了周恩来。他从生母身上学到了宽容大度和善良，以及协调各方面关系的能力。

周恩来的嗣母陈氏，"是受过教育的女子"。陈氏的娘家在苏北的宝应，和淮安属于近邻，家境虽然有点贫寒，却可以说是书香门第。陈氏的父亲是清朝的秀才，也懂得一点医道。陈氏小时候熟读诗书，喜欢书画，有较好的文化修养，算得上是典型的中国传统才女。陈氏性格温良，待人诚恳，办事细心，仁慈礼让。因为年轻守寡，她谨守妇道，从不出门，将所有的心思和精力都放在了对周恩来的抚养和教育上，周恩来也成了她唯一的希望和寄托。她对周恩来要求十分严格。周恩来四岁起就由陈氏教导识字，五岁就被送进私塾读书。有一次，周恩来的弟弟恩溥玩刀子，差点伤了哥哥的眼睛，这使得陈氏非常害怕。此后，她便将周恩来整日关在房间里读书，轻易不让他出去。闲暇时，就给他讲故事，诸如《再生缘》《天雨花》等。

陈氏去世前，周恩来几乎和她一天也没有分开过。她的一言一行都对周恩来的性格、学识和修养影响很大。40年后，周恩来还满怀深情地说："感谢母亲的启发，没有她的爱护，我不会走上好学的道路。"①可以说，事实上嗣母陈氏成了周恩来的文化启蒙老师。

周恩来还有一个乳母蒋江氏，她是嗣母陈氏请来帮助照顾年幼的周恩来的。蒋江氏是当地人，和周恩来母子同住在西院的两间小屋里。乳母善良、慈爱，性情淳朴、宽厚，在哺养周恩来之时，也把劳动人民勤俭朴实的美德，潜移默化地传授给了周恩来。在与乳母的共同生活中，周恩来听到了许多有关劳动人民的事情，如播种、插秧、收割、舂米等。

蒋江氏还常常带周恩来去她在大运河边的家里，让他看到了另一个不一样的世界。周恩来还和乳母的儿子成了好朋友。嗣母陈氏去世后，乳母继续关心他，给了他很大的帮助，替他解决了一些生活难题。

周恩来长大后，经常回忆三位母亲对他的爱护，也十分怀念她们。每当想起两位母亲的过早去世，他都十分伤心。关于生母，他说，母亲在35岁即患肺痨而死，原因是在祖父去世后，家境每况愈下，母亲因操劳过度成疾。1918年1月2日，周恩来诵读嗣母陈氏生前所写诗作遗墨，然后含泪焚香静坐，以表达对嗣母的思念。1920年在天津被羁押期间，周恩来写就《念娘文》，寄托对母亲的怀念，可惜没有保存下来。抗战胜利后，周恩来在重庆对记者说：38年了，我没有回过家，母亲墓前想来已白杨萧萧，而我却痛悔着亲恩未报！

对乳母的抚养之恩，周恩来也充满感激之情。新中国成立后，周恩来曾向来京开会的淮安县委负责人询问乳母一家的情况，并请有关方面帮助查问一下乳母家里还有无后人在世。

---

① 中共中央文献研究室编：《周恩来年谱（1898—1949）》（修订本），中央文献出版社1998年版，第678页。

"为了中华之崛起"

1904年，六岁的周恩来随同父亲、生母、嗣母和弟弟，一起搬到清河县（今江苏省清江市）的外祖父家居住。

万家是个大户人家，家里人多，特别是同辈的孩子也比较多。孩子们常在一起玩，周恩来在这里度过了一段比较欢乐的童年时光。

与一般人家不同的是，万家的藏书很多，对于爱读书的周恩来而言，这里是一个新的天地，他可以自由自在地读书，涉猎各个方面的书籍。

1905年，周恩来随生母和嗣母从外祖父家迁入陈家祖辈的旧居——陈家花园。在这期间，每天黎明时分，嗣母陈氏就把他叫起来，亲自在窗前教他读书识字，背诵儿歌和唐诗。此后几年内，周恩来先后读了《三字经》《千字文》《神童诗》以及《论语》《孟子》《大学》《中庸》《诗经》中的一些篇章。1906年，在陈氏的引导下，周恩来开始阅读小说。在以后的几年里，他先后读了《西游记》《水浒》《三国演义》《说岳全传》《红楼梦》《镜花缘》等。

但是，不幸接踵而至。1907—1908年的两年里，周恩来的生母、嗣母相继病故，不仅给家人的精神带来沉重打击，也给这个破落的家庭造成严重的经济负担。料理完两次丧事，家中已债台高筑，靠典当借债度日。1908年秋冬之交，周恩来的父亲因经济困窘，不得不离家去湖北做事。大家族里每家人开始分居各处，各自谋生。父亲去湖北谋生后，年仅10岁的周恩来带弟弟周恩溥、周恩寿回淮安老家居住。

这是一段十分艰难的日子。由于父亲和伯父在外地谋生，叔父周贻奎从年轻时起就患偏瘫，卧病在床，10岁的周恩来已算是全家最年长的男子，以至于家里有什么事需要人出头的时候，他不得不承担。重担在肩，年幼的周恩来别无选择，只能咬紧牙关，默默承受。

这期间，周恩来一面管家，一面还到附近的表舅龚荫荪的家塾里读书。龚荫荪是个革新派人物，结识同盟会会员，赞成革命，常向周恩来介绍一些新的思想和时事政治知识，使周恩来得到政治上的启蒙。周恩来曾称他是自己政治上的启蒙老师。

1910年的春天，周恩来的堂伯父周贻谦回家乡探亲，给周恩来带来了在东北工作的伯父周贻赓的信。周贻赓希望能接周恩来去东北读书。周恩来非常高兴，告别了家乡亲人，到了东北。他的人生从此开始了不一样的旅程。

周恩来刚到东北时，在奉天府（今辽宁沈阳）一时还没有合适的学校可读，所以先到铁岭进银岗书院（初级小学）读了半年书。这年秋天，第六两等小学堂建成。伯父把他接到奉天府，插入这所学堂的高等丁班学习。

第六两等小学堂（辛亥革命后改名为奉天东关模范学校）是一所新式学堂。周恩来对这所学校十分满意，他在这里接触到了许多新知识，大大开阔了眼界。他在学校如饥似渴地学习，各门功课都取得了很好的成绩。

在这所学校里，有不少老师具有进步的爱国思想。他们经常向学生讲述时局和历代民族英雄故事，激励学生们的爱国热情。历史老师高戈吾对周恩来的影响很大。可以说，周恩来走上革命道路与他有着很大的关系。清政府强迫全国的男子留辫子，作为臣服的标志。到了清末，剪辫子就成了革命派人物的壮举，象征着与旧时代决绝。高戈吾早在宣统年间就剪去了辫子。他还经常向学生鼓吹反清革命，把章太炎的文章和同盟会的刊物拿给学生读，还曾把邹容鼓吹革命的小册子《革命军》借给周恩来看，周恩来由此看到了很多进步刊物。在高老师等人的影响下，周恩来同情革命，更加深了对近代中国所遭受的屈辱的理解。1911年10月，辛亥革命在湖北武昌爆发了，并迅速波及全国。这场革命改变了中国历史的方向，给灾难深重的中华民族带来了新的希望。中华民国成立时，东关模范学校一片欢腾，五色旗冉冉升起。当天，周恩来就剪断了辫子，成为学校中第一个剪辫子的学生。

东北是当时帝国主义列强在华争夺的焦点，是民族危机格外深重的地方。1904—1905 年，日本和沙俄又以中国的东北为战场，进行了为期一年零七个月的战争。东北人民在外国军队的炮火和硝烟下遭受了深重的灾难。战争的结果是，东北的南部和北部分别成为日本和沙俄的势力范围。但这种对中国权益的重大处置，根本未经中国方面同意。1910 年，也就是周恩来到东北的那一年，日本正式吞并了中国的邻邦——朝鲜。有一年暑假，周恩来到同学何履祯家做客。那里是沈阳南郊沙河南岸的魏家楼子，是当年日俄战争的战场。村后的山上留有沙俄立下的碑，村东头的烟龙山上有日本军国主义者所建的塔。何履祯的祖父何殿甲带他们到日俄两军曾激烈争夺过的烟龙山察看，当地老人悲愤地向他们描述沙俄军队血洗村子时的情景，这更激发了周恩来强烈的爱国情怀和民族责任感。从此，他更加关心国家大事。

1911 年年底，魏校长给大家上修身课，这天的课题是"立命"。魏校长希望学生在社会剧烈变革的大环境下，不要迷失方向。有感于此，魏校长问学生："读书是为了什么？"教室里安静得很，没有学生主动回答。魏校长走下讲台，一个一个问。他问前排的学生："你为什么读书？"这位学生回答："我为光耀门楣，光宗耀祖。"有学生投来赞同的目光。在几千年的中华传统中，这不失为一个正统的回答。还有学生回答："为明礼而读书。"这样也不错，明礼自知，也算立命之本。还有一个学生站起来，很认真地回答："我就是为了给父亲争口气，祖辈们都没有识字的。"他也没错，甚至从家族的角度看，他勇敢地踏出了第一步，做了父辈想做而没做成的事情。这时候，教室里已经有些闹哄哄的了，同学们开始些议论纷纷。魏校长问到了周恩来。

周恩来站起来，庄重地回答：

"为了中华之崛起。"

这让魏校长兴奋不已，说："有志当效周生！"

"立志者，当计其大舍其细"

1913年2月，周恩来的伯父周贻赓调到天津长芦盐运司任榷运科科员。15岁的周恩来跟随伯父来到了天津。在这里，周恩来接触到了一个更广阔的世界。

天津是华北出海的港口城市，1860年被辟为通商口岸，设有英、法、俄、德、日、比、奥、意、美等九国的租界。天津还是一个重要的工商城市，在这里能够直接接触到资本主义近代工业，它的新式教育在全国也居于比较先进的地位。

周恩来到天津后准备报考南开学校。南开学校是当时闻名国内的私立学校，1904年创建。创办人严修，曾做过清朝的翰林和学部的侍郎，思想比较开明。校长张伯苓，毕业于北洋水师学堂，曾在美国接受过教育，后因受到中国在甲午海战中失败的强烈刺激，转而投身教育事业。他仿照近代欧美的教育制度，办学态度十分认真，还曾亲自考察过日本、欧美地区的教育状况，吸取了很多先进的教育理念。

南开学校暑期招生，考试科目有英文、国文、算术三门。周恩来先在天津大泽英文、算学补习学校补习了三个多月的英文。8月16日，他参加南开学校入学考试，顺利地通过了考试。录取后，周恩来被编到一年级己三班（以后改为丁二班），8月19日报到入学。此后，周恩来开始了在南开四年的求学生活。

在南开学校，周恩来学习刻苦，成绩优秀。特别是国文和数学的成绩尤为突出。南开学校对国文十分重视。要求学生每两个星期写一篇作文，每年组织一次全校性的作文比赛。1916年5月，学校里组织了一次不分年级的作文比赛。那时全校已有学生800多人，各个班级都推举出五名代表参加。卷子上的名字是密封的，由教师集体评阅。周恩来选的题目是《诚能动物论》，获得了全校第一名。

周恩来的数学成绩也很好，心算比一般同学的笔算还快。《校风》上曾记载道：他是笔算速赛48名中最优者之一，代数得满分。

刚入学时，周恩来的外语基础比较差，"英文非佳"。为了攻克这一难关，他每天除漱洗和吃饭外，将课余时间都用来学英文。到第二学年时，他的英文就已经相当好，可以阅读一些英文原著了。

由于周恩来品学兼优，从第二学年起，学校破例免去了他的学杂费。他是当时唯一一个免费生。

周恩来涉猎广泛，细细研读《史记》《资治通鉴》《汉书》《三国志》，对于西方的《民约论》《法意》《天演论》等也有涉猎，经常阅读当时的进步报纸《民权报》《大公报》《民立报》等。这些书报不仅拓宽了周恩来的知识面，更加深了他对历史和现实的思考。

周恩来非常重视自己的品格修养，他在《尚志论》中这样写道：

> 彼志在金钱者，其终身恒乐为富家翁；志在得官者，百计钻营不以为耻，此志卑之害也。故立志者，当计其大舍其细，则所成之事业，当不至限于一隅，私于个人矣。

他认为，一个人必须有远大的理想和高尚的志向。他是这样说的也是这样做的，年轻的周恩来正在积蓄能量，立志寻找救国救民的道路。

南开学校每天下午四点之后都是课外活动时间，所有人都必须到运动场和社团去参加活动，教室里不准留人。周恩来对这些课外活动非常积极，认为这也是一种锻炼。

1914年3月，周恩来和同班同学张瑞峰、常策欧三人发起成立名为"敬业乐群会"的组织，类似现在的学生社团。《敬业乐群会简章》规定，该会的宗旨是"以智育为主体，而归宿于道德，联同学之感情，补教科之不及"。会内分智育部、稽古部、演说部和俱乐部，下设诗团、国文研究团、辩论团、军事研究团、演剧团、音乐团等，还有自己的图书馆，发动会员捐献各类图书报刊。会团还定期举行学术报告会、茶话会，组织会员进行参观、郊游和旅行等活动。最初有会员20多人，后来发展到280多人，几乎全校三分之一的学生都加入了敬业乐群会。周恩来先后担任智育部部长、副会长和会长。

敬业乐群会有自己的会刊——《敬业》，每半年一期，周恩来任主编，先后出了六期。在1914年10月《敬业》的创刊号上，周恩来发表了诗作《春日偶成》："极目青郊外，烟霾布正浓。中原方逐鹿，博浪踵相踪。"此后，他以"飞飞""翔宇""恩来"为笔名，在刊物上发表了多首诗歌、小说、杂感等，表达他对黑暗时政的忧愤之情。1916年9月，他还担任南开学校校刊——《校风》经理部总经理，负责刊物的财务收入、印刷、校对、发行等事宜。

天津市各中等学校每年都要举行一次校际演说比赛。周恩来利用各种机会锻炼自己的口才和演讲能力，时常一个人照着镜子，打手势，练习即席演说。1914年和1915年，周恩来被推为学校的三名校际演讲比赛代表之一，而这两年南开学校在比赛中都取得了第一名的好成绩。他本人也被推举为学校演说会副会长。

周恩来爱好文艺，对于南开学校的新剧团活动，总是积极参加。这里说的新剧是相对于旧戏而言的，主要是指话剧。1914年11月，南开学校正式成立了新剧团，周恩来担任剧团团员和布景部副部长，协助部长做了大量的实际工作。他根据不同剧情的需要，组织人员精心绘制和陈设布景、道具，使之很好地发挥了增强艺术效果的作用。除参与布景外，周恩来还出演了《一元钱》《仇大娘》《醒》《一念差》《新村正》《五更钟》《冯君》和《新少年》等多部话剧。有意思的是，他在其中大多反串女角。当时南开学校学生都是男生，没有女生，而周恩来长得眉清目秀，被大家选来扮演女角。周恩来也愿意在各方面锻炼自己，总是认真饰演，收到了意想不到的效果。后来，南开学校的毕业同学录中还特别对周恩来的表演作了评论："君于新剧，尤其特长，牺牲色相，粉墨登场，倾倒全座，原是凡津人士之曾观南开新剧者，无不耳君之名。"尤其是他表演的《一元钱》，在社会上引起了强烈反响，他还受北京文化界的邀请到北京演出，在北京也引起了轰动效应。新中国成立后，周总理在接见梅兰芳时，还提到过这件事。周恩来不仅参与新剧的台前幕后工作，更难能可贵的是，他还撰文提出自己的思考。在《吾校新剧观》一文中，周恩来根据自身的实践体验，对照欧美的戏剧发展史总结了中国当时的新剧表演情况，提出要根据中国的情况有选择地吸收西方的经验。

1917年6月，周恩来以优良的成绩从南开学校毕业。南开学校《第十次毕业录》中对周恩来有如下评语，"君性温和诚实，最富于感情，挚于友谊，凡朋友及公益事，无不尽力"，"君家贫，处境最艰，学费时不济，而独于万苦千难中多才多艺"，"善演说，能文章，工行书"。

校长张伯苓常对家人说："周恩来是南开最好的学生。"

"一线阳光穿云出，愈见姣妍"

1917年6月周恩来从南开学校毕业后，经过一番慎重的思考，决定去日本留学。

这时，他的伯父在一年多前已只身调赴东北工作了。周恩来感恩伯父多年的抚养，临行日本前特意前往沈阳探望伯父，并回到母校同师友相见。他在给同学好友郭思宁的临别赠言中说"愿相会于中华腾飞世界时"。

9月，周恩来由天津登轮东渡。行前，他写下了一首诗："大江歌罢掉头东，邃密群科济世穷。面壁十年图破壁，难酬蹈海亦英雄。"

到东京后，周恩来和另外两个中国留学生一起租住在当地一间所谓"贷间"的房子里。"贷间"指日本居民将自家多余的住房租出去，并负责一般的生活照料。为寻找房租便宜又方便上学的居所，周恩来曾多次搬迁。为节省费用，周恩来在日本的生活极为节俭，一般一天两餐，买最便宜的菜，自己动手做饭。

在留日的中国学生中，有很多是从南开学校毕业的，包括严智开（严修的儿子）、王朴山、童启颜（冠贤）、陈钢（铁卿）、张鸿浩、张瑞峰、高仁山、吴瀚涛、刘东美、杨伯安等。在东京，南开的学生们组织了同学会，大家互相帮助、互相照顾。当时童启颜是总干事，周恩来抵东京后不久，被选为评议员。遇到重大节日，平时散居各处的同学们就会相聚一处。此类交流互动给身在异国的学子们一些安慰。

10月，周恩来进入东亚高等预备学校补习大学考试的科目，主要是学习日文，也复习一些其他课程。他准备报考东京高等师范学校和东京第一高等学校。考取其中的一所，就可以得到公费学习的待遇。对周恩来而言，日本留学的机会十分难得。他制订了紧张而周密的学习计划，并经常在日记里勉励自己用功。

周恩来特别注重利用各种机会了解日本社会。到日本留学前，周恩来曾觉得军国主义未必不是一条救亡图存的路径。通过了解和实地观察，他对日本军国主义产生了怀疑："日本也是行军国主义的国。军国主义的第一个条件是'有强权无公理'的。两个军国主义的政策碰到一块儿，自然是要比比谁强谁弱了，而且军国主义必定是扩张领土为最要的事。""将来欧战完后，德意志的军国主义保怕难保得住了，日本的军国主义不知又教谁打呢？军国主义在二十世纪上我看是绝对不能存留了。我从前所想的'军国''贤人政治'这两种主义可以救中国的，现在想想实在是大错了。"[①]

1918年春节，周恩来给自己定下了新的要求：第一，想要想比现在还新的思想；第二，做要做现在最新的事情；第三，学要学离现在最近的学问。思想要自由，做事要实在，学问要真切。4月3日，周恩来在给南开学校同学冯文潜的信中说，"甚盼时有以示我，新思潮尤所切望"。

---

① 中共中央文献研究室编：《周恩来传（1898—1949）》，人民出版社、中央文献出版社2008年版，第26页。

在日本期间，陈独秀主编的《新青年》对周恩来的影响是很大的。虽然在《新青年》创刊不久，周恩来就曾阅读过，但他当时没有太多的想法。在赴日途中，他又细细阅读了朋友赠的《新青年》第三卷第四号，感觉很不一样。到日本后，周恩来又从严智那里借阅了《新青年》第三卷的前三号，觉得很有启发。他有一种豁然开朗的感觉：

> 这个月开月以来，觉得心里头安静了许多。这几天连着把三卷的《青年》仔细看了一遍，才知道我从前在国内所想的全是大差，毫无一事可以做标准的……总起来说，从前所想的、所行的、所学者全都是没有用的。从今后要按着二月十一日所定的三个主义去实行。决不固持旧有的与新的抗，也不可惜旧有的去恋念他。我愿意自今以后，为我的"思想""学问""事业"去开一个新纪元才好呢！①

在其后的几天里，他一直处于激动兴奋的状态。他在日记中也记录了这些感受和变化：

> 我自前天忽然的醒悟，将从前一切事体都看成了不足重的事，不足取的事，心里头非常的快活。"从前种种譬如昨日死"。我这时候的思想与这句话一点儿也不错。我这时候的喜欢好像比平常人信宗教还高兴十倍。宗教家常说人要信宗教就是"更生""重生"。我觉得我这回大领悟，将从前的全弃去了，另辟"新思想"，求"新学问"，做"新事情"，实在是同"重生""更生"一样子了。法国女优倍那儿常说自己是小儿。我今天借用他这句话。我看我自己现在实在是小儿了。哈哈！②

---

① 中共中央文献研究室编：《周恩来传（1898—1949）》，人民出版社、中央文献出版社2008年版，第31页。

② 同上书，第31—32页。

可以说，周恩来的思想经历了一个巨大的震荡。他开始重新思考自己今后的生活道路。2月15日，周恩来在日记的开头写了两句诗："风雪残留犹未尽，一轮红日已东升。"

在这之后，周恩来开始集中精力备考东京高等师范的入学考试。考试共八科：日语、数学、地理、历史、英语、物理、化学、博物。另外还进行了口试。但周恩来没有被录取，这让他有些小小的失落。之后，他又认真准备起下一场考试。他知道这次如果再不被录取，自己留在日本读书的机会就非常渺茫了。他给自己制订了严格的计划，每天读书十三个半小时，休息和其他事三个半小时，睡眠七小时。他希望能抓住机会，继续自己的留学生活。

然而，一场突发的爱国运动改变了周恩来的生活轨迹。

1918年5月，段祺瑞政府与日本政府在北京秘密签订了《中日共同防敌军事协定》，以共同出兵西伯利亚镇压俄国革命。这激起了留日学生极大的愤慨，许多留日学生归国，参加国内学生的游行示威活动，并派代表到上海，组成学生爱国会，即日后的学生救国会。李达、李汉俊、黄日葵就是在这个时候回国的，他们后来成为马克思主义的宣传者。

5月19日，周恩来参加了留日学生的爱国团体新中学会。入会当天，周恩来发表演讲：

我们中国所以如此衰弱的缘故，全是因为不能图新，又不能保旧，又不能改良。泰西的文明所以能发达的原由，是因为民族的变换、地势的迁移，互相竞争，才能够一天比一天新。中国的民族是一系的，地位是永据的，所以无进步而趋于保守。文化不进则退，所以旧的也不能保了。再说我们二千年的历史、思想、学术全都是一孔之见。泰东西的文化比较我们的文化，可以说新的太多。他们要是主宰中国，决不能像元、清两朝被中国的民性软化了。我们来到外洋求真学问，就应该造成一种泰东西的民族样子，去主宰我们自己的民族，岂不叫比着外人强万倍不止了么？所以我刚入这会，见着这个"新"字，心里头非常着痛快。望诸同志人人心中存着这"新"字，中国才有望呢。①

周恩来积极参加各种形式的爱国运动，走上街头向旅日华侨宣传，刻蜡版，印传单，反对日本军阀侵略中国，反对中国军阀政府出卖国家主权。由于积极参加这些活动占用了大量时间，周恩来报考第一高等学校的考试准备不够充分，最后没有被录取。这时的他非常懊恼。7月底，他离开东京回国探亲，9月初又重回东京。此时，周恩来对日本社会的内部矛盾有了更深的认识，对日本社会的发展道路产生了怀疑，这为他接受马克思主义创造了条件。

1918年4月，周恩来偶然从《露西亚研究》杂志上看到一篇论述俄国党派的文章，这篇文章给他留下深刻的印象。后来，他又阅读了日本学者河上肇的《贫乏物语》和幸德秋水的《社会主义神髓》及其他介绍社会主义的杂志。同时，他也阅读了介绍无政府主义、基尔特社会主义、日本新村主义的文章，特别是河上肇所办的《社会主义问题》杂志。经过认真思考，他将马克思主义同其他各种学说进行比较，思想上越来越倾向于马克思主义了。

周恩来到日本是为了寻求一条适合救中国的道路，但是并没有找到，他对日本社会越来越失望了。但在日本，他开始接触马克思主义，这使他感到在迷茫中见到了一缕阳光。这时，国内传来了南开学校要创办大学部的消息，于是他决定回国学习。

1919年4月5日，他由神户乘船离开日本回国。在归国途中，他写下了《雨中岚山——日本京都》一诗，表达了自己当时的心境。

雨中二次游岚山，

两岸苍松，夹着几株樱。

---

① 《周恩来早期文集》（上卷），中央文献出版社、南开大学出版社1998年版，第366—367页。

到近处突见一山高，

流出泉水绿如许，绕石照人，

潇潇雨，雾濛浓；

一线阳光穿云出，愈见姣妍。

人间的万象真理，愈求愈模糊；

——模糊中偶然见着一点光明，

真愈觉姣妍。

"天津学界中最优秀、纯洁、奋斗、觉悟的青年"

1919年4月，周恩来从日本坐船到了大连，然后去沈阳看望伯父周贻赓。随后又去哈尔滨的东华大学。5月中旬，他回到了天津。

此时，轰轰烈烈的五四爱国运动已经爆发了。

五四运动爆发后，天津各校学生于5月7日举行游行示威。5月14日，天津学生联合会成立。5月23日，天津15所大中学校的一万多名学生举行罢课。5月25日，以女校学生为主体的天津女界爱国同志会成立。学生们纷纷组织演讲队到公共场所宣传，揭露政府的卖国行为，要求各界奋起救国，在社会上产生巨大的影响。6月初，天津的学生爱国运动开始向更广泛的社会阶层发展。

周恩来到达天津后，"天天到南开去"，他以校友的身份参加了天津学生的爱国运动，曾联络南开校友共同反对学校接受曹汝霖捐款和让其担任校董。6月下旬，天津学生代表马骏、刘清扬等赴京请愿时，他也赶到车站送行。

就在这个时候，为了阻止天津学生的爱国运动，天津教育当局召集各学校校长开会，决定提前放暑假，推迟开学。学校放假后，不少学生纷纷离校。因为运动已经小有成就，曹汝霖等已被免职，中国政府参加巴黎和会的代表也拒绝签字，而且运动已持续了两个多月，于是不少同学的斗争意志有所松懈。

针对这种情况，天津学联决定鼓励运动中的骨干分子搬到学校居住，集中办公。为把运动坚持下去并引向深入，天津学联决定创办《天津学生联合会报》（简称《会报》）。因为先后在南开学校主办过《敬业》《校风》，周恩来的才能为很多人熟悉，所以，担任天津学联正副会长的谌志笃、马骏去看他，邀请他出来主办这份报纸。周恩来非常爽快地答应了。随后，周恩来离开寄宿的伯母家，搬进了南开学校，与学生运动中很多其他骨干分子住在一起。他还劝说已在金陵大学读书、回天津度假的南开学校老同学潘世纶留下来，帮他一起办报。

要创办一份报纸是非常不容易的，需要筹措经费、找印刷厂等，这些都由周恩来细心筹划，到处奔走。周恩来不怕麻烦，不辞劳苦，踏踏实实，埋头苦干。编排、撰写、校对、印刷、出售等细碎的事差不多都由他一个人负责。他往往从深夜干到清晨，饿了就吃个烧饼、烤山芋。为了给《会报》做广告，周恩来在《南开日刊》上发表了《〈天津学生联合会报〉发刊旨趣》，以打开销路，扩大影响。《发刊旨趣》宣布：《会报》将"本民主主义的精神发表一切主张"，"本'革心'同'革新'的精神立为主旨"。什么是"革新"？就是要改造社会。什么是"革心"？就是要从改造学生自身的思想着手。"至于一切的研究，还是须求社会的帮助，指导我们，以便共同得着大家新生命的所在。"

7月21日，创刊号终于问世了，共开辟了主张、时评、新思潮、新闻、国民常识、函电、文艺、翻译等八个栏目。创刊号最为引人瞩目的当属周恩来撰写的以《革心！革新！》为题的发刊词。这篇发刊词的影响很大。

马骏看后，非常兴奋："这篇社论真带劲！这比我们站在几千人面前大喊一阵，可有用得多！"当时许多刊物也对这篇发刊词给予了高度评价，比如《少年世界》评价说："天津学生办的报有点价值的自然要算这报了。"上海的《新人》杂志说：《会报》比女界爱国同志会的《醒世周刊》更加"敢言"，它的主张、评论两个栏目最有特色，可以说是全国的学生会报的冠军。

《会报》最早是日刊，9月22日因为受到警方干涉而被迫休刊，10月7日复刊后改为三日刊，出了两期后，最终改为一大张对折的日刊。《会报》影响比较大，除了在天津发行外，还在北京、上海、南京、保定等多地销售，在读者中享有比较好的声誉。

8月26日，北京、天津学生三四千人，聚集到总统府门前请愿示威。28日，请愿者遭到了军警的驱赶和毒打，请愿队伍的现场总指挥马骏等人遭到逮捕。周恩来闻讯后，立即和张若名等率领天津学生五六百人赶到北京抗议声援。在全国人民的声援和舆论的强大压力下，北洋政府不得不释放被捕的代表。

9月2日，周恩来在从北京乘火车回天津的途中，与郭隆真、张若名、谌小岑等学生代表商量将天津学生联合会和女界爱国同志会两个团体合并，并从中选出一些骨干分子组成一个更严密的团体。他说：第一，除了把两组织合并以外，还要把这两个组织中的骨干分子结合在一起，另组一个强有力的核心小组，来推动各项斗争和工作；第二，由两会各推若干人办一个刊物，来指导运动的方向，并向广大爱国同胞宣传我们的主张。

9月16日，这个名叫"觉悟社"的新的团体应运而生。社内实行委员制，并决定不定期出版社团刊物《觉悟》。第一批社员有20人。这20名成员对外不用真实姓名，用抓阄的方式确定代号和化名。例如，男青年中周恩来抓到了五号，对外化名伍豪；潘世纶抓了十九号，对外化名石久；赵光宸抓了九号，对外化名奈因。又如，女青年中邓颖超抓了一号，对外化名逸豪；郭隆真抓了十三号，对外化名石珊；等等。

根据大家讨论后的共同看法，周恩来起草了《觉悟的宣言》。他写道："凡是不合于现代进化的军国主义、资产阶级、党阀、官僚、男女不平等界限、顽固思想、旧道德、旧伦常……全认他为应该铲除应该改革的。"《宣言》规定觉悟社的宗旨是"要本'革心''革新'的精神，求大家的'自觉''自决'"。为了实现这个宗旨，主要采取以下几种方法：（一）取共同研究的态度，发表一切主张；（二）对社会一切应用生活，取评论的态度；（三）介绍社外人的言论——著作同讲演；（四）灌输世界新思潮。

9月21日，他们请李大钊到觉悟社演讲。李大钊是北京大学的教授，在五四运动中有着很高声望，也是中国传播马克思主义的先驱。对于觉悟社不分男女的组合和出版刊物的做法，李大钊给予了大力的赞扬和支持，还给大家提出了要分类研究问题等许多具体建议。

10月下旬之后约两个月的时间，是觉悟社活动的高潮。因为会员都是学生，做的较多的还是类似学生会之类的活动。这期间，觉悟社请了很多名人来社演讲。其中，徐谦、包世杰、周作人、钱玄同、刘半农分别给大家做了《救国问题》《对于新潮流的感想》《日本新村的精神》《研究白话文学》《白话诗》等演讲，给同学们讲最新的思想，也研讨些新动向，就关心的时事问题进行讨论。觉悟社的社员将各人的书籍杂志交给图书委员，设立图书室，供大家共同阅读。另外，社员们采用或全体或分组、或报告或批评与自我批评等方法先后开展了各种问题的讨论会，例如学生的根本觉悟、家庭改造、共同生活、工读主义等。

周恩来是觉悟社的主要负责人，也是《觉悟》杂志的主编，《觉悟》杂志的创刊号于1920年1月20日出版。在创刊号中有周恩来写的三篇文章：《觉悟》《觉悟的宣言》《有什么分别》，还刊发了他写的《雨后岚山——日本京都》《游日本京都园山公园》等白话诗。杂志在刊发会员的文章时用的都是化名，周恩来就用了"伍豪"这个化名。

觉悟社成立后，成为天津爱国运动的领导核心，在社会上也引起了许多人的注意。当时，北京《晨报》载文称觉悟社为"天津小明星"，并说："该社产生了三个月，会员是天津学界中最优秀、纯洁、奋斗、觉悟的青年……他们抱了时时觉悟，刻刻觉悟的决心，所以叫觉悟社。"

"思想是颤动于狱中"

　　1919年11月中旬，在福州发生了日本帝国主义枪杀中国居民的福州惨案。消息传到天津，天津学生1000多人上街游行演讲，散发传单，声援福州人民。12月10日，天津中等以上学校学生联合会成立，号召学生抵制日货。周恩来作为新学联的执行科长，到天津总商会讨论抵制日货的具体措施。12月20日，在南开学校操场召开了有10多万人参加的国民大会，当场焚烧在街市检查所得的十多卡车日货。27日，又在南开学校操场召开了有数万天津各界群众参加的第二次国民大会。会后举行了游行示威活动。

　　1920年1月23日，天津学联调查员在魁发成洋货庄检查日货时，遭到日本浪人毒打。各界代表在向省公署请愿时又遭到军警的殴打，各界代表马骏、马千里等20多人遭到了逮捕。1月25日，天津当局公然查封了各界联合会、学生联合会等办事机构，并且张贴告示，"天津学生联合会、天津各界联合会、国民大会，均未经呈请令准有案，即属违犯法令"，"（今后，）举凡非法及未经立案各团体，一律解散取消。如有私行集会、结社、屋外集合或粘贴图画以及言语形容有扰害煽动之作用者，一律依法究惩，决不姑息"。随后派出大批军警、便衣疯狂地镇压天津人民的爱国运动，并逮捕了一些学生和各界代表。

　　1月29日，以周恩来为总指挥，天津各校学生五六千人赴直隶省公署请愿。大家推举周恩来、郭隆真、于方舟、张若名四人为代表去见直隶省长曹锐。曹锐不愿露面，周恩来等四人不顾军警的阻拦，强行闯入公署，立即被早已准备好的军警逮捕。之后，军警随即冲进游行队伍，对手无寸铁的学生施暴，造成50多人受伤，这就是天津的"一·二九"流血惨案。

周恩来等四人被捕后和原先被捕的20多人一起关押在警察厅的营务处。当局不让他们见面，更不允许他们交谈，对他们既不审讯，也不释放，一直拖了两个多月。周恩来等人与当局进行了一系列斗争。

4月2日，周恩来和难友们经过秘密联络，决定发动绝食斗争，要求放松管制和立即公开审理。有的人当天就开始绝食。

这时候，监狱外觉悟社的成员们展开了积极的营救活动。邓颖超等人通过各种途径向全国各地揭露"一·二九"事件的真相，反动当局面临很大的压力。4月5日，天津新学联代表谌志笃、邓颖超等24人又到警察厅，要求替代被捕的24人入狱。由于被捕的人中有学生、教员、商人，在社会上造成了相当大的影响，反动当局不能不有所顾忌。迫于压力，4月7日，被拘留了两个多月的学生和代表们，除因病或其他原因被提前释放的外，其余21人被分批移送到了天津地方检察厅民事看守所，绝食斗争算是取得了初步胜利。

移送检察厅后，代表们的拘留条件相对得到改善。周恩来等人与检察长严正交涉，迫使检察厅做出了一些让步。除了两名女代表外，其他代表获得了同住一处、自由往来的权利，并且能够阅读书报。周恩来等人组织了经济学、历史、法律、英文、日文等学习班，由难友中有能力的人担当讲师，辅导大家学习。同时还组织了有关政治、学术和社会问题的研讨。周恩来在5月28日、31日和6月2日、4日、7日，作了介绍马克思学说的讲演。他给大家集中介绍了历史上经济组织的变迁、马克思传记、唯物史观的总论和阶级竞争史、经济论中的余工余值说（也就是剩余价值学说）、《资本论》和资产集中说。

迫于社会各界的压力，当局终于开始对关押半年之久的代表们进行审判。7月6日，检察官对周恩来等人提起公诉。邓颖超等人邀请著名律师刘崇佑为代表们辩护。公审那天，法庭上挤满了前来声援的男女学生和各界群众。庭审现场站不下了，人们就站到审判庭的外面等候消息。庭审现场，辩护律师以及周恩来等代表们据理力争。当局自知众怒难犯，只能释放被关押的代表。17日，天津地方审判厅仍以所谓"骚扰罪"判处被捕代表徒刑，其中周恩来被判处有期徒刑两个月。但是这判定的日期恰恰和他们被禁的日数相等。于是法官宣布期满释放。出狱时，周恩来等人受到了人们的热烈欢迎。在人们的欢呼声中，他们参加了天津各界联合举行的欢迎会。

从1月29日失去自由，到7月17日"期满释放"，周恩来度过了半年的牢狱生活。在这段时间里，周恩来重新思考了许多问题，这对他以后走上职业革命家的道路是大有裨益的。出狱一年后，他在一封信中讲到自己对共产主义的信仰时说，"思想是颤动于狱中"①。入狱前，他是一个关心国家命运和社会改造、积极参加进步活动的学生；出狱后，他逐步走上了职业革命家的道路。

周恩来出狱以后，在8月初召开了一次觉悟社全体会议。周恩来在会上说，只有把五四运动以后在全国各地产生的大小进步团体联合起来，采取共同行动，才能改造旧的中国，挽救中国的危亡。他还说，当时团体虽多，但思想复杂，必须加以改造，才能真正团结起来，为这个目标而奋斗。他把这一切概括为"改造""联合"四个字。会后，周恩来偕同觉悟社11名社员到北京。8月16日，觉悟社在陶然亭召开茶话会，邀请少年中国学会、青年工读互助团、曙光社、人道社的20多人集会，讨论今后救国运动的方向问题。周恩来在会上对觉悟社提出的"改造联合"的主张作了说明，倡议与会各进步团体联合起来。李大钊代表少年中国学会发了言，提议各团体有标明主义之必要。最后，这些团体共同发表《改造联合宣言》和《改造联合约章》，宣布要联合各地主张革新的团体，分工合作，来实行社会改造，并且喊出"到民间去"的口号。

---

① 《周恩来书信选集》，中央文献出版社1988年版，第49页。

"我认的主义一定是不变了，并且很坚决地 要为他宣传奔走"

五四运动前后，国内掀起了一个赴法勤工俭学的热潮。

周恩来还在狱中的时候，就有了赴欧求学的想法。这时的他已经接触马克思主义，于是想到马克思的故乡欧洲去，实地考察一下资本主义国家的社会真相，进一步了解欧洲各种改造社会的学说主张，寻求一条救国救民的道路。1920年6月，准备前往法国勤工俭学的李愚如去狱中看望周恩来。周恩来当场写了一首诗送给她。诗中说道："三月后，马赛海岸，巴黎郊外，我或者能把你看。"

三个多月后的10月中旬，周恩来办好了赴法的手续，离开天津，来到上海候船赴法。11月7日，周恩来与郭隆真、李福景、张若名等197人，乘法国"波尔多斯"号邮船离开上海，前往欧洲。

"波尔多斯"号在海上航行了36天，经过西贡、新加坡、穿越马六甲海峡，横渡印度洋，再经红海和苏伊士运河，进入地中海，沿途经过的大多是英、法殖民地。周恩来所见所闻，感触很深。他感到中国的国际地位很低，中华民族处处受人歧视欺侮，一种强烈的救国救民抱负始终萦绕于心。经过数日的航行，12月中旬，邮船抵达法国马赛港。

周恩来赴欧之行，主要受南开大学创办人严修的鼎力相助。1920年7月，周恩来出狱后，严修就与张伯苓商量，推荐周恩来和李福景两个学生出国留学。严修不仅给当时驻英国公使顾维钧写信，介绍周恩来和李福景的情况，还和刘崇佑律师各资助周恩来500元，作为赴欧的费用。他特地为周恩来在严家账目上立了一个户头。除第一年留学费用是交给周恩来支票，让他亲自带走外，以后的学费，都是让人转寄，每半年一次，准时不误。

除了严修的资助外，周恩来行前就与天津《益世报》商定，作为旅欧通讯员，经常为他们撰写通信，以所得的稿费补贴旅欧的生活费用。

到了法国之后，在先期到达的留学生的帮助下，周恩来等人换乘火车到了巴黎，周恩来本来想做短暂的停留，后因生了一场病，就住了半个多月。直到1921年1月5日，他才启程去了英国伦敦，准备在英国留学。

当时英国是世界上资本主义最为发达的国家。2月1日，周恩来给天津《益世报》撰写了第一篇旅欧通讯《欧战后之欧洲危机》。文中写道："吾人初旅欧土，第一印象感触于吾人眼帘者，即大战后欧洲社会所受巨大之影响，及其显著之不安现状也。影响维何？曰生产力之缺乏，经济界之恐慌，生活之窘困。凡此种种，均足以使社会上一般人民饥寒失业交困于内外。"在分析了战后欧洲种种社会危机后，周恩来指出："使欧洲危机终不可免而至于爆裂也，则社会革命潮流东向，吾国又何能免？"

在这期间，周恩来在给表哥陈式周的信中谈到了自己对改造中国社会的一些思考。在他看来，当时有两种可供选择的社会改革方案：一种类似俄国十月革命，以暴力革命为手段，迅速夺取全国政权；还有一种就是效法英国，采取"渐进的改革"的方式。但究竟哪一种更适合中国的国情呢？周恩来还在权衡。

因此，他开始对英国的工人运动进行考察，首先考察了英国的煤矿工人运动。此前不久，英国的煤矿工人曾举行了声势浩大的同盟罢工，到1921年4月后，发展到有百万工人参加的罢工高潮。周恩来认真考察后，写下了《英国矿工罢工风潮之始末》《英国矿工罢工风潮之影响》《英国矿工罢工风潮之波折》《英国矿工总投票之结果》等九篇通讯。经过对英国工人运动的考察和研究，周恩来在对各种主义的反复推求比较中，最后认定，中国走俄国十月革命的道路才是正确的。

由于在英国学习的费用昂贵，1921年2月中旬，周恩来回到了法国巴黎，在阿利昂法语学校补习法文。不久，他同天津的四名勤工俭学生一起，转到法国中部的布卢瓦镇继续学习法文。

除了日常学习和为国内刊物撰稿外，周恩来花费大量时间读书，"对于一切主义开始推求比较"。他研读了大量英文版的马克思主义著作。《共产党宣言》《社会主义从空想到科学的发展》《法兰西内战》《国家与革命》都是那个时候读的。

除了马克思主义的经典书籍，周恩来还广泛了解了当时社会上流行的各种社会思潮。经过认真的比较分析，周恩来最终确立了马克思主义的信仰，并为其奋斗终生。

这时在国内，共产党已经开始筹建，北京最早的党员是李大钊和张申府。张申府在来法国之前接受李大钊的委托，在海外继续发展党组织和党员。张申府到了法国后，介绍刘清扬入了党。1921年，经张申府和刘清扬介绍，周恩来加入了旅法共产党早期组织。

旅法共产党早期组织成立后，周恩来等开始筹建具有青年团性质的共产主义组织。

在筹建党团组织的同时，周恩来积极组织勤工俭学生开展革命斗争。1921年6月，北洋政府为了扩大内战，以牺牲国家主权和资源为条件，秘密同法国谈判，企图向法国借款以及购买军火。消息传出后，周恩来等人立即联络旅法的华人团体，组织拒款委员会，开展了声势浩大的反对秘密借款的斗争。6月30日，旅法华人300多人在巴黎召开"拒款大会"，痛斥卖国贼和法国政府。拒款委员会发布了由周恩来起草的反对借款通告，呼吁海内外同胞一致反对。各大华人团体也都行动起来，迫使两国政府不得不暂停这笔交易。但很快，双方又私下进行谈判，准备签字。8月13日，旅法的学生和华人团体再次集会，揭露阴谋，迫使代表公使签署声明，反对卖国借款。反对秘密借款的斗争前后持续了两个月，并取得了最终胜利。周恩来全程参加了拒款运动，并将运动的全过程向国内做了及时报道，他的《中法大借款案之近讯》给国内传递了斗争胜利的喜讯。

1921年9月，里昂大学拒绝接收已经留法的学生，而从国内另招新生。同时驻法使馆宣布，由使馆向留法学生发放的少量生活维持费也将于9月15日起停发。赵世炎、蔡和森、周恩来等连日开会，决定在国内学生到达前占领里昂大学。9月21日，蔡和森、赵世炎、陈毅等100多人的"先发队"赶到里昂大学，周恩来、王若飞、李维汉、萧子璋等留驻巴黎接应。当赵世炎等来到学校时，校方早有准备，教室、宿舍都上了锁，"先发队"只好在草地上休息，后推选蔡和森、赵世炎、陈毅为代表，与校方交涉。次日下午，大批法国警察将入校学生强行押入军营。周恩来、王若飞、李维汉、徐特立等留在巴黎联络的同志们迅速行动，设法营救，但是交涉没有成功。10月13日，中法当局以"在法国宣传共产主义"等罪名，将蔡和森、李立三、陈毅等104名学生代表强行遣送回国。只有赵世炎在同志们的帮助下得以留法。"先发队"被强行遣送回国后，周恩来写了长篇通讯《勤工俭学生在法最后之运命》。这篇文章约三万字，在《益世报》连续18天分期刊出。他描述了这场斗争的整个过程，满怀激情地呐喊："途穷了，终须改换方向。势单了，力薄了，更需联合起来。马克思同恩格斯合声嚷道：'世界的工人们，联合起来啊！'他们如今也觉悟了：'全体勤工俭学的同志们，赶快团结起来啊！'"

1922年3月初，周恩来坐火车来到柏林，住在柏林郊区瓦尔姆村皇家林荫路54号。当时，德国物价相对便宜，生活成本比较低，他开始集中精力筹建共产主义青年团组织。他和张申府、刘清扬以及原在柏林的党员张伯简组成旅德中共组织，共同开展活动。

这时候，周恩来得知了国内觉悟社的一则消息，社友黄爱在领导长沙纱厂工人罢工时壮烈牺牲，一时间悲愤交加，挥笔写下了《生别死离》一诗。周恩来在这首诗里表达了自己的决心。他把这首诗随信寄给国内觉悟社的社员时说："我认的主义一定是不变了，并且坚决地要为他宣传奔走。"[1]

1922年6月，来自德国的周恩来、来自比利时的刘伯坚，还有在法国

---

[1]《周恩来早期文集》（下卷），中央文献出版社、南开大学出版社1998年版，第453页。

的赵世炎、李维汉、王若飞等代表，在巴黎西郊的布伦森林成立了旅欧共产主义青年组织。会议由赵世炎主持，他报告了会议的筹备经过和重要意义，周恩来报告了自己起草的组织章程草案。会议将组织定名为旅欧中国少年共产党。经过三天的讨论，会议选出了中央执行委员会，赵世炎任书记，代号乐生；李维汉任组织委员，代号罗迈；周恩来任宣传委员，代号伍豪。会议决定出版机关刊物《少年》，将办公地点定在赵世炎在巴黎居住的戈德弗鲁瓦街17号一座小旅馆里。

就在旅欧中国少年共产党成立的前一个月，中国社会主义青年团在广州召开了第一次代表大会，通过了中国社会主义青年团的纲领和章程，选举产生了中央执行委员会。10月，旅欧中国少年共产党投票决定加入中国社会主义青年团。随后，派代表归国向社会主义青年团中央正式提出，愿作为它的旅欧支部。

旅欧中国少年共产党成立后，周恩来回到柏林。在柏林期间，周恩来注重发展新的党员，朱德和孙炳文就是在这个时候由周恩来介绍入党的。朱德和孙炳文在上海请求陈独秀准予加入共产党，却被拒绝，于是远渡重洋，来到法国又转道德国，终于见到了周恩来。双方交谈了六天六夜，周恩来对朱德有了全面了解，同意了他和孙炳文的入党申请。此后，周恩来和朱德开始了长达半个世纪的革命友谊。孙炳文也成为周恩来的亲密战友，在他被国民党反动派杀害后，周恩来收养了他的女儿孙维世。

1923年1月，旅欧中国少年共产党中央执行委员会接到中共中央执行委员会委员长陈独秀的复信，建议将旅欧中国少年共产党改称为中国共产主义青年团旅欧支部，中央执行委员会改名为执行委员会。陈独秀在信中还对下一步他们在欧洲的行动方略作了指示。2月17—20日，在巴黎西郊一个小镇礼堂，旅欧中国少年共产党召开临时代表大会，讨论改组问题。会议由赵世炎主持。临时代表大会经过四天的讨论，通过了由周恩来起草的章程，决定旅欧中国少年共产党更名为中国共产主义青年团旅欧支部，也叫旅欧中国共产主义青年团。要求入团的团员必须"对于共产主义已有信仰"，并明确说明"中国社会主义青年团中央执行委员会为本团上级机关"。这时中共中央决定调赵世炎、王若飞、陈延年、陈乔年、熊雄等12人到苏联学习。会议选举周恩来等五人组成新的执行委员会，周恩来为执行委员会书记。

这年夏天，周恩来离开柏林，搬到了赵世炎曾居住过的那个巴黎的小旅馆里，专门从事党团工作。这里的生活十分艰苦，唯一的一间住所只有五平方米，除了一张单人床和一张小木桌外，再放不下其他东西了。这里既是周恩来的住所，又是办刊物和进行党团活动的中心。人多的时候，大家只好到广场附近的一家咖啡馆活动。据聂荣臻回忆：每当到周恩来那里，总见他不是在找人谈话，就是在伏案奋笔疾书；吃饭常常是几片面包，一碟蔬菜，有时连蔬菜也没有，只有面包就着开水吃。

在那里，他们成立了共产主义研究会，组织青年阅读马列主义著作，用马列主义理论和俄国十月革命经验武装团员和青年，并在思想教育的基础上发展团员。他们积极在留法勤工俭学生中开展工作，还出版了理论刊物《少年》。

《少年》创刊于1922年8月，它的主要任务是"传播共产主义学理"。《少年》编辑部就设在周恩来居住的那个房间里。周恩来在《少年》上发表了一系列宣传马克思主义的文章。1924年2月，《少年》改为《赤光》。它的内容更着重于宣传反对帝国主义列强和封建军阀的压迫，阐述现阶段中国革命的任务，以配合国内推动国民革命运动的发展，即"我们所认定的唯一目标便是：反军阀政府的国民联合，反帝国主义的国际联合"。周恩来先后在《赤光》杂志上发表了30多篇文章。他笔锋犀利、论理透彻，批判了一些非马克思主义的思潮，对中国社会各阶级的关系、中国革命的当前任务和远景等一系列中国革命的基本问题，有了明晰而实际的认识，比之前在《少年》上发表的文章又大大跨前了一步，在勤工俭学的学生中反响很好。

"军队设立了党代表和政治部，这种制度是中国历史上没有的，靠了这种制度使军队一新其面目"

1924年，国共合作背景下的国内革命运动发展得很快，急需大批干部。周恩来根据组织的安排，从法国直接坐船回国，结束了四年的旅欧生活。四年来，周恩来已经成长为一个坚定的具有马克思主义信仰的共产党人，他对马克思主义已经有相当的研究，并逐渐成为一位成熟的职业革命家。

9月初，周恩来到达广州。这时的广州已经成为国民革命的中心，一场轰轰烈烈的反对帝国主义和封建军阀的国民革命运动正蓬勃兴起。街上经常可以看到红色革命标语牌和高呼革命口号的游行群众。但也有重大的隐患存在着，就是商团，这是对广东革命政权威胁最大的敌人。周恩来一到广州，就立即投入到反对商团的斗争中。他参加了革命委员会临时军事指挥部的工作，在最后平定商团叛乱中发挥了重要作用。

10月，中共中央决定重建中共广东区委，由周恩来担任广东区委委员长，兼任宣传部部长。重建后的广东区委除领导广东、广西地区的工作外，还领导厦门和香港等地的工作，工作范围大大扩大了。

其间，在周恩来的领导下，广东地区党的工作很有成效。首先，广东省区委坚决支持孙中山北上。孙中山的北上扩大了国民革命运动在全国的影响。其次，征得孙中山的同意，筹组了大元帅府铁甲车队，以共产党员徐成章、周士第为正副队长，以廖乾吾为党代表。这是第一支由中国共产党人直接掌握的武装力量，也是以后叶挺独立团的前身。

11月，周恩来就任黄埔军校政治部主任。黄埔军校是孙中山接受共产国际代表的建议而创办的，其目的是建立一支真正的革命武装。孙中山把创建这所军官学校看作建立党军的起点，抱有很大希望。他亲自担任学校的总理，蒋介石为校长，廖仲恺为党代表。

黄埔军校面向全国招生。第一期学生由各省选送，最初有490多人，后来军政部的讲武堂也合并进来，共有学生645人。其中，共产党员和青年团员约五六十人，占学生总数的十分之一。徐象谦（向前）、陈赓、左权、蒋先云、许继慎、王尔琢、周士第、蔡升熙、宣侠父等都是黄埔第一期的学生。这一期的学生里，也有胡宗南、杜聿明、宋希濂、郑洞国、范汉杰、李默庵、李仙洲、关麟征、侯镜如、黄维、王敬久、孙元良、黄杰、张镇、贺衷寒等。黄埔军校开办后，学校内确有一番蓬蓬勃勃的新气象。在平定商团叛乱中，黄埔军校的学生也起到了重要作用。

出任黄埔军校的政治部主任，对周恩来来说责任重大。他从实际情况出发，创造性地开展了工作，为黄埔军校的政治工作带来了新的气象。他亲自主持制订了政治部的工作细则，建立起政治部的正常工作秩序和工作制度。他设立指导、编纂、秘书三股，明确各股的任务，规定工作细则，并从黄埔一期学员中选调了共产党员分别到各股主持工作，并经常与他们一起研究工作状况，了解学生情况。周恩来注重加强对军校学生的政治教育，在教育中强调两个方面的问题：一是为什么要革命？是为了打倒帝国主义、军阀和贪官污吏。二是军民关系，要救国卫民，严守纪律。他在任政治部主任期间，每周组织一两次对学生的政治讲演，定期举行政治讨论和政治问答，并统计学生成绩进行分析，以更好地对学生进行有针对性的政治教育。周恩来还亲自给学生上政治课，他的课深入浅出，教学态度严肃认真，让很多学生印象深刻。

周恩来还担负起指导新成立的校军教导团的政治工作。周恩来选派蒋先云、许继慎等黄埔第一期毕业生到各连担任国民党的党代表，自己也经常深入教导团，和他们一起学习。

国民党中的右派势力一直反对国共合作，所以黄埔军校内一直存在着尖锐的斗争。为了反击右派的进攻，周恩来指导建立了中国青年军人联合会。周恩来联系了除黄埔军校外的粤军讲武学校、桂军军官学校、滇军军官学校、军用飞机学校等军事学校，广泛地联合这些军事学校中已毕业和未毕业的青年军人。1925年2月1日，联合会举行成立大会。黄埔军校学生集体加入，成为会员。海军三舰和铁甲车队的一些青年军人也成为会员。到4月，会员发展到2000多人。在周恩来的指导下，联合会起到了团结革命力量、宣传革命理论的作用，成为与国民党右派进行斗争的坚决力量。

经过几个月的努力，黄埔军校政治部的工作很快打开了局面，出现了新的气象。

孙中山离开广东后，广东革命政权内部就有些混乱。广东军阀陈炯明认为有机可乘，在帝国主义和北洋军阀的支持下，于1925年年初，悍然下令进攻广州。广东革命政府于1月15日发表东征宣言，决定讨伐陈炯明。

黄埔军校的两个教导团和第二期学生总共3000人组成黄埔校军，随右路许崇智率领的粤军行动。周恩来以黄埔军校政治部主任身份参加东征，负责部队的政治宣传工作。

在东征出发前，周恩来做了认真的政治动员，强调要时刻牢记革命军是为推翻帝国主义列强和军阀的压迫、解除人民痛苦而作战的。

周恩来主持的政治部对军队的纪律提出了严格的要求，校军军服整齐，颈部一律佩戴红巾。政治部更明确提出了"不蛮横无理拉夫役；付价购物，不用军票；保障人民"的要求。

周恩来还带领政治部注意做好对民众的宣传工作，这在此前的中国军队中是没有的。东征出发前，周恩来从第二期学生中挑选出20人，他们能讲广东话、客家话、潮州话，成立武装宣传队，每到一地，都要张贴标语散发传单，向当地群众讲解东征的意义。这样的宣传消除了民众的误解，调动了民众支援革命的积极性。各地民众在协助军队运输、充当向导并刺探敌情等方面做了不少工作。周恩来还注重发展所到之处的民众组织。东征部队攻克海丰之后，周恩来就着手恢复了海丰农会，这为以后的海陆丰革命根据地打下了好的基础。

在东征过程中，周恩来还注意打击各地的土豪劣绅。在揭阳的各界欢迎会上，周恩来宣布要"打倒列强，打倒军阀，打倒土豪劣绅，打倒一切贪官污吏"。在五华，周恩来和当地县长温屏南调查核实后，传讯当地有不法行为的大地主张谷山、陈卓人等，责令他们印发忏悔录，向全县人民认罪悔过，并勒令陈卓人将霸占的公地退交五华中学作体育场。这些为劳苦大众伸张正义的做法受到了人民大众的欢迎和拥护，为东征校军赢得了良好的声誉，打下了很好的群众基础。

周恩来的政治工作做在了前头，带来了意想不到的效果。校军所在的右翼军所向披靡，直捣潮汕。2月15日拂晓，以校军教导团第一团为主力，只用了一个多小时就取得了淡水之役的胜利。紧接着，在关系着东征胜败全局的棉湖战役中，校军表现英勇，将号称"英勇善战"的林虎部击溃。这次战斗的激烈程度，在东征史上是罕见的。该役校军教导团第一团牺牲了六个连长，还有三名连长负伤。从此后，校军不再是不被重视的初出茅庐的学生军了，他们的威名传遍四海。随后，右翼军连克五华、兴宁，迫使陈炯明部退守江西和福建。至此，第一次东征胜利结束。

这次东征的胜利，特别是校军取得的战绩和周恩来的政治工作是分不开的。这也是中国共产党在领导军队政治工作方面所作的最早的尝试。尝试是成功的。这种尝试也为以后中国人民军队的建设积累了宝贵经验。而周恩来在领导政治工作中表现出来的能力，在国共两党、特别是黄埔师生中受到了广泛的尊敬和推崇，他的创造力得到了一致认可。

陈炯明被击溃后，退居闽边，在帝国主义和北洋军阀的支持下企图卷土重来。他趁隙占领了东江各地，妄图再次进攻广州。9月，国民政府决定再次东征。

这次东征的军事行动，蒋介石担任东征军总指挥，率领国民革命军第一、二、三军和四军一部分共三万多人，分为三个纵队，于10月6日出发，向东推进。东征军设立总政治部，周恩来担任第一军政治部主任兼总政治部主任。李济深所部第四军为主力部队，组织南征军，讨伐邓本殷，由刚从苏联归国的共产党员张善铭任政治部主任。

周恩来总结了第一次东征期间政治工作的经验教训，在第二次东征中进一步加强了政治工作。他在总政治部下组织了160多人的政治宣传队，从军队中抽调了几十名共产党员到总政治部工作。总政治部发布《战事政治宣传大纲》，对军队中的政治宣传工作做了较为详细的规定，要求政治宣传应包括对本军的、对敌军的、对民众的三个方面的工作。在工作上，显然比第一次东征时更加有经验，对军队政治工作人员也提出了更高的要求。第二次东征的政治工作比第一次东征有了很大的发展，取得了显著的成果。

1926年3月，《政治周报》上发表的《东征纪略》给予此次东征中的政治工作以高度评价和赞扬：

革命军与别的军队的最大不同点，就是他军队内面的政治宣传，这是革命军打胜仗的根本原因。这种政治宣传工作，在平时要紧，在战时更发要紧。在战时要使人民与军队合作以协力对付敌人，全靠这种工作做得好。此次东征，组织了伟大的政治宣传队，设立东征军总政治部为之统率，以第一军政治部主任周恩来为总政治部主任。

惠州战役是第二次东征中的重要之战。10月13日，指挥部下达了总攻的命令。但敌军负隅顽抗，东征军伤亡惨重。在总指挥部召开的会议上，周恩来提出：围城三面，留出一条给敌人出逃，然后再追歼之。总指挥部采纳了他的意见。周恩来亲临前线，指挥农民武装配合东征部队攻城。周恩来命令蒋先云等党代表组织攻城敢死队强行登城。经过30多个小时的激战，以共产党为骨干的革命军，终于在友军的配合下攻破了惠州城，顺利开辟了第二次东征的前进道路。

之后，东征军乘胜追击，很快完成了统一广东的任务，第二次东征胜利结束。

"我们是完全有能力反击蒋介石的"

1925年11月，东征军进入汕头后，国民政府任命周恩来为广东东江各属行政委员，负责惠、潮、梅和海陆丰下属25县的地方行政工作。这是巩固革命政府在东江地区政权的一个重要举措。这个重担落在了周恩来的身上。

由于这时军事行动尚未结束，周恩来没有立刻就职，仍以东征军总政治部主任的名义处理地方行政事务。首先，他在东江地区着手建立新的政权机构和群众组织，选派县长，委派各县的检察官。他还往各县派遣特派员，负责领导当地的群众组织，如农会、工会、妇女协会等。这些特派员大多是共产党员和国民党左派人士。周恩来对他们说：如果县长是左派，就同他合作；是右派，就各干各的。他还派国民党左派接管了汕头的《平报》，改名为《岭东民国日报》，并为该报的副刊《革命》题写了刊头。由于兼任国民党东江各地党务组织主任，他派特派员到潮安、揭阳、普宁、潮阳、惠来等县改组国民党县党部。其次，他同当地旧势力展开了斗争：撤职查办贪官污吏；取缔各县劣绅把持的县议会；制裁鸦片商；改组被"工贼"控制的人力车工会和小贩工会。再次，他向中共广东区委建议成立中共潮梅特委，统一领导这一地区的党的工作。

东征军事行动结束后，2月1日，周恩来就任东江各属行政委员，正式设立行政委员公署，负责东征军总政治部原来担负的地方行政工作。这是历史上第一次由中国共产党人在一个地区范围内担任主要领导职务，是在国共合作的特定历史条件下出现的。

正当周恩来卓有成效地开展工作时，3月16日，广州国民政府突然表示接受周恩来此前曾多次提出的同时担任东江各属行政委员和第一军副党代表不能兼顾的请求，宣布免去他的东江各属行政委员一职，只担任国民革命军第一军的副党代表兼政治部主任。

同时，周恩来突然接到蒋介石要他回广州的电报。3月17日，他从汕头回到广州。就是在这个时候，蒋介石正在广州酝酿一个更大的反共阴谋。

蒋介石反共的念头由来已久。起初，他在同共产党合作表面上赞成革命的同时，暗地里提防和限制共产党。随着蒋介石实力的增长，他的反共面目也越来越明显地暴露出来。1925年11月东征途中，蒋介石曾召集连以上的军政人员联席会，要求把所有在黄埔军校以及在军队中的共产党员的名字都告诉他，所有加入共产党的国民党员名字也要告诉他。当时，周恩来即以此事事关两党，须请示中央才能决定为由搪塞过去。后来，蒋介石又同周恩来个别谈话，提出为了保证黄埔军校的统一，共产党员或者退出共产党，或者退出黄埔军校与国民党，但表示后者是他所不愿看到的。

1926年1月，周恩来从汕头回到广州，同中共广东区委委员长陈延年和苏联顾问鲍罗廷商量。他们商定：应该采取打击右派、孤立中派、扩大左派的政策，计划给蒋介石以回击，把共产党员完全从蒋介石部下撤出，另外与汪精卫成立国共两党合作的军队。

周恩来回到汕头后，准备在接到中共中央的回电后立即向蒋介石提出。等了好久，中央却来电表示不同意。3月17日，周恩来回到广州后，立刻发觉蒋介石与国民党右派往来密切。周恩来立刻将自己知道的情况报告广东区委宣传部部长张太雷。当时区委的主要负责人陈延年去上海参加会议，张太雷将情况报告给正在广州的苏联顾问季山嘉，但季山嘉根本不把这一重要情况当回事。

3月18日晚，中山舰舰长共产党员李之龙接到命令，调中山舰赴黄埔听候蒋介石调遣。中山舰启动后，就有谣言散布，说共产党阴谋暴动，要武力推翻国民政府。同时，蒋介石也不承认调动过中山舰，指责共产党有阴谋，并以此为借口采取了紧急行动。3月20日，蒋介石命人将李之龙逮捕，派人占领了中山舰，下令全城戒严，扣留了第一军和黄埔军校中的中共党员，严密监视邓演达。同时，他还下令包围苏联领事馆，监视苏联顾问，解除省港罢工工人纠察队的武装。闻讯赶来质问的周恩来，也被蒋介石下令软禁了一天。

当时，蒋介石提出了两个条件：第一，共产党员退出第一军；第二，如果不退出，就交出共产党员的名单。面对危机，周恩来、陈延年、聂荣臻等一起讨论。周恩来对情况做了分析。他说：2月时蒋介石驱逐了一名左派师长，就有反共苗头，他曾向组织报告过，但没有引起重视。现在的情况是，在国民革命军六个军中，只有第一军是直属蒋介石指挥的，其他五个军都不会听他的，有的还想乘机搞掉蒋介石。而在第一军的三个师中，有两个师的党代表是共产党员，九个团的党代表中有七个是共产党人，团长中金佛庄、郭俊是共产党员，营以下各级军官和部队中的共产党员也不少，至于同情左派的革命力量就更大了。第一军又是以黄埔军校教导团为底子的，党的传统影响很大，我们是完全有能力反击蒋介石的。对于周恩来的分析，大家表示赞成。最后，周恩来说，还是由党中央决定吧。

但是，几天后，以陈独秀为首的中共中央完全接受了蒋介石的条件。于是，已经暴露身份的250多名共产党员被迫退出国民革命军第一军和黄埔军校，周恩来也被免去第一军副党代表兼政治部主任的职务。这就是"中山舰事件"。

中山舰事件是蒋介石向共产党发起进攻、夺取革命政权的一个重要步骤，是蒋介石与国民党右派默契配合的一场阴谋。

由于中共中央的退让，蒋介石完全达到了打击共产党、排斥国民党左派的目的。同时，他也在军事上巩固了自己的地位。

"中山舰事件"后，蒋介石又借"整理党务案"将担任国民党中央各部部长的共产党员全部撤职，自己担任国民党中央委员会的人事部部长和组织部部长，进一步控制了党权。

被迫退出国民革命军第一军和黄埔军校的250多名党员在特别培训班学习毕业后，分配到其他革命军部队中任职。周恩来离开第一军后，将主要精力转向广东区委军委的工作，全力组织和指导北伐军中共产党员的工作。

1926年年底，周恩来奉命调到中共中央工作。

"军事工作，继续进行，组织要特别严密"

1926年12月，周恩来到上海担任中共中央组织部秘书兼中央军委委员。当时，"中央组织部尚无专人切实负责工作"，虽然周恩来名义上是组织部的秘书，实际上要他负责整个党的组织工作。

周恩来在组织部工作的时间比较短，只有两个多月。此时，上海工人第三次武装起义已开始准备。由于周恩来是当时党内公认的富有军事工作领导经验的人，所以中央又调他去负责这次起义的军事工作。

北伐战争开始后，中共中央和以罗亦农为书记的中共上海区委就密切关注着战事的进展。为了以实际行动迎接北伐军进军上海，准备建立由民众选举、代表广大市民利益的共产党员在其中起核心作用的市民政府，1926年秋至1927年春，中共中央和中共上海区委发动和组织上海工人，连续举行了三次武装起义。

1926年10月24日凌晨，上海工人在中共上海区委领导下举行第一次武装起义。由于起义是在准备工作很不充分、时机极不成熟、大部分工人并没有组织起来的情况下仓促发动的，所以很快遭到了失败。

起义失败后，中共中央和上海区委认真总结失败的教训，加紧准备第二次武装起义。1927年年初，北伐军分三路向安徽、浙江、江苏等省进攻。2月17日，北伐军占领杭州。第二天，先头部队进抵嘉兴，上海守敌一片混乱。中共中央和中共上海区委决定立即组织上海人民积极行动起来，设法武装自己，准备夺取政权。2月19日，上海市总工会发布总同盟罢工命令，罢工人数达到36万。本来罢工是为了配合北伐军夺取上海的，孰料北伐军到嘉兴后止步不前。2月20日，中共中央得悉这一消息后，经过反复讨论，决定把总同盟罢工转变为武装起义。2月21日，罢工工人奋起袭击反动军警，夺取武器。但由于海军两舰配合起义的计划泄露，在来不及通知各区起义工人的情况下被迫提前开炮，以致打乱了整个起义的计划，加之离上海不远的白崇禧部队根据蒋介石的命令，拒绝工人的援助请求，结果起义又被军阀残酷镇压下去了。

这时周恩来已到上海，在中共中央组织部工作，没有参加这次起义的领导工作，仅临时被派去指挥南市区的行动。周恩来到那里后，没有见到群众，只找到几个负责人。

第二次武装起义刚刚失败，中共中央和中共上海区委立即着手准备第三次武装起义。2月23日晚，中共中央和中共上海区委举行联席会议，决定"扩大武装组织，准备暴动"。同时决定联合组成起义最高指挥机关——特别委员会，由陈独秀、罗亦农、赵世炎、何松林（即汪寿华）、尹宽、彭述之、周恩来、萧子璋等八人组成。在特别委员会下设军事委员会和宣传委员会。军事委员会由周恩来、顾顺章、颜昌颐、赵世炎、钟汝梅五人组成。周恩来为书记。2月26日，陈独秀在特委会上提出：在总同盟罢工的基础上进行武装暴动，在暴动中夺取武装，武装暴动必须有广大群众参加。特委会接受陈独秀的意见，总结了前两次的经验教训，精心制订了起义计划，并进行周密的准备。

2月24日上午，周恩来亲自参加上海区委各部（即各区）书记会议，详细了解各区工人纠察队的力量配备，研究敌方军警的据点和力量分布，认真分析敌我双方力量对比的状况，寻找起义依靠的主要力量。当天下午，他同各区的军事专员分批开会商议。当晚又在特委会议上作军事工作报告，并在会上提出了军事准备工作的五项具体意见。

为了落实各项准备工作，周恩来亲自到商务印书馆、法商电车公司、沪东工厂等党的力量较强的重点单位去了解起义的准备情况。在他的劝说下，商务印书馆有20多人参加了当时闸北商会会长组织的保卫团。团员每人得到一支枪和30发子弹。这些参加保卫团的工人及他们带的枪支弹药，在第三次起义时成为攻打北火车站的重要力量。他还到浦东、引翔港等处察看地形，在工人中选调当过兵、有实际作战经验的党员做教员，举办军事训练班训练武装起义的骨干，各部委和大厂工人纠察队负责人成为训练班的主要培训对象。

起义前夕，周恩来经常奔走于上海区委、上海总工会等处，指导起义的准备工作。在他的领导下，各区都拟定了较为详尽的作战计划，包括主攻目标、方法、时间，在联络方式、人力和武器配备等方面也做了计划。

除了认真准备外，周恩来对起义的时机也做了认真分析和选择。此时，孙传芳已投靠奉系军阀张作霖。2月底，张作霖派鲁军毕庶澄部3000余人南下上海，接替原孙传芳部的李宝章的上海防务，加上当时上海的警察，也只有约5000人的兵力。

3月初，北伐军分两路进逼上海。3月5日晚，特委召开会议。周恩来在会上作报告，表示各方面动作已预备好。会议在确认起义时机时出现了不同意见。陈独秀提出"不要太早"，认为要有两个标准：一是上海已没有驻兵；二是北伐军到松江后仍继续前进，或者等它到上海南郊的龙华。周恩来不同意陈独秀的意见，主张"松江下，必可动"，"苏州下，也必可动"。最后，陈独秀也接受了这个主张。会议还对起义的指挥机构进行了讨论，决定整个行动由中共中央和上海区委负责，紧急时则由陈独秀、罗亦农、周恩来、汪寿华四人负责。起义总指挥由周恩来担任。

3月19日清晨，上海区委主席团召开紧急会议。周恩来在会上分析，毕庶澄有败退的可能，也有"暂时压迫我们的可能"，提出"如果十二点以前，有毕军溃退消息，即一面下令罢工，一面今晚行动"。当天下午，罗亦农在上海区委各部委、各产总联席会议上下了预备动员令，并代表中共上海区委颁布《行动大纲》。《行动大纲》规定："此次上海革命民众的广大动作，中心思想是民众与武力合作，中心目的是建立上海革命民众的政权——民选市政府。"

3月20日，北伐军攻克松江，先头部队已经推进到上海南郊。这时，鲁军毕庶澄部刚到上海，不熟悉情况，军心不稳。起义的时机成熟了。

3月21日上午，中国共产党做出了武装起义的决定：定于当天中午12点发动起义。中午12点，在汽笛长鸣声中，全市约80万名工人宣布罢工，上海工人第三次武装起义开始了。

周恩来和赵世炎在位于宝山路横浜桥南商务印书馆职工医院内的总指挥部里指挥起义。他们对着上海市区地图，边看边商量，不时和外面进来的联络员交谈，听取报告。周恩来还亲自到起义现场指挥战斗。人们能看到身穿灰布棉袍、西装裤子，脚穿黑皮鞋，头戴鸭舌帽，脖子上围了一条深灰色围巾的周恩来往返于火车站、东方图书馆、商务印书馆三路指挥战斗。

起义分别在南市、闸北、虹口、浦东、沪西、沪东、吴淞七个区展开。起义进展得很顺利。下午，除闸北外的各区先后取得了胜利。为了便于撤退，毕庶澄部主要集中于火车站所在的闸北区，斗争也主要集中于此。当天下午，起义部队攻克了湖州会馆和三处警察署后，周恩来将指挥机构搬到第五区警察署。当得知毕庶澄部约500人因逃跑遇阻，又掉头返回上海时，周恩来迅速布置了在天通庵附近的伏击。经过一夜战斗，到第二天中午，除少数敌军逃脱外，其余400多人缴械投降。这批缴获的枪支迅速武装了纠察队，增强了战斗力。在攻打东方图书馆时，工人们着急，企图采用强攻的方式。周恩来迅速加以制止。他细心勘察地形，为了减少伤亡，建议改为"围而不攻"的方式，困住敌人。等到天通庵战斗结束后，对敌人进行劝告，敌军军心涣散，不战而降。总指挥部随之迁入东方图书馆。北火车站是敌人最后一个据点，守备力量很强，武器装备占有很大优势，配有重机枪、装甲车、迫击炮。战斗开始后，周恩来亲自到现场指挥突击队的行动，还和纠察队一起修筑工事。22日下午，毕庶澄换装逃跑，晚上6点，北火车站被攻克，起义军取得了胜利。

3月22日，上海工商学各界举行市民代表会议，选举19人组成上海特别市临时市政府（即上海市民政府），其中有罗亦农等共产党员和共青团员10人。上海临时市政府虽然只存在了24天，但它是在党的领导下最早由民众在大城市建立起来的革命政权，在中国革命史上写下了光辉的一页。周恩来为此做出了重要贡献。

"南昌起义是反对国民党的一种军事行动的尝试"

1927年4月12日，蒋介石在上海发动反革命政变，大肆搜捕和屠杀共产党人。

"四一二"反革命政变发生后，周恩来起草了致中央的电报，与赵世炎、罗亦农、陈延年、李立三、尹宽联名发出，这就是《迅速出师讨伐蒋介石》。电报中强调，必须坚决讨伐蒋介石，力主"迅速出师，直指南京"；针对陈独秀主张对蒋缓和妥协的右倾主张，提出"为全局计，政治不宜再缓和妥协。上海于暴动后，已曾铸此大错。再不前进，则彼进我退，我方亦将为所动摇，政权领导尽将归之右派，是不仅使左派灰心，整个革命必根本失败无疑"。4月18日，周恩来在特委会第二次会议上再次着重指出，"中央政策动摇，指导无方，对于前次广东与上海都如此，中央对于争领导权没有决心"。他认为，这些问题应该提到将要召开的中国共产党第五次全国代表大会上讨论，并要注意以后整个党的统一指导问题。

本来中央是要周恩来、李立三、罗亦农去汉口参加第五次全国代表大会的，但周恩来因要处理上海工人纠察队的善后事宜，没有立即前往。直到5月下旬，他才到达武汉。这时，中国共产党第五次全国代表大会已经开过了，周恩来在五届一中全会上当选为中央政治局委员，并任中央秘书长（未到武汉，由蔡和森代理）。

这时，已经取得武汉国民党中央和国民政府领导权的汪精卫，虽然还打着反对蒋介石的旗号，但始终没有真正见诸行动，反而越来越迅速地走向反共。

周恩来一到武汉，就参加了中共中央的工作。5月25日，周恩来列席中央常委会议，会议决定：中央秘书长一职由李维汉担任，周恩来转任中央军事部部长；规定军事部部长在必要时参加常委会议。29日，中央常委会议决定：周恩来代理张国焘的中央常委职务，参与中共中央的核心领导。

周恩来直接负责党中央的军事工作。6月17日和20日，他曾两次在中央常委会议上提出利用目前有利时机搞湖南暴动的计划，并提出要亲自到湖南去指挥这次暴动。但是，这个计划最后因遭到共产国际代表的反对而没有实现。

湖南暴动计划被取消后，陈独秀主持下的中共中央再也拿不出什么好的主张来。由于陈独秀右倾错误的进一步发展，更加助长了武汉汪精卫集团的反革命气焰。汪精卫开始公开煽动"分共"。这时，共产国际提出改组中共中央，并明确要求中国共产党公开宣布退出国民政府，开展土地革命，武装工农。7月12日，周恩来出席中共中央政治局会议。根据共产国际执行委员会的指示，中共中央进行改组，由张国焘、周恩来、李维汉、张太雷、李立三组成中央常务委员会，主持工作。从此，陈独秀离开中共中央最高领导岗位。经过这个改组，主张武装反抗国民党屠杀政策的力量在中央取得了领导地位，从而为南昌起义、秋收起义和八七会议的召开开辟了道路。

7月15日，汪精卫控制的武汉国民党中央召开"分共"会议，决定同共产党决裂。随后，汪精卫集团对共产党员和革命群众实行大逮捕、大屠杀。至此，由国共合作发动的大革命宣告失败。

据聂荣臻回忆：

举行南昌起义，是七月中旬中央在武汉开会决定的……那天晚上，恩来同志在会后到了军委，向在军委工作的几个同志进行了传达，他传达的大意是，国共分裂了，我们没有别的办法，只有起义。今天，中央会议上做了决定，要在南昌举行起义。恩来同志还说，会议决定组织前敌委员会，指定他为书记。他传达完后，就指定贺昌、颜昌颐和我，组成前敌军委，我为书记。任务是先到九江去，通知我们的同志，叫他们了解中央的意图，做好起义的准备。但什么时候发难，要听中央的命令。①

由于武汉形势紧张，中共中央不少负责人已先后转移到九江。7月中旬，中共中央临时政治局常务委员会派李立三、邓中夏、谭平山、恽代英等赴九江，准备组织中国共产党掌握和影响的国民革命军中的一部分力量，联合第二方面军总指挥张发奎重回广东，拟建立新的革命根据地，实行土地革命，举行第二次北伐。7月20日，李立三、邓中夏、谭平山等在九江举行谈话会，鉴于张发奎态度日见右倾，已经站在汪精卫一边，李立三等认为应立即抛弃依靠张发奎的计划，提议独立发动反对南京和武汉国民党政府的军事行动，即南昌起义，并把这个提议立即上报中央。7月下旬，在获悉李立三等人的提议后，中央常委和国际代表立刻表示同意，并在武昌召开会议。周恩来在会上要求中央从速决定南昌暴动的名义、政纲和策略，切实计划发动湘鄂赣和广东东江一带工农势力，并要求共产国际经由汕头迅速予以军火和物资接济。会议初步决定，以"东征讨蒋"为口号，以贺龙领导的国民革命军第二十军、叶挺率领的第十一军第二十四师和朱德领导的第三军军官教育团为基础，在南昌发动武装起义，决定由周恩来负责此次起义行动。会议还根据国际代表加伦的提议，规定起义后部队的行动方向：立即南下，占领广东，取得海口，以取得国际援助，再举行第二次北伐。

这时候邓颖超也在武汉。邓颖超后来回忆道，周恩来直到要离开武汉的时候，在晚饭前后才告诉她，他当晚就要动身去九江。去干啥，待

---

① 聂荣臻：《聂荣臻回忆录》（上卷），战士出版社1983年版，第60页。

多久，什么也没有讲。邓颖超也没有多问，后来看了国民党的报纸，她才得知发生了南昌起义的事情。

7月26日，周恩来在陈赓的陪同下赶到了九江，同李立三等人进行了会商。周恩来在会上报告了中央的意见。会议对起义后要不要没收大地主的土地存在很大争论。周恩来明确说，应该以土地革命为主要的口号。会议同意周恩来的这个意见，并作出了决定。会后，周恩来又交代聂荣臻，到九江南昌之间的马回岭，将第四军的第二十五师拉到南昌，参加起义。

7月27日，周恩来从九江秘密来到南昌，先住在朱德的寓所，后住系马桩附近一学校内。南昌那时候还在国民党的控制下，叶挺、贺龙的部队也在同一天先后到达南昌。当天，根据中央的决定，周恩来在江西大旅社主持会议，成立由周恩来、李立三、恽代英、彭湃组成的中共前敌委员会，负责前敌一切事宜。会议详细讨论了起义的有关问题，决定在7月30日晚举行起义。

7月28日，周恩来来到国民革命军第二十军指挥部看望贺龙。这时，贺龙还不是共产党员。早在一个多月前，贺龙在武昌就对周恩来明确表示过：只有共产党才能救中国，只有马列主义才是救国救世救民的真理。这次一见面，周恩来就开门见山地告诉了贺龙南昌起义的计划，征求贺龙的意见。贺龙也非常坦率：我完全听共产党的话，要我怎样干就怎样干。

正当周恩来等为起义做着各种积极准备的时候，张国焘却以"中央代表"的身份接连发来两封密电，说暴动宜慎重，无论如何要等他到后再作决定。周恩来同前委其他成员分析了当时的实际情况，商议后毅然决定：暴动决不能停止，继续进行一切准备工作。

30日早晨，张国焘匆忙赶到南昌，起义前委立即召开紧急会议。张国焘在会上提出，如果起义没有成功的把握，就不可动，还要征求张发奎的意见。其他委员认为，各种准备都已做好，起义还是应当进行。张国焘搬出共产国际，希望能够压倒大家。周恩来愤然以辞职相抗争，说："国际代表及中央给我的任务是叫我来主持这个运动，现在给你的命令又如此，我不能负责了，我要即刻回汉口向中央报告。"①经过几个小时的争论，问题也没有解决，谭平山甚至激动地想绑了张国焘，周恩来制止了他：怎么能绑中央的代表？第二天早晨，周恩来继续主持前委的紧急讨论会，又是几个小时的辩论，最终，张国焘表示服从多数人的主张。会议决定次日，也就是8月1日凌晨四点举行武装起义。

31日下午，进入最后的准备阶段，参加起义的部队以军、师为单位召开团以上干部会议。周恩来、贺龙、叶挺等分别在会上传达了党中央和前委的决定，宣布起义的命令，并给各团、营下达了明确的战斗任务，交代了有关规定。

正当一切准备就绪的时候，贺龙部发现有一个副营长有向敌人告密的动向。前敌委员会立刻做出反应：将起义提前两个小时，于8月1日凌晨两点发起。

8月1日凌晨两点，随着一声枪响，周恩来、朱德、贺龙、叶挺、刘伯承等领导的南昌起义开始了。共产党掌握和影响下的两万余人，经过了四个小时的激烈战斗，到早晨六点时，将城内的敌军全部歼灭。共歼敌3000多人，缴枪5000多支、子弹70多万发，还有大炮数门。起义部队占领了南昌城。

为了争取和团结国民党中一部分愿意继续革命的人士，揭露蒋介石和汪精卫背叛孙中山革命精神的面目，这次起义仍使用国民党左派的旗帜。起义胜利后，成立了中国国民党革命委员会，周恩来等担任委员。起义军仍沿用国民革命军第二方面军的番号，下辖第九、第十一、第二十三军。8月2日，革命委员会任命贺龙为第二方面军代总指挥（仍兼第二十军军长），叶挺代前敌总指挥兼代第十一军军长，朱德为第九军副军长，郭沫若为总政治部主任。当天，聂荣臻、周士第率领在马回岭起义

---

① 中共中央文献研究室编：《周恩来年谱（1898—1949）》（修订本），中央文献出版社1998年版，第122页。

的第四军二十五师两个团3000人赶到南昌。

起义胜利后，根据中共中央的决定，部队立即南下。8月3日，起义军开始撤离南昌，取道临川（抚州）、宜黄、广昌，南下广东。

9月19日，起义部队进驻三河坝，并在这里分兵，朱德率第十一军二十五师等部留守三河坝，由周恩来、贺龙、叶挺、刘伯承等率主力部队第二十军和第十一军二十四师进军潮汕。叶挺带领的第十一军是起义部队中战斗力最强的队伍。

9月23日，起义军进入潮安，第二天，光复了汕头。起义军打算在这里站稳脚跟，再图发展。

这时，统治"两广"的国民党第八路军正、副总指挥李济深和黄绍竑，开始调集重兵围攻起义军。他们兵分三路。陈济棠率领粤军主力第四军十一师、十三师和新编第二师从广州出发，向粤东推进，会合王俊的警备旅，乘起义军直入潮汕的机会，抢先占领了原来可作为潮汕屏障的揭阳、汤坑一带的有利阵地；黄绍竑率第七军两个师在粤北渡过韩江上游，绕道窥伺潮汕的后背；钱大钧部留在梅县以东的松口镇，监视并牵制留守三河坝的起义军。

由于三河坝分兵，起义军的兵力只有敌人的三分之一。在敌人的围攻下，寡不敌众，经过几天的激战，9月30日起义军撤离潮州，随之放弃汕头。

周恩来这时已经身染重病，前委机关撤离汕头后，第二天到达普宁县内的流沙。10月3日，从前线撤下的部队来到流沙与前委会合。在这里，起义军主要领导成员周恩来、李立三、恽代英、彭湃、张国焘、谭平山、贺龙、叶挺、刘伯承、聂荣臻等二三十人在流沙召开了一次决策性的会议。周恩来做了报告，对起义失败的原因做了检讨，并对起义军以后的发展做了交代。

周恩来此时高烧到40℃，行军时要由担架抬着，走在队伍的最后面。周恩来病势严重，常常处于昏迷状态，有时神志不清。部队被冲散时，只有叶挺、聂荣臻等几个人守在他身边。后来，当地党组织的负责人杨石魂找来一条小船，送周恩来、聂荣臻、叶挺等人去了香港。

至此，南昌起义失败了。起义军余部1200多人，在董朗、颜昌颐率领下于10月7日到达陆丰，同当地农军会合，改编为红二师。后来他们举起苏维埃的旗帜，创立了海陆丰红色政权。朱德、陈毅领导的第二十五师坚持斗争，并在第二年发动了湘南起义，后来上了井冈山，同毛泽东领导的秋收起义队伍胜利会师，创建了中国工农红军第四军。

周恩来后来说过："南昌起义是反对国民党的一种军事行动的尝试。"[1]南昌起义虽然失败了，但它打响了中国共产党人武装反抗国民党的第一枪。中国共产党领导下的人民军队也是在这次起义中诞生的，它开启了中国革命历史的新篇章。

---

① 《周恩来选集》（上卷），人民出版社1980年版，第173页。

刘少奇

第三章

马克思主义"确实是真理，确能救中国"

1898年11月24日，刘少奇出生于湖南省宁乡县花明楼炭子冲的一个富农家庭，父亲按字辈为他起名绍选，字渭璜。他在叔伯兄弟九人中排行最末，而在当地俚语中最后一个孩子被称为"满仔"，所以他被家人称为"九满""九伢子"。

刘少奇的父亲刘寿生读过几年书，粗通文墨，能写会算，为人比较精明能干，而且思想也较开明。他奉行"耕读传家"的祖训，十分重视子女的教育。刘少奇有三个哥哥从小就上私塾读书。老大刘墨卿和老二刘云庭读了三四年私塾，老三刘作衡读了六年。刘寿生很会管家，他把炭子冲的30亩地留给家里耕种，将离家较远的茅田滩祖田租给别人，而后自己在家附近租种了别人的15亩地。刘少奇后来回忆说："父亲虽然受过相当长时间的教育，但他很勤劳，仍参加并指挥生产。"孩子长大后，他安排男孩子下地劳动，学习烧石灰、犁地等活计，让刘少奇的两个姐姐在家帮助母亲纺纱织布，喂养家畜。

刘少奇的母亲鲁氏虽然没有读过书，但勤劳贤惠，善于持家，自从和刘寿生结婚后，就挑起了照顾全家老小的重担。她忙里忙外，无论粗活细活都不在话下。在刘少奇未满13岁时，刘寿生就去世了，鲁氏挑起全家的重担，支撑着这个家，把一家大小十几口人的生活和农务安排得井井有条。几年后，刘家的家业在她的经营下渐渐兴旺起来。母亲的勤劳、坚毅，给幼年的刘少奇留下了深刻的印象，对他的成长产生了重要的影响。

刘少奇的童年，就是在这样一个勤劳朴实的农家里度过的。从五六岁开始，刘少奇便和哥哥姐姐一起下地除草摘菜，和同龄的伙伴们上山放牛拾柴。

"刘九书柜"

　　1906年，刘少奇八岁了。父亲把他送到离炭子冲三里远的拓木冲一家私塾里读书。私塾老师名叫朱赞庭。他不仅饱读诗书，而且为人正直，品行端正，深得乡亲们的尊敬。他不仅教刘少奇和同学们读《三字经》《百家姓》，还常常给他们讲一些做人的道理，给刘少奇留下了深刻印象。一年后，刘少奇转到罗家塘的私塾读书。在这里，刘少奇读了《论语》《大学》《中庸》《孟子》等。在私塾读书时的刘少奇，平时举止文静，沉默寡言，但学习十分认真，读书很用心，成绩总是名列第一，深受老师和同学们的喜爱。

　　1909年，11岁的刘少奇离开炭子冲，来到离家十余里外的粉铺子洪家大屋读书。

　　洪家大屋，是宁乡县芳楚乡有名的封建官僚洪家的宅院。洪家是科举出身，书香门第，好几代人都在外为官，因此，洪家人十分重视对子女的教育。为了给幼子洪赓扬提供良好的教育，洪家在家中开设学堂，专门聘请了读过师范学院的杨毓群先生作为洪赓扬的老师，并招收附近品学兼优的学生一起来学堂学习。

　　杨毓群先生在当地有点名气，他不但通晓中国传统文化，而且对现代科学知识十分了解，所以附近许多人都慕名而来。刘少奇在熟人的介绍下，来到洪家大屋参加入学考试。经过面试，洪家只收下了刘少奇一个人。经过几个月的试读后，洪家正式认可了他的伴读资格。

　　在洪家的学习给少年刘少奇留下了深刻印象。最让他记忆深刻的是在洪家的课堂上不用每天背诵四书五经了，取而代之的是听杨先生讲国文、算数和自然知识。最让刘少奇高兴的是洪家大屋有许多如《西游记》《古今传奇》之类的藏书。在家中，父亲是不允许他读这类杂书的，而在洪家他可以随便看。所以他一有时间，便和洪赓扬结伴钻进书房，一本又一本地读书。

在洪家大屋一年多的时间里，刘少奇学到了许多古书上没有的新知识，眼界也开阔了不少。他尽情地吸收新知识、新思想，也开始不受约束地思考问题。渐渐地，他发现洪家是宁乡县的富户，家有百亩良田，屋内仆役成群，洪家老小都过着衣食无忧的生活。为什么洪家的孩子放学后不用放牛？为什么洪家的男人不用犁地？为什么这一家老小不用劳动就能比别人过得好？这是刘少奇经常思考的问题，但他找不到答案。

不久，刘少奇的父亲因不满杨老师教学的内容，命令刘少奇转学到离炭子冲八里地的花子塘寄读。

花子塘的私塾先生杨寿吾也是一个开明的人，他除教授学生四书五经和历史外，还主要讲授《左传》。

随着知识的增长和眼界的开阔，私塾的学习已经不能满足刘少奇旺盛的求知欲了，于是他开始网罗各种书籍，到处借书，南塘村塘湾的刘甲三家和他的同学周祖三家就是他经常去的地方。

刘甲三曾在岳麓书院学习过，家中不仅收藏了经史子集类的古籍，还有不少工业技术和医学方面的书籍。周祖三的父亲周瑞仙是一个进步人士，早年留学日本弘文书院，并在日本加入了孙中山领导的同盟会，回国后在长沙创办了修业学校，立志通过教育改变国家命运。周家的书房中，不仅有国文、算术、历史、地理和数理化方面的教科书，还有不少当时流行的报纸杂志、通俗读物和政治书籍。

刘少奇经常到周祖三家读书。他有时也将书借回家看。在知识的海洋里，刘少奇认识了卢梭、华盛顿、富兰克林、爱迪生、瓦特、达尔文等国外著名的政治家、科学家，了解了西方的自然科学知识和人文科学知识，也知道了康有为、梁启超、谭嗣同等人为挽救民族危亡、力图革新所做出的努力。这时，他虽然对资产阶级革命派的理论不能完全理解，但因此开始了对社会现实的思考。刘少奇在家里也布置了一个书屋，他把从各处借来的书和自己收集的书，分门别类放好，一有时间，就一个人关在屋里看书。

随着阅读的深入，刘少奇的思路也渐渐开阔起来，对于一些问题，能发表自己独立的见解。有一天，他和伙伴们路过一个小庙，庙门两侧的对联吸引了他们的注意力："惠止南国，戴如北辰。"这是什么意思呢？大家热烈地讨论起来，但没有得出满意的答案。回到家后，刘少奇翻出书本，仔细研究，终于弄懂了对联的含义。第二天，小伙伴们又在一起讨论对联的内容，大家你一言我一语，只有刘少奇一声不吭，大家见状，知道他肯定已经有了想法，就请他来谈谈见解。刘少奇说：这副对联反映了老百姓希望做官的人勤政爱民、仁慈廉明的愿望；做官的人倘能如此，百姓肯定会尊敬和爱戴他们，就如同夜空中的星星都簇拥着北斗星一样。接着，他又讲述了周朝时召伯施仁政、与百姓同甘共苦的故事，背诵了《论语》中"为政以德，譬如北辰"的经典名句。刘少奇引经据典的事迹传遍了乡间，后来大家便送他一个外号——"刘九书柜"。

卫我炎黄子孙

1911年10月，湖北新军在武昌发动武装起义。1912年元旦，以孙中山为临时大总统的中华民国在南京成立。2月12日，清朝皇帝宣布退位，统治中国两千多年的封建君主专制制度从此结束。消息传到宁乡县炭子冲，少年刘少奇深受震动。这时，在湖南新军服役的刘少奇二哥刘云庭回家探亲。他向家人们讲述了湖南新军在武昌起义后积极响应，攻占长沙巡抚衙门，建立新都督府的经过，并带回了一套《辛亥革命始末记》。刘少奇读后更是深受启发。他坚持要姐姐帮他剪掉辫子，以表示对清政府的反叛和对辛亥革命的拥护。

1913年夏，刘少奇考入位于宁乡县城的玉潭小学，也就是宁乡县第一高等小学读书。这是一所新式学校。刘少奇被编入第十一班。学校不仅环境幽静、设施齐全，而且藏书很丰富。教师大多上过师范学校，受过维新改良运动和辛亥革命的影响。校长黄锡类和不少教师都博学多才，思想进步。刘少奇在这里除了学习国文、史地、算术、物理、修身、英语、体育、图画等课程外，也开始关心国家大事。不仅如此，他也爱好体育，经常参加足球、篮球、武术等运动。

有一天，语文老师在课堂上讲了孟子的《生于忧患，死于安乐》一文，其中有一段话引起了刘少奇的注意："故天将降大任于斯人也，必先苦其心志，劳其筋骨，饿其体肤，空乏其身，行拂乱其所为，所以动心忍性，增益其所不能。"老师给予这段话一个新的解释：人要承担国家民族的大任，必须要反反复复经受艰苦的锻炼，只能积极地进取，不能消极地退让。

刘少奇对这段古训有了更深刻的理解。他琢磨道：要想担当大任，就得有点真本事，得能文能武。如果连自己都保护不了，如何保护国家，保护炎黄子孙！

于是那一年的寒假，他拜了两位师傅学习武艺。在课余时间，刘少奇就练习打沙袋。没过多久，他就已经能打三四十千克的沙袋了。

刘少奇还十分热心学校的各种活动。课外活动时，他和同学们一起荡秋千、吹笛子、拉二胡以及大扫除。

由于受到进步教师的思想影响，在这里，他第一次投身到爱国的群众运动中。

1915年5月，当了中华民国大总统的袁世凯，接受日本提出的"二十一条"，把大量中国主权出卖给日本，激起了全国人民的极大愤怒。全国各地纷纷举行游行示威和通电抗议活动。消息传到长沙、宁乡，刘少奇和一些同学，刺破手指，写下"誓雪国耻，毋忘国耻"的血书。玉潭学校的师生们率先在宁乡举行罢课游行，声讨袁世凯。在玉潭学校的带动下，宁乡第一女校等其他几所学校也奋起响应，加入到了游行队伍中。

刘少奇是这次讨袁游行示威斗争的积极分子。他和几个同学胸前挂着"毋忘国耻"的牌子，手里拿着"内除国贼，外抗强权"的小旗；喊着口号走在游行队伍的前面。游行后，刘少奇又和同学们在几处闹市街头组织演讲，向群众宣传救国思想。他们还组成抵制日货的小组，同工商界爱国群众一道将商店里的日本产品检查封存，劝导商人们不要再贩卖日本货。

参加这次斗争后，刘少奇把自己的字"渭璜"按谐音改为"卫黄"，意思是"卫我炎黄子孙"。他在自己的课本、书籍、作业簿上，都用毛笔重新写上了"刘卫黄"这个新名字。改用"卫黄"这个新名字，反映了反袁斗争在他的思想上引起的深刻变化，反映出他已开始把保卫炎黄子孙、振兴中华民族看作自己最重要的使命。

1915年12月，当袁世凯复辟帝制，即将登基当皇帝的消息传到宁乡后，宁乡县城再次掀起了抗议的浪潮。刘少奇和同学们一起再次发动罢课，开展游行，向群众演讲。这次活动持续的时间比较长，一直到袁世凯被迫宣布取消帝制才结束。

在玉潭学校的三年时光中，刘少奇自然成了学生中的领头人物。

1916年夏，刘少奇以全年级第一名的成绩，从玉潭学校毕业，踏上了人生新的征程。

这时的刘少奇眼光已经看到更远的地方，他想到长沙去继续求学。于是，他和另外两位同学任克侠、贺执圭向玉潭学校的进步地理教师梅冶成（后来成为中共党员）求助。梅冶成与长沙楚怡学校的何叔衡熟识。他便写了一封信让刘少奇等去长沙找何叔衡。刘少奇等三人步行来到长沙。此时正值暑假，长沙的各个中学和中等专业学校都在招生。刘少奇和他的同学先后报考了长郡中学和长沙一中，不久后他们同时被这两所学校录取。

恰巧，原来在玉潭学校担任过校长，此时已经就任宁乡驻省中学校长的黄锡类得知刘少奇等人来到长沙报考中学，便找到刘少奇等，告诉他们宁乡驻省中学二年级要招收五名插班生，如果他们有意愿，他可以代为报名。刘少奇想，虽然宁乡驻省中学名气不如长郡中学和长沙一中，但是毕竟是公办学校，师资力量也不差，学费也不高，如果能插班，还能缩短学习时间，尽早毕业，一举两得，于是便和另外两名同学一起作为插班生入读宁乡驻省中学。

当时的中国，军阀混战，民不聊生。原来倚仗袁世凯势力上台当了湖南将军的汤芗铭，在长沙和全省镇压革命，遭到了护国军程潜部和谭延闿部的武装讨伐。刘少奇入学之后不久，长沙便爆发了驱逐反动军阀汤芗铭的群众运动。刘少奇再一次投身运动之中，并成为宁乡驻省中学这场斗争的主要组织者。他带领同学们一连几天上街游行，还冲进汤芗铭的将军府进行示威。

湖南人民的"驱汤运动"最后以汤芗铭逃出湖南而告胜利。刘少奇在斗争中又一次得到了锻炼。

刘少奇十分崇敬苏武、班超、岳飞等民族英雄。他认为，要挽救民族危亡，不但要掌握科学文化知识，还要有军事才能。于是，他决定投笔从戎，习武报国，于1917年5月考入长沙陆军讲武堂。讲武堂的学制为一年半，其中，头半年是补习文化知识，后一年学习军事。刘少奇在完成半年的文化学习之后，才刚刚学习了一个多月的军事知识就因为护法运动的爆发而被迫终止了学业。湖南督军张敬尧解散了讲武堂，刘少奇只得离开长沙，返回家乡。

"这个革命把全世界想要革命但又没有找到出路的人都惊醒了"

1919年年初，在老师和朋友的帮助下，刘少奇进入长沙一家私立中学——育才中学继续学习，过了三个月，就在他毕业考试要开始时，一场声势浩大的反帝反封建的爱国群众运动在北京爆发了。这就是伟大的五四运动。

1919年是中国历史上不平凡的一年。由于中国政府在巴黎和会上的外交失败，本是战胜国的中国却在大会上任人宰割。消息传到国内，激起了国人的极大愤怒。5月4日，北京爆发了声势浩大的学生运动。消息传开，举国响应。长沙是当时声援北京最积极有力的省会之一。5月中旬，北京大学学生邓中夏来到长沙，介绍了在北京发生的情况，长沙学生迅速成立了湖南学生联合会，并由学生联合会发起，成立了湖南各界联合会。

学生们纷纷组织游行示威，并决定全体罢课。学生运动很快扩展为反帝反封建的群众运动。在学联的组织下，刘少奇等爱国青年参加了罢课游行，开展爱国宣传、抵制日货的活动。为了将这场爱国运动持续下去，刘少奇在参加完毕业考试后，等不及领取毕业证就匆匆来到五四运动的中心——北京。多年之后，刘少奇在回忆这段刻骨铭心的往事时说：五四运动爆发的那一年，正是我在中学毕业的那一年。我的求学经过了许多波折，最后插入长沙一个很不著名的中学——育才中学。修业半年之后，即属毕业之期。但很不凑巧，又恰在毕业考试之前，爆发了五四学生的反帝大浪潮。这个浪潮波及长沙之后，长沙的学生也罢课了，并由各校学生派代表举行了全市学生的多次代表会，讨论了响应北京学生运动及抵制日货、组织学生联合会、加入全国学生大联合等问题。长沙的学生又举行了反日游行示威，派遣宣传队在城市及附近乡村宣传民众、抵制日货等。当时我们的毕业考试提早了，但学校教员也同情学生运动，所以考试的成绩并不算很坏。

1919年的暑假，北京各大高校开始了招生考试，刘少奇得知消息后四处奔走。他先后报考了几所大学和军事院校，结果被北京大学和陆军兽医学校录取。北京大学是刘少奇向往已久的大学，但学制长，而且学费高昂，远远超出了刘少奇的负担能力。于是，他不得不放弃北京大学的学习机会。军事院校倒是免学费，并且还提供住宿，但兽医专业实在不合他的心意。考虑再三，刘少奇不得已放弃在北京学习的计划。

有一天，刘少奇得知北京华法教育会正在组织青年到法国勤工俭学，这是当时最时髦，也是家境贫寒的学子实现报国理想的最佳选择。

五四运动前后，许多知识分子认为学习西方的科学技术和革命理论是拯救中国的理想道路，国内许多地方都掀起留法热潮，许多省份都设立了留法机构和预备学校。经过短暂的思想斗争，刘少奇认为到世界工人运动最前方去寻找救国真理，是青年的出路，也是国家的出路。于是，刘少奇赶忙找人联系赴法事宜。最后，法华教育会同意他参加，但需要他自己负担路费，这一下子难住了刘少奇。从中国到法国，就是购买最便宜的船票，也是一笔不小的开支。他曾找到教育部和华法教育会负责人，希望能给予减免路费，或者暂时垫借一笔钱，到法国后用打工的收入偿还，但对方说没有这样的先例。囊中羞涩的刘少奇实在无力负担高昂的路费，又放弃了留学的机会。

其间，刘少奇又参加了一次学生运动。

1918年8月，山东发生了军阀镇压学生运动的"济南惨案"。消息传到北京，北京的学生运动重新高涨。8月下旬，北京、山东、天津等地的学生和群众几千人接连上街游行示威，先后包围了总统府和国会。刘少奇参加了游行示威。政府出动军警将学生驱散，打伤了一百多人，逮捕了天津学生代表马骏等人。为了营救被捕的学生代表，天津、北京的几百名学生在天安门和总统府门前连续几天露宿请愿。周恩来也从天津赶来参加这次请愿。刘少奇同请愿代表一起，强烈要求当局放人。迫于群众的声势，政府不得不于8月30日将马骏等人释放。

刘少奇的求学报国之路虽然坎坷，但这并没有打消他的信念。参加学生运动更加坚定了他追求真理的决心。他又去找赴法勤工俭学的发起人李石曾、范静生请求帮助。范静生当时担任教育总长。他们要刘少奇先到保定育德中学附设的留法高等工艺预备班学习，说这个预备班是半工半读，不收学费，可以一面学习一面等待安排去法国。于是，刘少奇便进入河北保定的育德中学留法预备班，开始勤工俭学，为赴法勤工俭学做准备。

保定育德中学，是一所著名的私立学校。1917年，华法教育会负责人李石曾和该校校长王国光商定，在育德中学开办留法高等工艺预备班，作为华法教育会的一个培训基地，组织准备赴法的青年学生在这里边学习法文边做工，以便到法国后能够顺利地勤工俭学。这个学校有着进步的传统，曾经是孙中山领导的同盟会在河北的一个秘密活动场所。学校校长王国光对爱国青年的活动都很支持，教师思想也都比较开明，许多师生都参加过五四运动。在校园里，学生们不但能阅读《新青年》《每周评论》等进步刊物，而且学校的校刊也经常介绍国内外形势。因此，这里汇聚了一批进步的知识青年。毛泽东、蔡和森曾经在这里组织过赴法勤工俭学活动，李富春、李维汉则刚刚从这里毕业。这一切，对刘少奇的影响很大。

从1919年9月开始，刘少奇便以第三期学员的身份开始了在保定育德中学的半工半读生活。学习的内容包括法语、机械学两门课程。为了让同学们到法国后能尽快进入工厂工作，学校设立了一个实习工厂。在育德中学期间，刘少奇上午上课，下午到工厂实习，做过木工、锻工、钳工、翻砂工等。虽然刘少奇最终没能去法国，但这一年的学习生活对他以后的革命实践产生了深远影响。通过工厂的劳动，刘少奇了解了中国工人阶级的基本状况，这为他日后理解和信仰马克思主义提供了实践基础。

1920年6月，刘少奇从育德中学留法勤工俭学预备班毕业。他马上返回北京，向华法教育会申请赴法勤工俭学。但是赴法费用的筹措问题仍然没能得到解决，刘少奇不得不返回长沙。不久，刘少奇得到消息，由于法国政府的限制，华法教育会已停止了留学生的选送，赴法求学的愿望化为泡影。

这时，长沙的《大公报》上刊登的一则"俄罗斯研究会"的消息令刘少奇激动不已。俄罗斯研究会是毛泽东、何叔衡于1920年8月成立的，随后，他们又组织成立了社会主义青年团，吸引了众多有志青年。该启事的内容为：俄罗斯研究会以研究俄罗斯的一切为宗旨，将发行俄罗斯丛刊，派人赴俄罗斯考察，提倡到俄罗斯勤工俭学。看到消息后，刘少奇立即决定到十月革命的故乡去。对俄国的十月革命，刘少奇早已从报纸和刊物上有了了解。他知道，在列宁领导的工农兵苏维埃社会主义国家，没有剥削和压迫，工人农民当家做主人，那里是他十分向往的地方。

也就是在这个时候，经俄罗斯研究会的成员贺民范介绍，刘少奇加入了社会主义青年团。贺民范介绍刘少奇同任弼时、萧劲光一起去上海外国语学社学习俄语，为赴俄勤工俭学做准备。

当刘少奇一行到达上海时，外国语学社已经开学了，杨明斋和先期抵达的同学们热情地接待了他们，并为他们安排了集体宿舍。和刘少奇同班学习的有任弼时、萧劲光、罗亦农、柯庆施等。在上海的学习生活是艰苦的，同学们省吃俭用，为的是多买些书籍；缺少床铺，他们就把铺盖铺在地板上，大家挤在一起，度过寒冷的冬夜。

外国语学社的学习任务很重，课程主要以俄语为主，和刘少奇同班学习的，还有任弼时、萧劲光、罗亦农、柯庆施等。为了顺利学习和参加革命活动，同学们必须在较短的时间内掌握几千个词汇和常用语法，并且要具备听说读写的能力。除了学习俄语外，他们还学习马克思列宁主义基本知识。陈望道也常来宣讲他刚刚翻译出版的中文版《共产党宣言》。在学习之余，刘少奇反复阅读《共产党宣言》，还参加了陈独秀发起的上海工读互助团和上海马克思研究会，并给华俄通讯社做些抄写和校对的工作。他一面学习俄语，一面学习马克思主义基本理论，并且开始到工人中去了解工人阶级的实际状况。刘少奇十分珍惜每分每秒，发奋学习和工作，给同学们留下了深刻印象。萧劲光后来回忆说：少奇同志几乎没有个人爱好，从不闲聊天，也不随便上街，看见他的时候，多是在学习俄文、阅读《共产党宣言》。

1921年春天，刘少奇等人的赴俄勤工俭学事宜终于成为现实，当他们拿着护照、船票登上开往莫斯科的轮船时，心情无比激动。虽然前方还有许多困难，但追求真理的决心让这些年轻人义无反顾地向前进，他们对自己为之奋斗的目标充满信心。

决定参加共产党，准备献身于党的事业

1921年5月，刘少奇与罗亦农、任弼时、萧劲光等一行十几人乘邮轮从上海港出发前往俄国。途经日本长崎后再前往俄罗斯远东边城海参崴（即符拉迪沃斯托克），然后再转乘火车前往莫斯科。

海参崴是俄国重要的贸易和军事港口。虽然列宁领导的十月革命取得了胜利，但由于帝国主义国家的武装干涉，苏维埃政权还未能控制俄罗斯的所有地区。当时的海参崴仍被日本军队控制着。中国军阀政府也在此设立了领事馆。

依据事先计划，刘少奇等人拿着杨明斋的介绍信，与海参崴大学的伊万诺夫教授取得了联系。伊万诺夫是共产国际和布尔什维克的地下工作者，负责接待和安排中国来的进步青年。正当他们准备西行时，张作霖的领事馆发现了这批来自上海的年轻人，把他们当作是孙中山派往俄国的代表，并扣押了刘少奇等人。

为了躲避盘查，刘少奇和同学们开始分头行动，他们四人乘火车北上伯力。到了伯力，他们悬着的心才放下了。因为伯力这时已经是苏联红军的天下了。从伯力到莫斯科的一路行程仍然充满着曲折和惊险。一直到1921年的7月，刘少奇和同学们才抵达莫斯科，这个他们心目中向往已久的革命圣地。

到莫斯科后，正好赶上共产国际第三次代表大会召开。会前，共产国际邀请中国、日本等还没有成立共产党的东方国家派代表出席大会。中国的共产主义者派张太雷为代表参加。刘少奇等人帮助大会做些会务工作，并旁听了大会。

在金碧辉煌的莫斯科大剧院里，回荡着令人振奋的《国际歌》《劳工歌》，刘少奇沉浸在庄严的氛围中，既感到荣幸，也感到身上的担子更重了。大会期间，这些进步青年旁听了共产国际的领袖们和世界各国共产党代表们对世界革命问题的讨论。最令他们激动和难忘的，是亲眼见到了无产阶级革命导师列宁，并聆听了他的讲话。列宁关于殖民地半殖民地国家和民族解放问题的见解，深深地烙印在刘少奇的脑海中。

8月，刘少奇等人被选送到莫斯科东方劳动者共产主义大学学习。这是一所共产国际专门为中国、日本、朝鲜等远东国家培养优秀的革命干部的大学，斯大林任校长。

就在刘少奇等人进入这所学校学习时，中国国内发生了一件历史性的大事：中国共产党第一次全国代表大会在上海召开，中国共产党成立了。

由于在莫斯科东方劳动者共产主义大学学习的中国学生比较多，学校单独编了一个中国班，刘少奇、罗亦农、萧劲光、任弼时等开始了紧张而艰苦的留学生活。为了避免暴露身份，每个中国学生都为自己取了一个俄国名字。学校开设的课程主要包括哲学、政治经济学、无产阶级革命理论、俄共党史、工人运动史等，大部分课程由俄国教师教授。由于语言障碍，课程开始时进展并不顺利。中国学生除个别人有一些俄文基础，其他的都是初学，听说读写都很吃力，俄国教师也不懂中文，加上课程中有很多专业名词，同学们学习负担很重。

为了克服语言障碍和文化背景差异，刘少奇和任弼时经过协商和努力，邀请北京《晨报》驻莫斯科记者瞿秋白做翻译。瞿秋白是著名的民主进步人士，对马克思主义也颇有研究。于是，瞿秋白接受了邀请，承担了政治理论课的翻译和授课任务。为此，瞿秋白想方设法搜集教材，认真备课，为的就是让这些历尽艰辛、冒着生命危险来寻求真理的学子更好地掌握革命理论，将来能有所建树。瞿秋白还经常走到同学们中间去，了解他们的学习情况，并有针对性地给予帮助。渐渐地，同学们的学习情况开始好转，理论功底也不断增强。

在共产主义大学的生活是紧张充实的，学校采取了军事化管理。每天清晨，学员们列队到操场出早操。早操结束后，匆匆吃一片黑面包，便坐在教室里开始上课。课程主要以讲授、报告、讨论、自学几种形式展开，时间也安排得相当紧凑。刘少奇和他的同学们都十分珍惜这来之不易的学习机会，刻苦努力地学习。晚上，同学们还要轮流站岗，星期天则参加莫斯科的义务劳动。

虽然苏俄共产党在当时已经掌握了政权，但仍然受到国内外敌对势力的封锁和破坏，经济状况很差。在苏联，当时红军的待遇是全国最高的，那时列宁也只是享受红军一样的待遇。中国的学员享受俄国红军战士的待遇，每人每天发两块四两重的黑面包。如果早上吃一块，中午就不敢吃第二块，否则，晚上就要饿肚子。所以，同学们基本上都不吃早饭。午餐有一个汤，但几乎是清汤。中国学员中有少数人受不了这种艰苦生活，情绪低落，有的提出退学。刘少奇等大部分学员始终没有动摇继续学习的决心。他意志坚定、勤奋刻苦、积极乐观。唯一让他感到遗憾的是时间紧迫，他想学习的知识太多了。在他的书桌上，整齐地摆放着马克思、恩格斯、列宁等无产阶级革命家的著作。在苏俄系统的马克思主义理论的学习使他掌握了认识世界的科学方法，俄国工人运动的现实又给他增添了实践的经验。就这样，刘少奇的思想产生了质的变化。

这时，中国共产党成立的消息传到了东方大学。刘少奇便四处向人打听怎么才能加入中国共产党，做一个共产党员。刘少奇多次找到校方的政治教导员，请教加入中国共产党的手续问题，同他讨论有关共产党的种种问题。后来，刘少奇在回顾自己当时"考虑入不入党的问题"时说，那时他把《共产党宣言》看了又看，看了好几遍，从这本书中了解共产党是干什么的，是怎样的一个党，自己准不准备献身于这个党所从事的事业，经过一段时间的深思熟虑，最后决定加入共产党。

1921年，已经成立了半年的中国共产党开始在中国班发展成员。在班上，刘少奇、罗亦农、彭述之等早先已经加入了社会主义青年团，因此便率先由团员转为党员，组成了中国共产党在莫斯科的第一个党组织，刘少奇任支部委员。加入中国共产党，是刘少奇一生中的重要转折。为了实现报效祖国的理想，他历经磨难，不懈努力，终于在加入党组织那一刻实现了愿望，但同时他又感到自己肩上的责任更重了，因为中国解放的道路才刚刚开始，他需要付出的还有很多。后来他讲道："在这样的情况下，在东方大学学了八个月跑回来了，也算取了经，取到的经不多就是了。当时我们学得不多，倒是我自己的革命人生观开始确定了。懂得组织上的一些东西，讲纪律、分配工作不讲价钱、互相批评、一切服从党，这些东西我脑子里种得很深。"[1]

1922年1月，共产国际远东局在莫斯科召开远东各国共产党及民族革命团体第一次代表大会。出席会议的有中国、朝鲜、日本、蒙古、印度等东方国家的代表。刘少奇和其他一些东方大学的学员被派到会上工作。会议结束后，刘少奇被通知提早回国工作。校方把到上海后同中国共产党组织秘密接头的地址给了刘少奇等几个人，要他们回国后向中共中央如实汇报东方大学和中国学员的有关情况。

一年前，为了寻找救国救民的道路，刘少奇不远万里，来到十月革命的故乡。在这里，他不仅学到了马克思列宁主义的基本理论，更重要的是，确立了共产主义信仰，加入了中国共产党。一年后，为挽救民族危亡，他作为一名中国共产党党员，带着自己的所学所知回到祖国，投入到国内轰轰烈烈的革命洪流中去。

参与领导安源大罢工

1922年春，刘少奇从莫斯科回到上海后，与在上海的党组织接上了头，随之又与中共中央取得了联系。中共党组织把他分配到中国劳动组合书记部工作。

---

① 中共中央文献研究室、中共中央党校编：《刘少奇论党的建设》，中央文献出版社1991年版，第510页。

这时，正赶上中国共产党在上海筹备召开第二次全国代表大会。刘少奇一边参与会议的筹备工作，一边担任上海平民女校的政治理论教师。

上海平民女校是中国共产党以平民教育为名义开设的党团活动根据地，有学生30多人，都是为反对封建压迫而聚集起来的女学生。学校实行半工半读制，半天学习文化知识，半天劳动。刘少奇的革命工作由此开始。

由于刘少奇有在苏俄留学的经历，所以他的到来让同学们十分兴奋。大家都争先恐后地询问列宁领导的无产阶级革命为什么会成功，苏俄的社会情况是什么样子……刘少奇根据自己的所学所见，把马克思主义的基本原理同俄国的具体实践结合起来，声情并茂、深入浅出地为同学们介绍十月革命和俄国的社会生活，让同学们觉得耳目一新，深受启发。刘少奇还十分关心同学们的现实情况，鼓励她们为争取自身解放而不懈奋斗。

1922年7月，中国共产党第二次全国代表大会在上海秘密召开，会议讨论了全国的革命形势，确立了反帝反封建的革命任务和"民主联合战线"的革命策略，并对党领导工人运动做出了具体规定。刘少奇担任大会工作人员。

为落实党的各项决议，中央决定派得力干部在各地开展具体工作。湖南是当时工人运动开展较好的地区，刘少奇又是湖南人，还有留学经历，因此，中共二大后，担任中央执行委员会委员长的陈独秀找刘少奇谈话，决定派他回湖南工作，指定他担任中共湘区委员会委员。

8月初，刘少奇按照中央的指示，带着中共二大通过的《宣言》《党章》《关于民主的联合战线的决议案》等文件，秘密前往湖南。

在长沙的小吴门外，有一大片菜园，菜园的旁边，有一个池塘，叫作清水塘，在清水塘的一侧，有一座很普通的青砖平房，中共湘区执委会机关就设在这里——清水塘22号。担任中共湘区委员会书记的毛泽东和夫人杨开慧就住在这里。毛泽东当时的公开身份是湖南第一师范学校的国文教师。刘少奇到达湖南后，来不及回家看望母亲，就直奔清水塘，也就是在这里，他第一次见到了毛泽东。

刘少奇向毛泽东报告了中共二大召开的有关情况，转交有关文件。毛泽东向刘少奇介绍了湖南的形势和组织情况。

刘少奇的到来，为湘区委员会增添了力量。从当时的情况看，湖南的革命形势较好，党组织除了在长沙、衡阳等地的学校中发展外，还在安源煤矿和粤汉铁路的工人中设立了支部。经过有效的宣传和教育，工人们已经被动员起来，湖南的工人运动一触即发。

经过周密研究，中共湘区委员会决定由湖南省学联发起成立湖南各工团联合会。刘少奇参与并领导了组织工作。他一方面起草相关文件，一方面到群众中做具体的组织工作。经过努力，湖南各工团联合会正式成立，刘少奇、李立三、夏明翰任干事。

9月初，粤汉铁路长沙段工人酝酿罢工，得知消息后，湘区委员会派刘少奇到前线组织配合。9月9日，随着一声响亮的汽笛声，从岳阳到株洲的铁路沿线上，火车停驶、工人罢工，铁路全线随即陷入瘫痪状态。在罢工运动中，刘少奇始终与工人阶级一起站在斗争最前线，工人阶级所表现出来的凝聚力和不屈不挠的斗争精神深深地感染了他。然而，当斗争还在进行时，刘少奇接到湘区委员会的紧急通知，让他立即返回长沙。

在清水塘，毛泽东告诉刘少奇，党组织将派他去执行一个更重要的任务——领导安源路矿工人大罢工。刘少奇毫不犹豫地接受了任务，并与毛泽东一起研究了斗争的策略和计划，随后便踏上了前往安源的路途。

安源路矿是安源煤矿和株（洲）萍（乡）铁路的简称，位于江西省萍乡市内。安源煤矿是20世纪初中国最为重要的煤矿之一，由张之洞、盛宣怀以官督商办的名义向德国借款开办，隶属于中国最早的官僚买办企业——汉冶萍公司。汉冶萍公司在当时是全国最大的近代工业企业和唯一的钢煤联合企业。1907年汉冶萍公司成立时，日本势力便渗透了进来。安源煤矿有工人1.2万多人，铁路工人1000多人。同时，还有经常失业的工人四五千人，工人人数和集中程度，在当时的中国是非常突出的。

　　由于安源路矿为官僚阶级和帝国主义所控制，工人们所承受的剥削和压迫极为深重。他们的工作和生活条件极差，每天工作12小时，可拿到的工资却极少。比如窿内矿工，矿局规定每人每天的工资是银洋两角七分，可工头只发给工人每人每天铜圆二十六七枚，其余都装入自己腰包。并且，稍有不如意者，矿局的职工便对工人施以抽马鞭、跪火炉、背铁球等私刑。工人们过着水深火热、牛马不如的生活。虽然工人深受盘剥，但他们并没有被敌人压垮。安源路矿工人极具斗争精神，他们的反抗情绪与日俱增。

　　中国劳动组合书记部和中共湘区委员会在着手开展工人运动时，一开始就把安源路矿作为重点。1921年12月，中国劳动组合书记部派毛泽东、李立三等从长沙到安源考察。李立三留下后，在安源创办工人补习学校，建立了社会主义青年团支部。1922年2月，成立了由6名党员组成的中共支部，李立三担任书记。5月，安源路矿工人俱乐部正式成立，李立三担任主任，成员有300多人，随后很快发展到900多人。毛泽东时刻关注安源路矿的形势发展，于9月初再次来到安源。他认为此时安源路矿发动罢工的条件已经具备，便立即写信通知正在醴陵老家的李立三迅速返回安源，同时又派正在粤汉铁路发动罢工的刘少奇前往安源以增强那里的领导力量。刘少奇接到任务后，火速赶往安源。

　　9月11日，安源路矿工人俱乐部向矿局发出信函，要求当局取消武力解散工人俱乐部的决定，并提出最低限度的要求：第一，承认工人俱乐部；第二，每月发给俱乐部200元津贴；第三，7天内还清拖欠工人的工资。俱乐部限矿局于9月12日中午前给予答复，否则将举行罢工。

　　刘少奇到达安源与李立三会合后，立刻分头到路矿各处了解罢工的准备工作和社会动态，研究对策。9月12日中午，路矿当局仍没有答复。

　　9月12日晚，路矿当局拒绝了工人提出的条件。于是，刘少奇、李立三召集了工人俱乐部代表在一位老工人家里秘密召开紧急会议，商讨罢工的具体事宜。

　　会上，刘少奇根据两天来所掌握的情况，分析了这场斗争的有利条件：第一，粤汉铁路和汉阳铁厂罢工斗争的胜利，极大地鼓舞了安源路矿工人的斗争士气；第二，俱乐部在工人中间树立了威信，具有号召力；第三，路矿当局是害怕工人罢工的，只要工厂一停产，他们的损失就非常严重。刘少奇认为罢工时机已经成熟。因此，他号召工人们团结一致，坚定为工人阶级的利益而斗争的决心。会议决定成立罢工指挥部，组织工人纠察团，并制定了具体策略。在分工上，李立三任罢工总指挥，"秘密策应"；刘少奇出任工人俱乐部全权代表，负责与矿局正面接触，"长住俱乐部应付一切"。

9月13日，刘少奇、李立三等俱乐部骨干分子分头进行罢工的各项准备工作：起草罢工宣言和标语口号，组织工人纠察队，联络当地帮会头目取得他们的支持等。在路矿当局对工人俱乐部的要求仍然没有答复，承认俱乐部的官方告示也没有贴出的情况下，刘少奇、李立三等紧急磋商后毅然决定：实行路矿大罢工。这天午夜，罢工命令从俱乐部迅速下达到全矿区。

由于事先准备充分，俱乐部的罢工命令得到了圆满的执行。9月13日当夜，从萍乡开往株洲的列车停开，为了防止意外，工人们还把火车头上的一些重要机件拆卸下来。机务处工人把住路口，以便"次早不放进班号"。

9月14日凌晨三点，俱乐部派人切断矿局电源，于是运煤电车全部停驶。随着震耳欲聋的汽笛声响起，安源路矿工人大罢工开始了，一万多名工人从矿井、工棚、车间中涌出，他们挥舞着旗帜、标语，高喊着口号。

整个安源路矿瞬间陷入了瘫痪。

罢工开始后，为避免俱乐部遭遇不测，党的相关文件和办事地点先后转移。刘少奇坚守在俱乐部内，以随时应变各种突发情况。

路矿当局对突发的罢工运动感到震惊。9月14日上午，安源商会代表谢岚舫和地方绅士陈胜芳来俱乐部接洽，表示愿意出面从中协调。刘少奇代表工人俱乐部接待了他们。在洽谈中，刘少奇陈述了罢工的原因以及复工的条件，并请他们将洽谈内容转告路矿当局。

当晚，谢岗舫便回复：路矿两局对于工人所要求各条，皆可承认，但现时做不到，请先邀工人开工，再慢慢磋商条件。

刘少奇看穿了他们企图欺骗工人复工的诡计，当面回绝道：工人所希望的在于解决目前生活问题，若路矿两局不派全权代表从磋商条件下手，徒用一句滑稽空言作回话，事实上恐万不能解决。

9月15日，路矿当局不得已派全权代表到商会，同刘少奇、李立三进行第一次正面接触。同时，当局仍然坚持先复工，再谈条件。对此，刘少奇和李立三都给予坚决拒绝，坚持只有先答应工人的条件才能复工。

路矿当局一面同工人俱乐部周旋，一面千方百计地破坏罢工。他们通过总监工王鸿卿，布置各工头收买一部分工人上工，还在私下里悬赏600元密派暗探行刺罢工总指挥李立三。他们还请赣西镇守使派来军队，想占领俱乐部和各重要工作处，企图用武力迫使俱乐部屈服。但是，由于这次罢工组织严密，这些手段都没有起到作用。

鉴于当局的欺骗手段，刘少奇代表工人俱乐部发表了第二次罢工宣言。路矿当局见工人的情绪沸腾，调停无望，不得不派人同工人俱乐部的人直接商谈。16日，他们派人到俱乐部邀请俱乐部全权代表到戒严司令部商谈解决问题的办法。面对形势的发展，刘少奇略加思考后，答应前往。

刘少奇准备前往谈判的消息传出后，工人们都认为刘少奇此行十分危险。看到工人同胞的真情实意，刘少奇宽慰大家说：工人兄弟们，你们都是关心我的安全，我十分感激大家。但是，我们今天是为了生存而罢工，义无反顾。只要能为穷苦兄弟们办事，即便是入虎口，进刀山，我也在所不惜！

就在这一天上午，还未满24岁的刘少奇在数千名工人的簇拥下来到了戒严司令部。

在谈判桌上，刘少奇从容不迫地面对矿长李寿铨、副矿长舒修泰、戒严司令李鸿程。

双方经过多个回合的唇枪舌剑，始终没有达成一致，矿方要求工人先复工，刘少奇坚决不同意。谈判的气氛越来越紧张，双方陷入了僵局。

就在这时，等待谈判消息的数千名工人，在谈判楼外高喊，要求释放刘少奇，否则就捣毁路矿局。刘少奇在敌人的注视下，走到走廊上，一边向工人们招手，一边向大家解释谈判正在进行，告诉大家要耐心等待。

路矿两局见工人情绪如此激昂，生怕从前发生过的工人痛打监工、捣坏洋人住宅的事件重演，意识到惹恼了工人，后果是不堪设想的，于是便转变了态度，以调停者的姿态要求刘少奇下午继续来谈判。

刘少奇在工人们的簇拥下回到俱乐部。不久，李鸿程就派人送信说他们代表驻军向俱乐部道歉，并请俱乐部派代表商量解决办法。

9月17日晚，李立三、刘少奇等人与路矿两局代表、商会和地方绅士代表再次就复工条件进行商议。

18日早上，谈判重新开始，俱乐部对主要条款坚持不退让，而在一些次要问题上做了必要和适度的让步。经过反复协商，最终达成了13条协议。随后，双方举行了正式签约仪式。协议内容主要包括：承认俱乐部的合法性，增加工资，每月发给俱乐部200元津贴，不得无故开除工人，不得殴打工人，罢工期间照发工资等。坚持五天的安源路矿工人大罢工取得了完全胜利！

安源路矿工人大罢工的规模之大，参加人数之多，且未伤一人，未败一事，在中国早期工人运动史上是罕见的。罢工胜利后，更多的工人加入到俱乐部中，壮大了工人阶级的力量，有力地推动了全国工人运动的发展。

年轻的刘少奇经过这场斗争的洗礼，变得更加成熟，更加自信，他坚信工人阶级通过自己的努力，一定能翻身做主人。安源罢工胜利后，工人俱乐部重新选举了负责人。李立三任俱乐部总主任，刘少奇任窿外主任，朱少连任路局主任。不久，李立三因工作需要调离岗位，刘少奇接替他成为俱乐部总主任。后来，刘少奇还担任了汉冶萍总工会委员长。不断深入的工人运动实践，不仅丰富了刘少奇的斗争经验，还帮助他在工人群众中树立了极高的威信。

刘少奇认识到，罢工的胜利来之不易，但是要想将胜利的成果保持和扩大下去更加困难，再加上资本家和反动势力不甘心被工人牵着鼻子走，正蠢蠢欲动，酝酿对工人运动的镇压行动。1923年2月7日，北洋军阀吴佩孚在帝国主义的支持下，血腥镇压了京汉铁路罢工的工人，制造了震惊中外的"二七惨案"。中国工人运动刚刚兴起就遭遇重大挫折。

由于革命形势的变化，毛泽东在4月来到安源，同刘少奇等人针对"二七惨案"后的工人运动做出部署。按照部署，刘少奇一方面严格约束工人的过激行为，以免造成不必要的牺牲，一方面不失时机地带领工人向路矿当局发起有理、有力、有节的斗争。领导工人运动，不仅需要胆识，还需要智慧。在安源的斗争中，刘少奇很快成长为工人运动的领袖。

刘少奇在安源领导工人运动期间，根据自己的实践经验，撰写了不少理论文章，如《安源路矿工人俱乐部略史》《对俱乐部过去的批评和将来的计划》《"二七"失败后的安源工会》等，为探索马克思主义与中国革命具体实践相结合做了理论探索。

只有工人阶级，才是这场运动最坚定的支持者

1925年春，中共中央通知刘少奇即刻离开安源，前往广州，参加筹备将在那里举行的第二次全国劳动大会。

全国劳动大会是中国共产党领导的，中国劳动组合书记部指导的，以推动全国工人运动为总目标的工人运动组织之一，1922年5月召开了第一次全国会议。1923年"二七惨案"后，全国工人运动陷入低潮，为了总结第一次全国劳动大会以来工人运动的基本经验，研究新形势下工人运动的方针策略，全国铁路总工会、汉冶萍总工会、中华海员总工会和

广东工人代表会共同发起举办第二次全国劳动大会。

这次大会对于中国工人运动的发展具有十分重要的意义，因此中共中央决定由富有领导工人运动经验的刘少奇以汉冶萍总工会会长的身份参加大会的筹备工作。

在筹备会议的短短两个月的时间里，刘少奇主持起草了《中华全国总工会章程》《工人阶级与政治斗争决议案》《经济斗争决议案》《组织问题决议案》等30多个会议文件，为大会的顺利召开做出了重要贡献。

1925年5月1—9日，全国第二次劳动大会在广州召开。5月5日，刘少奇向大会作《工人阶级与政治斗争决议案》的报告，这个决议案随后在大会上一致通过。决议案对中国民主革命的内容讲得比较明确：我们的目标，是要推翻帝国主义，打倒军阀，实现民族解放，促进世界革命，还是要经过长期的斗争才能够得到的。

这次大会总结了从1922年到1925年工人运动的基本经验，并根据形势的变化研究了工人运动的方针和策略，为日后工人运动的发展指明了方向。大会决定正式成立中华全国总工会，并通过了由刘少奇主持起草的《中华全国总工会章程》。中华全国总工会是对全国工人力量的一次大整合，代表了地方各级工会166个，拥有有组织的工人54万名。中华全国总工会的成立为更好地组织和开展工人运动提供了支持。

大会还选举林伟民、刘少奇、苏兆征、邓中夏等25人为首届中华全国总工会执行委员。在随后召开的执行委员会第一次会议上，林伟民当选为委员长，不满27岁的刘少奇当选为副委员长。

根据会议决定，中华全国总工会总部设在广州，并在上海设立办事处。

上海是中国最大的工业城市，当时集中了全国近三分之一的近代产业工人。帝国主义国家在上海设立租界，开设工厂，残酷剥削和压迫中国工人。中国工人反抗帝国主义的斗争时有发生。1925年5月15日，上海内外棉七厂的日本资本家为了镇压工人的罢工斗争，枪杀了中国工人顾正红，引起了中国工人的极大愤怒，工人立即举行罢工抗议。中共中央因势利导，决定在学生和工人中发动大规模的反帝示威活动。为了领导好这场运动，中共中央决定派在上海的共产党员李立三、刘华立刻筹建上海总工会。全国总工会也委托刘少奇前往上海，建立中华全国总工会上海办事处，负责指导上海和北方的工人运动。

5月中旬，就在刘少奇刚刚抵达上海，准备开始组织中华全国总工会上海办事处的工作时，青岛爆发的一万多名日本纱厂工人的罢工斗争也正处于关键时刻，急需加强领导。刘少奇接到中共中央的急电，立即赶往青岛。

刘少奇到达青岛时，这里的罢工运动刚刚结束。他立即走到工人群众中调查罢工运动的情况，并召开会议，强调罢工虽然胜利了，但是必须加强工会的组织建设、思想建设，加强工人阶级的团结，同时必须提高警惕，随时准备应对敌人的反扑。一波未平一波又起，就在刘少奇在青岛四方机车厂组织工人们应对敌人的反攻时，中共中央又命刘少奇火速返回上海，因为上海的情况更为紧急，一场空前规模的群众性反帝爱国运动已经拉开了序幕。

接到通知后，刘少奇匆忙赶回上海。就在刘少奇返回上海的途中，青岛和上海相继爆发了"青岛惨案"和"五卅惨案"。在青岛，日本军阀勾结军阀张宗昌，对工人运动发起反扑，血腥镇压了那里的工会和工人，死伤数十人，工会被查封。5月30日，上海的4000多名工人和学生走上街头，举行反对帝国主义的游行和演讲。当游行队伍走到老闸捕房门口时，遭遇英国军警的镇压，当场被打死的就有13人，受伤的数十人，制造了震惊中外的"五卅惨案"。当天深夜，中共中央召开紧急会议，决定成立行动委员会，建立统一战线，号召全市性的罢工、罢课、罢市，组织市民大联合的反帝高潮。5月31日晚，在蔡和森、李立三、瞿秋白等人的组织下，上海成立了总工会，参加人数约20万，李立三任总工会委员长，刘华任副委员长。

一场反对帝国主义的运动就此爆发。

6月初，刘少奇到达上海，这时，已有50余万人参加了罢工、罢课、罢市斗争。在街上，各种反对帝国主义的标语随处可见，人们纷纷走上街头，通过游行、示威、演讲等方式抗议帝国主义的暴行。但是在租界内，巡捕、军警、密探遍地，他们将枪口对准了愤怒的中国人。面对如此对立的情景，刘少奇既对帝国主义的嚣张气焰感到愤怒，也为中国人的革命热情感到欣喜。如何领导规模如此巨大的群众运动是他此刻需要思考的问题。

刘少奇回到上海后立即投入到紧张的工作中去。他被任命为上海总工会总务主任，负责总工会的日常工作。后来，他接替李立三，具体指导上海总工会的工作。

6月1—10日，帝国主义者又在上海先后开枪9次，打死60多名中国人，重伤70多人，轻伤者不计其数。上海人民没有屈服，反帝斗争更是一浪高过一浪。全市相继有20余万名工人罢工，5万名学生罢课，公共租界里的商人全体罢市。

6月中旬，上海的"三罢"斗争进入高潮，但是迫于帝国主义的压力，上海总商会打算结束罢市，提前开市，这不仅会对统一战线的反帝斗争产生一定影响，而且还将影响整个斗争的走向。为此，6月20日晚，上海总工会在香山路同乡会的会议室召开了紧急会议，研究部署针对商会提前开市的对策。会议由刘少奇主持。会议上，各工会代表各抒己见，刘少奇则根据斗争开展以来各方面存在的问题做了系统而详细的发言。他指出，上海总商会是买办大资产阶级的利益代表，它的本质是反对工人运动的，而马路商界联合会则是中小民族资产阶级利益的代表，他们的态度具有两面性，经常摇摆不定；只有工人阶级，才是这场运动最坚定的支持者，工人阶级必须与广大学生、农民、中小商人团结在一起，组成统一战线，唯其如此，才能取得斗争的胜利。

刘少奇的讲话简单明了，他对形势的分析极大地鼓舞了参会代表。最后，会议作出决定：无论商界是否开市，工界绝不妥协，工界要坚持到底，不解决问题，绝不复工。此外，商界若要开市，总商会必须每日交付数万元给总工会，作为救济罢工工友的款项。在上海总工会的压力下，总商会被迫同意抽取开市后的一部分款项拨给总工会，作为坚持罢工的经费。这使罢工能够继续进行。

为了解决罢工群众在罢工期间的生计问题，刘少奇花了相当大的精力从全国各地募集捐款，合理分配下发。

为了建立和健全上海总工会的机关，刘少奇十分重视巩固和扩大各级工会组织。7月6日，由刘少奇负责的中华全国总工会上海办事处正式成立，具体负责指导整个长江流域和北方地区的工会工作。

进入8月，上海工人罢工已经进行了两个多月，中共中央根据斗争双方情况的变化，做出改变斗争策略、有条件地复工的决定。8月10日，李立三、刘少奇召集召开了上海总工会会议，提出复工的九项条款，并以宣言的形式公之于众。为了保护工人阶级的利益，说服工人群众以革命大局为重，克服偏激情绪，李立三、刘少奇等一些工会领导还深入基层，召开工会代表会议，具体商讨复工的条件。

8月下旬，受帝国主义、军阀操纵的黄色工会团体——上海工团联合会——指派工贼、流氓闯入上海总工会机关，大打出手，捣毁办公室，殴打工作人员。为了坚持上海总工会这面旗帜，刘少奇、李立三毫不畏惧，照常到总工会办公。8月27日，李立三前往北京，上海总工会的领导重担就落在了刘少奇一个人的肩上。

8月29日，刘少奇来到华商纱厂，他对工友们说：如果提出很厉害的条件而得不到解决，使斗争受到各方面的压迫而失败，倒不如先提较小的条件以取得胜利。当天下午，他主持了华商纱厂工人代表会，经过讨论，拟定了六项复工条件。在刘少奇的指导下，华商纱厂的劳资双方达成了协议。

领导工人群众运动除了要随时了解他们的情况，思考斗争策略，还要时刻面对白色恐怖的威胁。帝国主义、封建势力、买办资本家等并未因为工人运动的爆发而坐以待毙，他们时刻准备对工人运动进行镇压。9月18日，淞沪戒严司令部、淞沪警察厅出动了大批军警，封锁了上海总工会，逮捕工会骨干多人，并下令通缉李立三、刘少奇等工会领导。

面对敌人的威胁，刘少奇临危不惧，镇定自若。就在总工会被查封的第二天，他依旧以总工会领导的身份与总商会协商，为工人争取救济费。他继续主持召开各种会议，商讨营救被捕人员和工人复工问题。他的言行极大地鼓舞了坚持斗争的工人，9月30日，与最顽固的英国资本家达成协议后，英国工厂的工人也有组织地顺利复工。

五卅运动以来，上海总工会在中国共产党的领导下组织20多万名工人进行罢工斗争长达3个月之久。这场声势浩大的工人运动有力地打击了帝国主义、封建军阀和买办势力的嚣张气焰，掀起了第一次大革命的高潮。在这场运动中，刘少奇经受了锻炼，积累了更加丰富的领导工人运动的经验，为之后更好地开展群众工作打下了坚实的基础。

"别的事，我都可以答应你，
唯独这件事，不行！"

上海各工厂的罢工工人分批全部实现复工了，这时，刘少奇却因操劳过度导致肺病复发，病倒了。

《上海总工会三日刊》在1925年10月16日发表的《刘少奇的奋斗》一文中说："本会总务科主任刘少奇，在本会未被封以前，早就患重病在身，但因工人利益要紧，宁肯牺牲个人，抱病工作。自本会被封后，因工作过劳，病势更重，而刘少奇不仅不因病辞工，更日夜不休息片刻，检阅各种稿件，亲往工人群众家中接洽各种事件。昨日刘君与某工友云：'如果真正为工友奋斗，替工友谋利益的人，并不在平日工人组织公开的时候看他工作如何，而在最紧急的时候，看他努力不努力以为断。'而某工友异常钦佩刘君的奋斗精神。"

1925年11月，经党组织安排，刘少奇在妻子何宝珍的陪伴下离开上海，回湖南长沙治病和休息。经中共湘区执行委员会的安排，刘少奇夫妇住在长沙城北贡院西街的长沙文化书社。这个文化书社是毛泽东等人为传播马克思主义著作，掩护长沙共产党早期组织活动于1920年9月创办的，后来作为中共湘区执行委员会的一个机关，由易礼容任经理。

回到湖南后，刘少奇在接受治疗的同时，密切关注湖南的革命运动。他立即与湘区党组织取得了联系，了解湖南党组织和工会的活动。他走访了昔日的战友，全面掌握赵恒惕统治下的湖南的实际情况，依旧十分忙碌。

经过一个多月的治疗与休养，刘少奇的病情有所好转，就在他准备重返工作岗位的时候，几个便衣特务在1925年12月16日中午闯进文化书社，不由分说地将刘少奇抓走，关押到长沙戒严司令部。

原来，湖南省省长赵恒惕在得知刘少奇回长沙的密报后，十分担心刘少奇的到来会引发一场新的更大规模的反帝反封建的浪潮，他知道刘少奇在安源路矿工人中的威望，也知道刘少奇在上海工人运动中的影响。就湖南的形势而言，在五卅运动中，湖南各地有数十万工人、学生、市民声援上海工人运动，并且在五卅风暴后，湖南各地又爆发了新的工农革命运动和学生运动，赵恒惕担心刘少奇的到来会使湖南再次掀起新的革命浪潮，便下令逮捕了刘少奇。

逮捕刘少奇后，赵恒惕亲自布置军法处进行秘密审讯。面对敌人的讯问，刘少奇大义凛然，质问赵恒惕为什么无缘无故抓人。由于赵恒惕缺乏逮捕刘少奇的证据，在质问面前显得十分狼狈。按照赵恒惕的命令，军法处将刘少奇转移到了陆军监狱单独关押。

事情发生后，湖南党组织立即开展了营救刘少奇的行动。就在他被捕第二天，长沙《大公报》以及主要报刊都刊载了刘少奇无端被捕的消息。据1925年12月17日《大公报》报道："上海总工会总务部主任刘少奇，近患肺痨，日前偕妻室回湖南养病。昨日下午一时，刘往贡院西街文化书社购书，入门不一刻，突来稽查二人，徒手兵一名扭往戒严司令部。至其被捕原因，尚不得知……闻刘系宁乡人，为肄业于长沙明德学校，近年居沪，为各项群众运动之领袖云。"

中华全国总工会、全国各界地方工会、学生联合会以及进步人士纷纷发表声明谴责赵恒惕，并致电湖南省政府，要求立即释放刘少奇。

此时，正好赶上第一次国共合作，也是北伐战争爆发的前夜。国民党第二次全国代表大会在广州召开，孙中山提出的联俄、联共、扶助农工的新三民主义政策深入人心，国民党各界都对共产党表示友好和支持，他们纷纷致电赵恒惕，要求释放刘少奇。国民党第二次全国代表大会一致通过了给赵恒惕的电报，希望尽快释放刘少奇。电报说："据报载全国总工会副委员长、上海总工会总务科长主任刘少奇同志，因回湘养疴，突被先生饬戒严司令部捕去。查刘同志尽瘁国事，服务劳工，五卅运动勤劳卓著，正民众拥护之人，先生何遽加逮捕？兹经本大会致决议，电请台端释放，特此电达，即希察照。"

国民党各地方党部也纷纷发电报声讨赵恒惕，一时间，赵恒惕成了众矢之的。

赵恒惕万没有料到，逮捕刘少奇竟让自己陷入如此被动的境地。有的时候，一天之内发到湖南省政府抗议的电报就有40多份。不仅共产党、工会和群众团体要求释放刘少奇，国民党上层也出面干涉，这让他进退两难，十分尴尬。

与此同时，刘少奇的哥哥刘云庭，也利用各种社会关系，从内部出力营救。

经过再三考虑，赵恒惕不得不借叶开鑫、贺耀祖等人联名担保刘少奇的机会，顺水推舟地释放了刘少奇。

1926年1月26日，刘少奇在各方面的营救下，终于恢复了自由。52天的牢狱生活不仅没有打垮刘少奇的革命斗志，而且更让他看清了封建军阀的反动面目，更坚定了斗争意志。

就在刘少奇夫妇准备离开湖南的时候，刘少奇的母亲从炭子冲赶到长沙。在知道刘少奇被捕的消息后，她日夜不安，生怕出现一点闪失。好在刘少奇逢凶化吉，她悬着的一颗心终于落了地。当她看到又要重新投入党的革命浪潮中的儿子时，再也抑制不住自己的感情，流着泪劝刘少奇不要再做这种不顾安危的工作了。刘少奇从小对母亲怀有极深的感情，但在这件事上却无法听从母亲的心愿，他安慰母亲说："别的事我都可以答应你，唯独这件事，不行！"刘少奇再三宽慰母亲，并嘱咐兄长照顾好母亲。就在他送走母亲回宁乡的当天，他便和妻子何宝珍踏上了赶往上海的火车。

"全体工人阶级要识破帝国主义和军阀的阴谋，将自己团结和组织得像铁一样坚强，将来胜利一定是属于我们的"

刘少奇夫妇到达上海不久，便接到中共中央的通知，全国总工会委员长林伟民病重，需要刘少奇代理委员长职务。刘少奇在上海稍做停顿，便赶往广州。1926年2月19日，刘少奇抵达广州。

3月3日，广州越秀南路93号的全国总工会机关举行了热烈的欢迎大会，全总秘书长兼宣传部部长邓中夏发表了热情洋溢的讲话，欢迎刘少奇的到来。邓中夏对刘少奇在中国工人运动中的贡献和重要地位作了很清楚的概括。刘少奇也发表了讲话，介绍了上海和北方工人运动蓬勃发展的情况，着重提出了当前省港大罢工中应该注意的策略问题。他强调：帝国主义要来解决省港罢工，一定要与我们工人来订条约，全体工人阶级要识破帝国主义和军阀的阴谋，将自己团结和组织得像铁一样坚强，将来胜利一定是属于我们的。

省港大罢工是五卅运动爆发后在全国掀起的反帝运动中规模最大、持续时间最长的一次罢工。在邓中夏、苏兆征等人的领导下，香港十多万工人为声援上海工人罢工举行了这场运动，同时，广州沙面租界工人和英、美、日洋行的工人也相继举行了罢工活动。

来到广州后，刘少奇顾不得还没有康复的身体，便立即投入领导全国总工会和省港大罢工的工作中。他受命担任全总代理委员长，主持中华全国总工会的工作。他与邓中夏和省港罢工委员会委员长苏兆征一起挑起了重任。

就在刘少奇到达广州的第三天，发生了英帝国主义者企图破坏罢工的活动。2月22日，掌管广东海关税务的英国官员贝尔借口工人纠察队扣留八艘未经海关检查的货船，下令封锁海关，停止装卸货物，妄图阻断广州以及整个华南地区的对外贸易通道，以达到破坏经济运行、给人们生活造成困难，以及破坏省港工人罢工的目的。

面对帝国主义的阴谋，刘少奇与邓中夏、苏兆征经过商讨，决定火速采取行动，发动广州各界人民群众开展反对封闭海关的斗争。2月25日，中华全国总工会和省港罢工委员会联合广州各工会，发表了《工商联合对粤海关税务司贝尔宣言》，揭露了贝尔的阴谋。2月26日，在刘少奇的领导下，广州各界十万群众聚集在广东大学体育场，声讨和抗议贝尔无故封闭海关、切断对外贸易的罪行。

迫于群众运动的压力，港英当局不得不在当天宣布重新开放海关。这次斗争的胜利，鼓舞了省港工人同帝国主义坚决斗争的勇气和信心，也检验了刘少奇领导群众运动的经验、胆识和能力，提升了他在广大工人群众心目中的威信。

这时，省港大罢工已经持续了七八个月了，随着时间的一再延长，许多工人遇到了不少实际困难，一些矛盾和问题也逐渐暴露出来。特别是罢工队伍内部出现了纪律涣散，甚至各行其是、派系纷争的现象，严重影响了工人阶级的团结和战斗力的发挥。刘少奇十分关注这一问题，并为此做了大量工作。他深入调查广州、香港两地工人运动的现状，并了解了两地工人运动的历史，分析工人阶级不团结的原因，提出了促进工会联合的具体措施和相应办法。他不仅经常与工会领导谈话，宣传无产阶级的革命理论，阐述工人阶级团结的重大意义，而且还经常深入到工人中，倾听工友们的心声，引导工人从整体利益出发，加强团结，共同为争取自身的解放而斗争。

3月14日，刘少奇出席省港罢工委员会为欢迎汕头各界慰问罢工工友代表而举行的集会，他在会上反复强调了工人阶级联合起来的必要性。他指出：工人阶级的联合有四个政治步骤，一是精神的联合，二是物质的联合，三是行动的联合，四是组织的联合；在国内就是联合工农商学兵，在国外就是联合各弱小民族、资本主义国家的无产阶级及苏俄；革命的工作就是联合的工作，联合成功就是革命成功。当天，他在与机器工业工会联合会代表座谈时说：工会不仅要改良工人生活，联络工人感情，还要团结训练工人，责任很大，故不能不严密其组织。

3月16日，刘少奇出席了广州洋务总工会为欢迎他而举行的联欢会，他在会上又强调了工人阶级联合的重要性。他说：我们工人阶级肩负革命重任，必须组织工人、农民及各人民团体互相联合，再组织人民军队——武装工农，并有领导工农的革命党，组织工农政府，利用政权制裁一切反动派，然后建设不劳动不得食的社会主义，这才是真胜利。

经过刘少奇的启发和引导，广州和香港各行业的工人很快便行动起来，他们组织成立了各行业工会。在这个基础上，刘少奇又加紧组织领导广州和香港地区工会机关的建立。3月5日，广东省济难总会成立；3月21日，香港运输业工会联合会成立；3月28日，香港青年工人大会召开；3月30日，省港女工大会召开；4月上旬，广州工人第一次代表大会召开，并成立了有210多个工会参加的统一的广州工人代表会；4月9日，香港工会代表大会召开并在会后成立了香港总工会；4月12日，香港金属业总工会第一次代表大会召开。这些会议和这些团体的成立大会，刘少奇都出席了，并且代表中华全国总工会发表讲话，他一再强调工人阶级要赶快联合，紧密地团结在一起。工人阶级的联合不仅壮大了工人阶级的队伍，而且使他们迅速地成长为有组织有纪律的革命主力军，为推动工人运动的发展做出了贡献。

"我们为谋改良我们的生活，为谋解除我们的痛苦，唯有向帝国主义进攻，唯有打倒帝国主义"

1926年7月，由广州国民政府领导的北伐军，在"打倒列强、打倒军阀"的雄壮歌声中，从广州挥师北上，开始了著名的北伐战争。

北伐战争是以推翻帝国主义支持的北洋军阀的反动统治，实现中华民族的独立、自由、民主和统一为目的的，剑指占据河南、湖北、湖南等省的直系军阀吴佩孚，占据山东、直隶、热河等省的奉系军阀张作霖，以及盘踞在江苏、浙江、安徽等省的浙系军阀孙传芳。中国共产党领导的工农运动作为北伐战争的有力支持者，为北伐的胜利奠定了群众基础。

北伐军在各地工农群众的支持下，一路势如破竹。7月11日，北伐军夺取长沙，8月下旬占领湖南全境，湖南军阀赵恒惕望风而逃，9月6日攻占汉阳，7日占领汉口，10月10日攻克了武昌，控制湖北的军阀吴佩孚仓皇逃跑。

北伐军占领武昌后，广州国民政府决定迁都武汉。此前不久，9月17日，中华全国总工会决定在汉口设立办事处。10月中旬，刘少奇受中共中央委派，从广州奔赴武汉，开始组建全总办事处并为全总机关迁往武汉做准备，同时参加湖北全省总工会的领导工作。10月21日，刘少奇到达武汉。10月28日，中华全国总工会执行委员经研究决定，全总汉口办事处由李立三担任主任，刘少奇担任秘书长兼湖北省总工会秘书长，领导湖北、湖南、江西、安徽、四川、河南六省的工人运动。

担任新的职务后，刘少奇便立即投入到紧张的工作中。他深入工厂、矿区的工人中，了解他们的工作和生活状况，指导当地的工会建设。从1926年10月到12月，武汉工会组织迅速增加到300个以上，会员达30万人。湖南的工会组织发展到52个，会员达32.6万人。江西20多个县、市成立了工会，会员达10万人。

在刘少奇的领导下，武汉开展了轰轰烈烈的工人运动，矛头直指帝国主义。在此期间，仅在武汉就发生反对帝国主义的罢工50余起。

1926年11月26日，英国驻汉口领事带头寻衅滋事，纠结其他几个国家驻汉口的外交人员，就工会的活动向武汉国民政府提出抗议，要求立即取缔武汉的工人运动。列强的无理要求激怒了汉口人民。12月26日，武汉各界民众30余万人在汉口召开大会，强烈抗议帝国主义与军阀勾结，干涉中国内政，要求武汉国民政府立即收回汉口英租界。

1927年1月1日，为庆祝北伐胜利和国民政府从广州迁往武汉，汉口、汉阳、武昌三镇人民举行了庆典活动。

当天，湖北省总工会第一次代表大会在武汉召开。湖北省总工会是在北伐军攻克武昌的当天成立的。出席省总工会第一次代表大会的有来自全省各工会的580多名代表。刘少奇主持大会。

1月3日，刘少奇在大会上作组织报告。他强调武汉各工会及省总工会目前最重要的工作，就是使工会在群众中建立稳固的基础，每个工会要有真正意义上的经常的工人代表会，要有严密的基本组织。

就在刘少奇作报告的当天下午3点左右，中央军事政治学校宣传队在武汉英租界附近的江汉关钟楼旁演讲。听讲的群众越聚越多，气氛十分热烈。英国租界当局十分恐慌，调动长江中英国军舰上的水兵登岸。全副武装的英军水兵冲出租界，扑向赤手空拳的群众，干涉正在汉口江汉关前进行的演讲活动，导致一人当场死亡，30余人受伤，制造了"一三惨案"。

此时，刘少奇正在主持召开会议，惊闻这一惨案后，立即带领工人纠察队赶往现场。新仇加上旧恨，此时武汉人民更加激愤，他们聚集在江汉关前，抗议英军的野蛮暴行，奋起反抗帝国主义。刘少奇一面实地了解情况，组织救护伤员，一面着手准备更大规模的抗议活动。

当天晚上，在李立三、刘少奇主持下，湖北省总工会召开紧急会议，研究对策。会上，刘少奇报告了惨案真相和现场情况，对进一步开展斗争提出了自己的意见。会议讨论了《为反对英水兵惨杀同胞通电》的电稿，并提出请政府自动收回汉口英租界等六项要求和实行抵制英货、封锁英租界等五项办法。

1月4日上午，湖北省总工会第一次代表大会在武汉《民国日报》上发表《为反对英水兵惨杀同胞通电》，并印成传单在大街小巷张贴和散发。通电提出六项要求：第一，请政府自动收回英租界；第二，在英租界未收回前，英租界当局应即撤除电网、沙包及各军事上的准备，并绝对不得在租界内干涉言论、出版、集会游行、演讲等自由；第三，立即撤退在华军舰，以后租界内永远不得有外国武装军警驻扎，由国民政府公安局派警驻扎租界；第四，赔偿死亡损失；第五，英政府向我国民政府道歉，并担保以后不得有此等事件发生；第六，将凶手即移送我国民政府惩办。随后，刘少奇、李立三分别代表湖北省总工会、中华全国总工会，前往武汉国民政府，递交代表大会的决议，要求政府立即收回汉口英租界。

当天下午，省总工会、省农民协会、省学生联合会等200多个团体的500多名代表举行武汉工农商学各界联席会议。刘少奇代表省工会出席了会议。会议在上述六项条件的基础上，提出了八条要求：第一，请政府立即向英国领事提出严重抗议；第二，令英国领事赔偿死伤同胞损失；第三，令英国领事将行凶水兵交中国政府惩办；第四，撤走驻汉英舰及英界的沙袋、电网；第五，撤销内河航运权；第六，英国领事向中国政府道歉；第七，英界巡捕缴械；第八，由政府管理英租界。会议还推选代表向政府请愿，提出如72小时内英领事无圆满答复，即请政府：第一，封锁英租界；第二，收回英租界；第三，收回关税；第四，通知英政府不负在华英人治安责任。会议还决定1月5日下午举行对英示威大会。

在李立三、刘少奇等工会领导人的组织下，湖北全省总工会和各行各业工会纷纷发表通电、通告、宣言。它们像雪片一样飞向全市、全省、全国，揭露英帝国主义者屠杀中国老百姓的罪行，号召工人阶级和人民群众为收回英租界而奋斗!

与此同时,武汉国民政府正式向英国当局提出严正交涉,并派司法部部长徐谦赶往现场安慰示威群众,又派外交部部长陈友仁与英国领事展开谈判。迫于工会和群众的压力,英国当局不得不从1月4日上午开始陆续撤出租界内的水兵和巡捕。4日下午,刘少奇便带领工人纠察队进入租界,开始维持秩序。

1月5日,在刘少奇、李立三的领导下,武汉30万名工人和群众举行了声势浩大的反英示威大会。会后,又冒雨举行了示威游行。刘少奇带领着工人纠察队走在示威人群的最前面。他们挥舞着旗帜,高喊着口号,为反对英国的殖民统治而呐喊。当队伍行进到租界时,工人纠察队员拆除了电网、沙包墙,推翻了英国军队的岗楼。随后,示威人群涌入租界,冲向英国巡捕和工部局办公楼。面对此情此景,租界内的英国官员纷纷逃往停泊在长江中的英国军舰。工人纠察队员爬上房顶,扯下"米"字旗,升起了国民政府的旗帜。至此,武汉工人阶级已经完全控制了英租界。

1月6日,江西九江各界群众集会游行,声援武汉人民收回租界的斗争。英国水兵再次登岸干涉,打死打伤工人数人。九江工人和市民在武汉群众胜利斗争的鼓舞下,奋起占领了九江的英租界,并请武汉国民政府派员接收。

在武汉工人和群众的推动下,国民政府成立了汉口英租界管理委员会,统筹管理租界内的一切事务。

在群众反帝运动的强大压力面前,英国当局被迫于2月19日、20日分别在协定上签字,同意将汉口、九江英租界交还给中国。这是近百年来中国人民反帝外交斗争史上的一次重大胜利。

在这场斗争中,刘少奇一直站在斗争的最前线,组织、策划、指挥着斗争的进行,为中国的反帝事业做出了巨大贡献。

1月10日,在成功收回汉口英租界的欢乐氛围中,湖北省总工会第一次代表大会也胜利闭幕。大会选举李立三、向忠发、项英、刘少奇等35

人为执行委员，推选向忠发为委员长，刘少奇为秘书长。1927年2月11日，中华全国总工会从广州正式迁往武汉。

4月3日，汉口发生了日本军舰水兵登岸开枪射杀中国民众的"四三惨案"。惨案发生的第二天，湖北省总工会发起召集武汉各团体紧急会议。刘少奇在会上报告了惨案的有关情况和处理意见，提出对汉口日租界采取的办法。会议最后决定，由国民党湖北省党部、汉口特别市党部、中华全国总工会、湖北省总工会等17个团体组成的武汉人民对日委员会，公开提出下列六项要求：第一，即刻撤退日本水兵；第二，收回日租界；第三，凶手交中国法庭严办；第四，赔偿死伤人员损失，日本政府正式向国民政府谢罪；第五，日本不得因此次事件封锁工厂、辞退工人；第六，日本担保以后不得有惨杀中国人民事件发生。

当晚，刘少奇又向各工会联席会议报告各团体紧急会议经过。会上作出三项决议：第一，工人阶级应即时与各界革命民众一致起来，反对日本帝国主义所加于中国同胞之惨杀；第二，服从总工会命令，严守革命纪律，决不上帝国主义所收买之反动派的圈套；第三，拥护国民政府的外交政策，信赖政府办理"四三惨案"的一切交涉，我们一致做外交的后盾。

会后，湖北省总工会组织工人和市民开展了多种形式的反日抗议斗争，并向国民政府提出收回汉口日租界。4月8日，刘少奇应邀出席国民党中央执行委员会常务委员会第六次扩大会议，在会上报告"四三惨案"以来的斗争现状，并提出四条建议：第一，中央对日提出抗议；第二，拨款救济工人；第三，日人已走，将所存货物暂时保留，如不解决实行扣货；第四，日人工厂虽是停工，但原料机器皆有，中央及各团体令其继续开工。

由于这时武汉的客观形势已与三个月前大不相同，这次反日运动没能达到收回日租界的目的，但仍迫使日租界当局作出让步，答应撤退水兵、发还罢工工人工资等条件，运动取得部分胜利。

"立即削平湖南事变"

随着北伐战争胜利进军，北洋军阀吴佩孚、孙传芳部主力归于溃灭，整个南中国的政治、军事局势全然改观。在北伐战争前期，由于战争的前景不完全明朗，为了利用共产党领导的工农力量和苏联援助以推倒北洋军阀，蒋介石在处理国共关系时，只能采取比较谨慎的态度。自1926年11月北伐军在江西战场上取得决定性胜利以后，面对蓬勃发展的革命形势，蒋介石的反共活动就开始日益公开化了。大革命开始面临深刻的危机。

1927年3月6日，蒋介石指使国民革命军驻赣新编第一师诱杀江西赣州总工会委员长、江西省总工会副委员长、共产党员陈赞贤。

刘少奇得知消息后，在3月17日刊出的汉口《国民日报》上发表了《论陈赞贤同志在赣被害事》的文章，指出："现在江西反动派十分猖獗，已经在总司令的面前有军官枪毙工会委员长，这件事的发生，值得国民政府及全国民众严重注意。蒋总司令如果没有改变他前此拥护工农民众利益的主张，断不能纵容一班反动派如此凶横残杀工人领袖。应该采取断然的手段，枪毙凶手，肃清一切反动派，保护真正工人的工会，并从优抚恤死者。如其不然，那我们就不能不怀疑现在总司令所坐镇的江西了。"他提出，江西这件事的发生，是对革命的摧残，是革命战线内反革命的开始，大家应一致起来奋斗。

果然，20多天后，蒋介石在得到上海的大资产阶级和买办资产阶级的支持后，迅速叛变革命，发动了"四一二"反革命政变。

随后不久，江苏、浙江、安徽、福建、广东、广西等省相继以清党为名，大规模捕杀共产党员和革命群众。仅广东一地，被杀害的就达2000多人。4月20日，中共中央为蒋介石屠杀民众发表宣言，揭露"蒋介石业已变为国民革命公开的敌人"，号召革命人民为"推翻新军阀""打倒军事专政"而奋斗。4月22日，宋庆龄、邓演达、何香凝、谭平山、吴玉章、林祖涵、毛泽东等39人，以国民党中央执监委员和候补执监委员等名义，联名发表讨蒋通电。武汉国民党中央在4月17日发布命令，开除蒋介石的党籍，免去其本兼各职。

这时武汉国民政府管辖的地区只有湖北、湖南、江西三省，而且面临着来自两个方面的威胁，一是东面的蒋介石，二是北面的旧军阀张作霖。武汉国民政府内部情况也很复杂。刚到武汉的汪精卫打着"反蒋"的旗号，取得了武汉国民党中央的领导地位。

中共中央于1927年4月27日至5月9日召开了第五次全国代表大会，以确定党在紧急时期的对策。大会批评了陈独秀的右倾错误，但没有提出纠正右倾错误的切实办法。刘少奇出席了大会，并在会上被选为中央委员。

但是，局势仍在朝坏的方向发展。4月底，国民革命军第三十五军军长何键在汉口召集反动军官密商反共"清党"计划；5月9日，驻四川东部的国民革命军第二十军军长兼川鄂边防司令杨森率部占领宜昌，强令解散宜昌总工会、农民协会，屠杀工农群众，同时发出反共、讨伐武汉的通电；5月13日，移驻宜昌不久的国民革命军第十四独立师师长夏斗寅通电联蒋反共，发动叛变，并率部进逼武汉的纸坊镇。当地土豪劣绅乘机反攻倒算，在短短一个月里，农民群众死难者达四五千人。5月21日，国民革命军第三十五军第三十三团团长许克祥在长沙发动反革命叛乱，调动军队向国民党湖南省党部、省总工会、省农民协会等机关发起突然进攻，收缴工人纠察队的枪械，捕杀共产党员和革命群众100多人。这就是"马日事变"。接着江西省政府主席、国民革命军第五方面军总指挥朱培德，也以"礼送出境"为名驱逐共产党员和国民党左派。在越来越严峻的局势面前，以汪精卫为首的武汉国民党中央和武汉国民政府也迅速转向反动。"马日事变"发生后，汪精卫等力主"调解"所谓"军工冲突"，一面声称要查办许克祥，一面又下令查办工农运动中的"过火"行为。一些头面人物也不时地发表攻击和破坏工农运动的言论。

6月上旬，共产国际来电批评中共中央对土地革命的态度不坚决，要求"立即切实领导土地革命"，"立即消灭长沙的反革命，招募农民，鼓动他们去进攻军官团，彻底将其摧毁，以儆效尤"。6月中旬，中共中央政治局及常委会连日开会讨论对策，一度准备在湖南组织武装起义，打算派中共中央军事部部长周恩来前去指挥，并派毛泽东为湖南省委书记。但中央许多人态度动摇，共产国际代表鲍罗廷、彭述之等人认为共产党在湖南的势力已完全瓦解，表示反对。这个计划最终被取消。

在严重的局势面前，刘少奇有着清醒的认识。6月14日，他在湖北全省总工会代表大会上作政治报告，他强烈呼吁：对蒋介石的叛变和夏斗寅、许克祥等人的叛变，应一致反对，要求"立即削平湖南事变"。

尽管局势严峻，工人运动面临极大的困难，但是，已经筹备就绪的第四次全国劳动大会还是在汉口于6月19日如期召开了，刘少奇是大会主席团成员。6月23日，刘少奇代表中华全国总工会执行委员会作会务报告，并于6月27日，向大会提出工会组织问题决议案。大会通过了会务报告和工会组织问题决议案。就在6月28日晚，第四次劳动大会即将闭幕的时候，武汉卫戍司令部突然派士兵强占全总、省总机关。经过苏兆征、李立三、刘少奇先后向武汉当局和第八军军长李品仙多次交涉，卫戍司令部才通知士兵撤出。

6月下旬，武汉盛传唐生智部第三十五军军长何键即将在当地制造又一次反革命事变。6月28日，中共中央政治局常委召开紧急会议，商讨对策。会议在陈独秀的主持下作出决定：为了消除何键制造事端的借口，维护国共合作，公开解散工人纠察队，湖北省总工会自动解除武汉工人纠察队的武装。这个指示立即下达湖北总工会执行。他们以为用这种退让的办法，可以使何键找不到制造事端的借口，可以取得武汉国民党中央的谅解。

武汉的工人纠察队直属湖北省总工会，是刘少奇来到武汉后正式组建的，是中国共产党领导的一支革命武装力量。工人纠察队无论在安源工人运动中，还是在五卅运动、省港大罢工中都发挥了其他组织不可替代的作用。刘少奇对这支队伍的发展倾注了大量心血。他一到武汉，就对建立工人纠察队十分重视，从选调干部、壮大队伍到武器配备都亲自过问，他还多次为纠察队员的学习班讲课。蒋介石发动"四一二"反革命政变后，5月15日，湖北省总工会发表的宣传大纲指出："革命的武装是什么？就是我们全体工友武装起来。"几天后，省总工会又发出通告，要求纠察队"正式荷枪实弹"，以加强武装。夏斗寅在武汉发动叛变时，刘少奇还组织工人纠察队配合叶挺领导的部队打退叛军。截至1927年5月，武汉工人纠察队已经发展成拥有成员5000余人、枪支3000多支的有组织、有纪律的革命队伍。

刘少奇无论如何也想不通解散工人纠察队的原因，但是命令必须执行。6月28日，刘少奇在湖北总工会上宣布解散工人纠察队。6月29日，湖北省总工会在汉口《民国日报》上登出布告："本会为避免反动派借口武装纠察造谣起见，业于本月28日，将纠察队全体解散，所有前领枪弹，并经交存政府，一面仍请政府派兵保护工会。"

但是在执行命令前，刘少奇已对工人纠察队的组织进行了调整。他将队中已经公开身份的共产党员转移到贺龙、叶挺的部队中，为革命的发展保留了人才。同时，把一些破旧的枪支和童子团的木棍、木枪上交政府。

由于刘少奇的肺病一直没有痊愈，加上日夜操劳，他的肺病复发了。7月2日，他抱病向湖北省总工会代表大会作政治报告。会后，他作为湖北全省总工会秘书长，奉命代表湖北全省总工会向国民党工人部工人运动委员会报告解散纠察队的经过。

7月4日，在中共中央政治局常委会召开的扩大会议上，被紧急从湖南召回的毛泽东提出农民武装可以"上山"或加入同党有联系的军队中去，以保存革命的力量。但毛泽东的这个建议没有被会议采纳。

自6月以来，以陈独秀为首的中共中央采取的右倾机会主义政策，引起了党内绝大多数干部的强烈不满。在许多干部的要求下，7月12日，根据共产国际执行委员会的指示，中共中央进行改组，由张国焘、李维汉、周恩来、李立三、张太雷组成中央临时常务委员会。第二天，中共中央发表宣言，指出现在已是"革命之危急存亡的时候"，谴责武汉国民党中央近日已在公开地准备政变，宣布撤回参加国民政府的共产党员。

这时的刘少奇因病已经难以坚持工作了。7月13日，他奉命撤离武汉，前往九江，上庐山养病。

7月15日，汪精卫终于卸下伪装，发动了"七一五"反革命政变，大肆逮捕和屠杀共产党人。

7月下旬，中共中央前敌委员会军委书记聂荣臻到庐山找到刘少奇，通报中共中央政治局将在南昌举行武装起义的决定，并转达了周恩来的口信：要少奇同志密切关注形势发展，有所准备，注意安全。

1927年8月1日，中国共产党领导的南昌起义爆发，打响了武装反抗国民党反动派的第一枪。8月7日，中共中央在汉口召开会议，确定实行土地革命和武装反抗国民党反动派的总方针。

刘少奇得知这一消息后，非常激动。他顾不得还没有好转的病情，就匆匆忙忙下山，准备投入到新的斗争中。10月，他扮成水手，坐船赶往上海，开始新的革命征程。

处理棘手的顺直党的问题

1928年3月，中共中央临时政治局会议决定派刘少奇以中华全国总工会特派员的身份到天津管理全国铁路总工会，并以中央委员的身份指导中共顺直省委工作。

顺直指的是北平（曾被称为顺天府）和河北（曾名直隶省）。中共顺直省委是中共在华北地区的主要领导机构，主要领导北京（当时称北平）、天津、河北地区的党组织，还兼管山西、察哈尔、绥远、热河、豫北、陕北等整个北方地区的秘密工作。

接到任务后，刘少奇便化装成商人，来到天津。天津既是华北地区重要的港口城市，也是北方地区最大的商业中心。顺直省委和全国铁路总工会就设在这里。

顺直地区在大革命时期是由李大钊为书记的中共北方区委领导的，革命曾搞得轰轰烈烈。1927年4月28日，李大钊被奉系军阀张作霖杀害后，党组织失去了领导中枢，工作一度陷入半停顿状态。

5月19日，中共中央常委会决定建立顺直省委，以彭述之为书记。中共临时顺直省委在天津秘密成立后，彭述之在主持省委工作期间，坚持陈独秀的右倾错误，引起了一些地方党员和干部的强烈不满。

八七会议后，中共中央决定成立以王荷波为书记的中共中央北方局，并指示北方局全权解决顺直纠纷问题，立即改组省委，由朱锦堂任省委书记。此后，由于接连发生了京东玉田地区两次暴动失败和北方局遭到破坏等大的事件，王荷波被叛徒出卖，后遭杀害，北方局、顺直省委和铁路总工会等机关也连续被破坏，顺直地区党的工作受到严重的影响。

11月，中共中央决定撤销北方局，顺直省委受中央直接领导，并委派中央政治局常委蔡和森任中央北方巡视员，负责指导顺直省委工作。1928年1月，蔡和森主持召开顺直省委改组会议，第二次改组顺直省委，由政治水平很低的王藻文担任省委书记。但是，由于在改组过程中出现了重要的纷争，中央命令蔡和森立即停止巡视工作，离津回沪。

顺直省委的两次改组都没有取得积极的效果，反而使党组织从思想上到组织上更加混乱，处于瘫痪状态，工作难以进行。就是在这样的情况下，中央决定派刘少奇来到天津。

刘少奇的到来使一些人心存疑虑，他们认为中央不要顺直省委了，担心中央派来的人是否会对省委的组织机构进行改革、中央给的经费是否足以维持省委的工作等。面对大家的疑惑，刘少奇解释道：中央虽然远在千里之外，但是一直都对顺直省委十分关心，希望这里的同志能够和衷共济，共同担负起领导北方工作的任务。他说：目前中央在经济上十分困难，大家应该体谅。我们作为下级机构，不能坐等着伸手向中央要钱，还应该广开财路，寻找解决问题的办法。对于一些干部诘难中央的错误行为，刘少奇也给予了严厉批评。在刘少奇的努力下，同志们的疑虑逐渐打消了，也开始正视自己存在的问题。

随后，刘少奇在顺直开展了实地调查工作，弄清了当时存在的两个突出问题：一是当时顺直党内存在的极端民主化倾向，二是闹经济主义。由于这两个问题一直没有得到解决，纠纷不断，矛盾越积越深，以至于党的工作长期不能打开局面。刘少奇努力去解决这些问题，力图使省委的工作尽快转到正确的轨道上来。

6月，中国共产党第六次全国代表大会在莫斯科召开。在国内，由政治局委员李维汉、中央委员任弼时及中央秘书长邓小平等组成的留守中央在讨论北方形势及部署工作时作出决定，派陈潭秋去顺直巡视。6月底，根据陈潭秋巡视后提出的处理顺直问题的意见，决定由陈潭秋、刘少奇和韩连会组成"中央处理顺直问题特派员机构"，代行顺直省委职权，领导北方党的工作。

7月下旬，根据中央指示，刘少奇、陈潭秋和韩连会一起主持召开顺直省委扩大会议。会议传达了中央指示，听取并讨论了中央政治报告、关于顺直政治经济状况的报告、顺直党务工作报告，通过了《顺直目前政治任务决议案》《党务问题决议案》《职工运动决议案》《农民运动决议案》《政治纪律决议案》。会议决定改组省委，推举韩连会任省委书记，傅懋功（彭真）、郝清玉等七人为省委常委，刘少奇、陈潭秋以中央特别处理顺直问题专员的名义常驻顺直省委。经过改组，顺直省委的状况有所改善。

省委扩大会议后，刘少奇和陈潭秋代表顺直省委到上海向留守中央汇报省委扩大会议的情况，中央经过详细讨论，认为扩大会议的精神是正确的。9月7日，刘少奇在上海向中共中央写了《关于最近顺直党内状况的报告》。9月10日，中共中央政治局召开常委会议，刘少奇列席，并在会上系统地报告了顺直省委的工作，指出顺直党的工作存在的问题主要是：省委缺乏一条正确的政治路线，对机会主义认识不清，发展了极端民主化，经费支配不当，消极地责备过去，党内存在着派别纠纷，省委组织不健全，省委负责人犯了一些错误。刘少奇在汇报中也检讨了自己所犯的错误：初到顺直时有点盲动主义倾向，有时也存在群众落后的观点。9月18日，中央政治局常委会议继续讨论顺直问题，中央政治局常委蔡和森在会上作关于顺直工作的报告，表示对刘少奇9月10日的报告"大体同意"。

根据刘少奇、陈潭秋、蔡和森等人的报告，中共中央决定由陈潭秋、刘少奇分别代中央起草《中央对顺直问题决议案》和《中央告顺直同志书》。10月12日，中央通过并发出了这两个文件。

10月中旬，刘少奇又从上海返回天津。针对顺直党内存在的新的问题，陈潭秋与刘少奇商量决定：一方面报请中央组织特别委员会处理顺直一切问题，在三个月至半年时间内切实整顿顺直各级党组织，筹备党的全省代表大会；另一方面，在中央特别委员会未到顺直以前，由陈潭秋、刘少奇帮助省委进行整顿工作。这样，刘少奇、陈潭秋、韩连会共同签发通告，宣布停止顺直省委职权，并停止京东各县党组织的活动。10月29日，陈潭秋去上海中央汇报工作，顺直党的工作由刘少奇、韩连会负责。11月8日，刘少奇在给中共中央的报告中说："在天津方面，党内的纠纷问题现在是停止了，党内气象较好。"报告提出准备出一个党内刊物，讨论党内问题，对不正确的意见"按篇给以批评"。

11月9日，中央政治局召开常委会议，讨论顺直问题。会议讨论的结果是：不同意停止省委职权的做法，并作出几条具体指示，要陈潭秋返回天津传达，恢复省委职权。11月16日，刘少奇、韩连会写信给中共中央，陈述停止省委职权的理由。第二天，中共中央复信，明确表示不同意陈、刘、韩停止省委职权的做法，并作出即刻恢复省委职权，三个月内召集全省党员代表大会等五项决议。11月下旬，刘少奇回到上海，向中央报告顺直党的工作，再次陈述不同意恢复省委职权的理由。11月27日，中共中央政治局召开会议讨论顺直问题。会议决定：派中共中央政治局常委、中央组织部部长周恩来去顺直巡视，韩连会仍任顺直省委书记，省委恢复职权，改组常委。11月30日，刘少奇向中央写了书面意见，坚持自己的观点。12月2日，他又给中共中央写信。12月上旬，中央政治局会议接受了刘少奇、陈潭秋的部分意见，决定召开顺直省委扩大会议来解决顺直问题。

在这期间，顺直省委推出了党内刊物《出路》。这本不起眼的小册子虽然外观简陋，但对统一党内认识起到了至关重要的作用。刘少奇为《出路》撰写过多篇文章，如《客观环境很好，但是党没有出路?》《怎样改造顺直的党》《职运须知》《革命职业家》等。这些文章将马克思主义关于党的基本理论和北方地区城市和工人运动的实际结合在一起，有针对性地批评了顺直党委内部存在的错误思想，既教育了党员群众，又统一了思想。同时，这些文章也是刘少奇根据自己领导工人运动的实际经验，探索党如何在白区开展工作的著作，为之后中国共产党在白区开展地下工作奠定了理论基础。

12月初，刘少奇回到天津，筹备召开省委扩大会议。12月11日，周恩来到达天津。第二天，刘少奇、陈潭秋、韩连会参加了周恩来召集的谈话会。12月13日，召开顺直省委常委会议，周恩来在会上传达了中央关于解决顺直问题的意见，并做了许多说服工作。会议接受了中央的意见，通过了恢复省委职权、改组常委的议案。

12月底，顺直省委召开扩大会议。会议由刘少奇和陈潭秋轮流主持，周恩来传达了中共第六次全国代表大会的决议，并对大会作了指导性发言。随后，刘少奇和陈潭秋分别作了报告。会议通过了《顺直党的政治人物决议案》和《顺直党务问题决议案》，并选举产生了新一届省委领导核心。

经过一年的努力，顺直省委的问题基本得到了解决，刘少奇圆满完成了中央交给的任务，于1929年春返回上海。

党的正确路线在白区工作中的代表

1929年6月，中共中央决定派刘少奇出任满洲省委书记，领导整个东北地区的革命斗争。

满洲是辽宁、吉林和黑龙江的旧称。中国共产党成立后，以李大钊为书记的中共北方区委，曾派代表到东北进行革命活动。到1927年上半年，哈尔滨、大连、奉天（沈阳）、长春、吉林等地相继建立起了党的基层组织。大革命失败后，东北地区的党组织遭到严重破坏。

八七会议后，中共中央派陈为人到东北组建中共满洲省委。1927年10月成立了临时省委，1928年4月成立第二届临时省委，9月，中共满洲省委正式成立，陈为人连任书记。

这时的满洲处在封建军阀和日本帝国主义的统治下，由于环境极为险恶，省委屡遭到反动当局的破坏。特别是在1928年年底，省委遭到大破坏，陈为人等省委全部常委和几名外埠负责人共13人被捕。白色恐怖使得党内出现严重的消极情绪，党的工作和群众工作几近瘫痪。1929年2月，第四届满洲省委成立，由刘少猷任代理书记。但这届省委并没能有效地扭转党的工作困难的局面，东北地区的革命活动仍处于危难之中。

为了进一步加强党对东北地区革命活动的领导，中央曾于1929年年初派谢觉哉前往东北巡视。三个月后，谢觉哉返回上海。随后，满洲省委也请求中央派工作能力强的人到东北领导工作。为此，中共中央决定，派遣富有白区工作经验的刘少奇到东北领导满洲省委的工作。6月8日，中共中央正式任命刘少奇为满洲省委书记。

7月14日，刘少奇到达奉天。他化名赵子琪，对外以海军司令部某副官的身份作掩护。到达奉天后，刘少奇便与满洲省委取得了联系，随即便全身心投入东北的工作中。

刘少奇一上任，就开始了解东北地区的实际情况。他非常关心党组织的建设，一个支部接着一个支部地了解情况、听取汇报、征求意见。他在分析东北的局势时指出：要密切关注张学良上台后的政治态度，研究统治阶级内部的矛盾和薄弱环节，并利用他们的弱点开展工作；党的工作应该和群众紧密地联系在一起，尤其是口号，要通俗易懂，让老百姓容易接受。

7月29日，刘少奇写信给中共中央并转全总党团，报告奉天、抚顺、大连、鞍山铁矿、窑山煤矿、营口等地党团组织和工人运动的情况；提出准备办一个叫《工人旬刊》的出版物，在纱厂办包饭馆、读书班，在抚顺办工人学校，在兵工厂办学校等。8月20日，刘少奇主持召开省委会议，讨论确定今后的工作路线，号召群众进行斗争，并对省委常委进行分工，提出省委应该同地方党组织建立密切的联系，将所有党员编入支部，严格征收党费，纠正党员中各种不正确的思想倾向。这就使得发动和领导工人运动有了重要的核心力量。经过一段时间的工作，满洲党的组织基本恢复，共有19个支部，182名党员。不久，党支部增加到33个。

随后，刘少奇和其他省委负责人又分别到奉天、哈尔滨、大连、抚顺等地了解工人们的生产和生活情况，发动群众，开展工人运动。

奉天的工厂比较多，刘少奇选择奉天纺纱厂作为自己的工作重点。这个厂始建于1921年，是一个比较大的官僚企业，有工人3000多人，大半为童工。工人们受到厂方的残酷压迫和剥削，每天劳动12小时以上，工资却只有几角钱，多的也不到一元钱，还常常受到工头的打骂，甚至开除。

中共满洲省委此前在这里已经建立了党团组织，也曾组织工人开展过一些小的斗争，有一定的工作基础。比如，1929年7月底摇纱车间因为原料不足，经常无纱可摇，工人们没有工资收入，生活无以为系。党员和工人们商量后，向厂方提出了三条要求：一是增加工资；二是纱不够摇时发给最低工资；三是进厂无纱可摇，也要发伙食费。党组织还在纱厂旁边开了一个包面馆，订了几份报纸，由党团员带领工人去吃面，看报纸，借此联络群众，对工人进行宣传教育。刘少奇曾在 7 月 29 日给中央的信中说道：奉天纱厂党团支部能活动，有作用，并相当能领导斗争。

从 7 月开始，纺纱厂只给工人发五成工资，而且以贬值的奉票支付，激起了工人们的愤怒。8 月中旬的一天，中共满洲省委常委孟坚等通过纺纱厂党支部，向厂方提出了开工资要发八成现洋并且要立刻支付的要求，如果厂方不答应，就在 8 月 27 日开支那天举行罢工。

刘少奇在听取了纱厂组织工人罢工的准备工作汇报后，结合自己多次组织工人罢工的经验，向孟坚提出了几个问题：厂里的情况怎么样？工人情绪如何？罢工有哪些条件？采用什么方法？具体步骤是什么？可谓事无巨细。而孟坚从来没有参加过工人罢工，对于这些问题，有一些他有过初步的思考，有一些根本没有考虑过。见此情形，刘少奇决定同孟坚一同参加下一次的组织会议。

几天后，刘少奇按照计划化装成工人前往奉天纱厂开会。他与孟坚在纱厂外的小树林中会合后，便等待着工人下班。以往工人下班后，便会潮水般涌出大门，而这一天，已经过了下班的时间，还是没有一个人出来。刘少奇见状，立马警觉起来，并告诉孟坚可能出现了突发情况，必须立即撤离。于是他们兵分两路，离开纱厂。但是就在这时，纱厂的大门突然打开了，从里面冲出几个警察，不由分说地便把刘少奇和孟坚抓了起来。

原来，由于保密工作做得不好，罢工的事被工厂知道了。工厂当局马上逮捕了纱厂党支部书记常宝玉，并迫使他招出了准备开会的秘密，同时将刘少奇、孟坚作为煽动工潮的嫌疑分子扣押了起来。

当天晚上，工厂当局便开始审问刘少奇和孟坚。刘少奇有丰富的斗争经验，面对敌人的审讯，他镇定自若。

工头见审不出什么，便把纱厂的党支部书记常宝玉找来，要他指认刘少奇和孟坚。常宝玉没有见过刘少奇，因此无法确认，只咬住孟坚不放。而孟坚拒不承认组织策划工人罢工，即便受到酷刑，也只字未露。工头迁怒于常宝玉，把他痛打了一顿。

第二天，纱厂将刘少奇和孟坚、常宝玉三人一起押送到奉天警察局，随后又转到奉天高等检察院看守所。

看守所关押的犯人很多，管理十分混乱。看守所每天有20分钟的放风时间，刘少奇利用这个机会，趁看管不备，告诉孟坚：敌人没有抓住他们的把柄，现在的关键问题是做常宝玉的工作，要让常宝玉明白大家都是为了工人的利益奋斗，都是为工人阶级做事，所以要团结起来，不能互相乱咬，如果能翻供，大家就有出去的机会。孟坚利用与常宝玉在同一个牢房的机会，做通了常宝玉的思想工作，于是三人统一了口径。

十几天后，法庭开庭审理奉天纱厂的工人罢工案件。刘少奇和孟坚按照计划回答了法官的问题。当问到常宝玉时，他按照事先商量好的口径，说原来"交代"的口供都是假的，是因为厂方严刑逼供才屈打成招的。常宝玉的翻供使案件缺少了判刑的证据。几天后，刘少奇和孟坚便被无罪释放；常宝玉因为与纱厂有直接关系，被判了40天拘役。

刘少奇凭借丰富的斗争经验，化险为夷。

刘少奇被捕后，在中央特派员陈潭秋的帮助下，中共满洲省委由李易山、任国桢、饶漱石三人组成临时常委，主持日常工作。刘少奇出狱后，立即主持召开会议。会议决定恢复省委，并决定：刘少奇任省委书记兼宣传部部长，李易山任组织部部长兼管奉天工作，唐宏经管职工运动，三人组成省委常委；孟坚任哈尔滨市委书记兼组织部部长、省委候补常委；任国桢任哈尔滨市委宣传部部长、省委候补常委、团省委书记，参加省委。这一决定报告中共中央后得到中央的迅速答复："省委既已恢复，临委取消。"

刘少奇继续领导满洲省委工作后，根据中共中央的指示，投入到指导中东路工人斗争的工作中。

1929年9月下旬，刘少奇接到中共中央的指示：满洲省委要把中东路问题当作当前最重大的政治任务，一切工作应以中东路问题为中心，对于反帝运动、反对军阀混战、士兵工作、农民运动等都要有全面布置。

中东路的全称是"中国东省铁路"，这条铁路以哈尔滨为中心，西北至满洲里，东至绥芬河，同俄国境内的西伯利亚铁路相连接，还向南经长春直达大连。中东路是沙俄利用同清政府签订的不平等条约，于1897—1903年强行在中国东北修建的。铁路建成后，沙俄又强行占有铁路的经营权。日俄战争后，长春以南段被日本控制，称南满铁路，长春以北段称中东铁路。1924年5月，中苏两国政府签订《中俄解决悬案大纲协定》，规定中东路改由中苏两国共同经营管理。南京国民党政府成立后，蒋介石执行反苏的外交政策，制造了一系列反苏事件。

就在刘少奇到达奉天的前夕，1929年7月10日，国民党政府制造了"中东路事件"。这一天，国民党政府单方面撕毁了中苏两国协定，策动东北军武力夺占中东路。7月17日，苏联宣布同国民党政府断绝外交关系。10月，蒋介石命令东北军开赴绥芬河，对苏联发动进攻，结果东北军惨败。

中共中央对"中东路事件"十分重视。就在刘少奇到达奉天的第二天，7月15日，中共中央向满洲省委发出指示信，指出："'中东路事件'不是蒋介石或张学良某一军阀的单独行动，而是他们在帝国主义指使下的共同行动；中苏共管中东路，在于不使中东路单独交给国民党政府，作为帝国主义反苏战争的根据地；国民党军阀所谓收回中东路自管，是欺骗群众，真意是想利用中东路事件掩盖其出卖民族利益的行动，从而转移群众视线，使群众走上反苏的道路。"指示信要求，省委必须集中所有的注意力对付这一事件。

为了更好地指导中东路工人斗争，刘少奇于9月底来到哈尔滨。

哈尔滨地处松花江边，早先是满族人居住的一个小渔村。由于水陆交通都比较便利，哈尔滨逐渐发展成为东北地区的大城市。在这座充满异国情调的城市里，帝国主义、封建势力到处横行，老百姓的生活非常艰难。此时的哈尔滨路段，已经被东北当局控制，苏联职工被赶走，白俄分子混了进来，中国工人的工资大幅下降，全路上下，怨声载道。

到达哈尔滨后，刘少奇立即到基层开展调查，了解实际情况。在调查过程中，刘少奇发现中共哈尔滨市委内部的意见不统一，正确的意见得不到支持，使得工作无法开展。于是，在随后召开的组织会议上，刘少奇公开支持了郭隆真等人提出的正确主张。他说：目前的白色恐怖十分严重，为了保护工人阶级的安全，不能贸然采取游行示威行动，而应以怠工的形式开展斗争。我们应该站在广大工人阶级的立场上看问题，必须对那些不顾工人阶级整体利益而拼命工作的人加以制止和反对。

哈尔滨人习惯称俄国人为"老毛子"，于是刘少奇便提出了"反对白毛子（指在东北当局收回中东路后大量涌入的白俄分子），联络苏联工人"的口号。这个口号被工友们通俗地称为"拥护红毛子，反对白毛子"，并在中东铁路沿线广为传播。这个口号将工人们要求清退白俄分子，拥护苏联社会主义，提高工人待遇等要求同斗争实际有机地结合起来，促进了工人运动的深入发展。

在刘少奇的领导下，中共哈尔滨市委终于统一了意见，采取了正确的、富有成效的斗争策略，将当地的工人运动推向高潮。在工人运动的带动下，东北地区的农民运动和学生运动都蓬勃地发展起来。

1929年10月下旬，刘少奇在对中东路工人斗争作了具体部署后，离开哈尔滨返回奉天，向中共满洲省委作了汇报。根据刘少奇的汇报，10月29日，中共满洲省委发出了《关于中东路斗争问题给哈尔滨市委的指示信》，指出：第一，目前必须避免白色恐怖的摧残，及时转变群众斗争的方式及我们的工作方法，注意保密工作；第二，发动中东路各部分群众斗争是目前主要的斗争策略；第三，建立群众组织是目前迫切的任务，三十六棚是全路工人的雏形，使他们能够派代表派工人到各路去联络、鼓动；第四，深入政治宣传，扩大影响。

1930年1月11日，刘少奇再次来到哈尔滨，全力指导中东路工人斗争并巡视党的工作。

此前不久，东北军在遭到苏联军队沉重打击后，被迫同苏方签订了《伯力协定》。协定规定：凡7月10日以后被裁的苏联员工一律复工，补用的华工和白俄工人全部裁减。但是，中东铁路管理局却袒护白俄势力，不裁减白俄工人，只下令裁减7月10日以后上工的全部中国工人。

刘少奇到达哈尔滨时，三十六棚总工厂的裁人名单已经公布，共产党员李梅五和许多工人积极分子都被裁减。刘少奇当天就同中共哈尔滨市委分析中东路工人运动的形势，总结前一段斗争的经验教训，提出：目前要领导失业工人开展复工运动，并且使失业工人的斗争得到在业工人甚至其他各行业工人的支持，使失业工人的复工要求成为全体工人的共同要求，在此基础上组织中东全路一万多工人的总罢工。

在刘少奇的领导下，中东路失业工人的复工运动逐步形成高潮。1月18日，刘少奇在给中共中央的信中说：三日来这里的形势发展很快，高潮的形势已具备，中东路即日有总罢工的实现，学生正在酝酿反帝游行。斗争的中心，不是经济要求条件，而是裁减白俄工人的问题，群众斗争的实际就是拥护苏联的斗争。

1月16日，刘少奇指导总工厂失业工人联合中东路各站、段失业工人，成立失业工人复工团。1月19日，根据刘少奇的指示，郭隆真组织和领导在业工人宣布成立中东路"总工厂失业工人后援会"。由于失业团的不断斗争和后援会的有力支持，1月27日，铁路当局被迫答应失业工人的要求，先给以前曾在中东路做过工的100多名中国工人复工，以后又给30余名1929年7月10日以后进厂的工人复工，余下的一小部分小工用捐款救济。复工斗争取得了初步胜利。3月13日，刘少奇向中共中央递交了《关于中东路工人斗争的总报告》。

3月，中共中央来信，调刘少奇回上海工作。刘少奇便于3月底启程返回上海。

刘少奇在满洲工作前后八个多月时间，在异常艰难的困境中，打开了满洲党的工作的新局面，圆满地完成了党中央交给他的光荣使命，而且为党在白区工作正确路线的制定做出了重要贡献。

第四章

朱德

"党就是生命，一切依附于党"

1886年12月1日（农历丙戌年冬月初六），朱德出生在四川仪陇县马鞍场琳琅寨下李家垮一户佃农家庭。

这是一个人口众多的大家庭。朱德出生时，家里已有11口人，有祖父母、伯父伯母、父母亲、三叔、四叔、大哥、二哥、姐姐。

朱德的祖父朱邦俊，是一个地道的中国农民，在他上一代时，家里还有老田30挑（一亩约为5挑），到他这一代，弟兄四个平分，只得到7挑多。由于家中人丁兴旺，这点土地根本不能维持全家人的生计，只得将土地和草屋典当，离开原来居住的朱家大垮，到李家垮租佃地主丁邱川家的80挑土地耕种，沦为佃农。朱邦俊十分勤劳，到八九十岁还非耕田不可，不耕田就会害病，直到临死前不久还在地里劳动。

朱德的祖母潘氏，非常能干，也很会管家，是整个大家庭的组织者，全家的一切生产事务都由她管理分派。

朱德的生父朱世林，为人忠耿，勤劳、孝顺，平时少语寡言，整天都在地里干活。母亲钟氏，身材高大，性情温和，非常贤惠，虽然不识字却明达事理，孝敬公婆，同叔伯、妯娌相处都很和睦，对孩子们也很好，从来不发脾气，对朱德尤其疼爱。

朱德的伯父朱世连，忠厚老实，治家严谨，精明能干，虽然识字不多，但持家有方。他的眼光远大，平时，常常为朱德的祖母出谋划策，安排全家大小十多口人的生计。伯母刘氏，也是位善于操持家务的农村妇女。伯父伯母二人没生儿女，朱德一生下来就招他们喜欢，两岁时即由长辈们做主，过继给他们抚养。伯父给朱德留下了很深的印象，特别是他坚持让朱德读书，对朱德一生成长道路的选择起着极为重要的作用。

"我应该感谢母亲，
她教给我生产的知识和革命的意志"

174　　朱德最崇敬他的生母。她那种勤劳俭朴的习惯和宽厚仁慈的性格给朱德留下了深刻的印象，对朱德的一生产生了重要的影响。

朱德的生母钟氏生于1858年，祖上是漂泊四方的艺人，到母亲的父辈时才定居四川省仪陇县，但依然保持着钟家的传统。当地遇到结婚、丧葬、生日等场面，常由人雇去，有的吹打，有的演戏；遇到农村过节赶集，也搭上一座简单的舞台，拼凑一台滑稽戏或一台老戏。因此，钟家的孩子们，不但善唱民歌，而且无论遇到什么乐器都能够很快上手。

钟氏嫁给朱德父亲朱世林时，朱家的生活很艰难，住的是地主家废弃的破仓库，以租佃土地耕种为生。

在这个大家庭中，钟氏是个好劳力。每天天不亮，她总是第一个起床，做好一家人的饭，然后到地里干活，犁田、种菜、挑粪等，样样都少不了。回到家后，她又要挑水、做饭、喂猪、养蚕，晚上还要在昏暗的油灯下纺线。朱德后来在向美国女作家史沫特莱谈起母亲时说："她比一般妇女要高大一些，强壮一些，裤子和短褂上，左一块右一块都是补丁，两只手上伏显着粗粗的血管，由于操劳过度，面色已是黝黑，蓬蓬的头发在后颈上挽成一个发髻，两只大大的褐色眼睛里充满了贤慧，充满了忧愁。"①

朱德在回忆母亲的文章中写道："母亲一共生了十三个儿女。因为家境贫穷，无法全部养活，只留下了八个，以后再生下的被迫溺死了。这

---

① ［美］艾格妮丝·史沫特莱：《伟大的道路》，梅念译，东方出版社2005年版，第15页。

在母亲心里是多么惨痛悲哀和无可奈何的事情啊！母亲把八个孩子一手养大成人。可是她的时间大半被家务和耕种占去了，没法多照顾孩子，只好让孩子们在地里爬着。"①由于母亲的大半时间都忙于家务和种田，便无暇照料孩子们。年幼的朱德整天在土里滚，泥里爬。天气暖的时候，他光着身子四处乱跑。到了冬天，也只穿薄薄一件棉袄和一条棉裤。

母亲爱憎分明，对劳苦农民十分同情。"特别是乙未（1895）那一年，地主欺压佃户，要在租种的地上加租子，因为办不到，就趁大年除夕，威胁着我家要退佃，逼着我们搬家。在悲惨的情况下，我们一家人哭泣着连夜分散。从此我家被迫分两处住下。人手少了，又遇天灾，庄稼没收成，这是我家最悲惨的一次遭遇。母亲没有灰心，她对贫苦农民的同情和对为富不仁者的反感却更加强烈了。母亲沉痛的三言两语的诉说以及我亲眼见到的许多不平事实，启发了我幼年时期反抗压迫追求光明的思想，使我决心寻找新的生活。"②

母亲支持朱德走上革命道路。朱德后来回忆说，在为寻找新的生活、为追求真理而斗争的漫长岁月中，母亲总是十分赞同自己的所作所为。他说："光绪三十四年（1908）我从成都回来，在仪陇县办高等小学，一年回家两三次去看母亲。那时新旧思想冲突得很厉害。我们抱了科学民主的思想，想在家乡做点事情，守旧的豪绅们便出来反对我们。我决心瞒着母亲离开家乡，远走云南，参加新军和同盟会。我到云南后，从家信中知道，我母亲对我这一举动不但不反对，还给我许多慰勉。"③

抗日战争爆发后的一年，四川闹灾荒。朱德从来延安投奔革命的老乡那里得知这一情况后，非常挂念家乡年迈的老母亲。但是身为八路军总司令的他，每月只有五块大洋的薪水，只好求助往日的同乡挚友。他

---

① 《朱德选集》，人民出版社1983年版，第110页。
② 同上书，第112页。
③ 同上书，第112—113页。

在抗日前线的山西洪洞县，悄悄地给在四川泸州的好友戴与岭写信求助。

戴与岭接信后，当即筹足了200元，送到朱德的家里。

1944年2月15日，劳累了一生的朱德母亲钟氏逝世，享年86岁。由于战争期间邮路受阻，这个噩耗传到延安时已是早春3月。老家来信说，朱老太太突然病逝，十分安详，没有痛苦。虽然说得如此轻松，但仍令朱德悲伤不已。他一个人坐在炕头默默地吸烟，眼泪在他刚毅的脸上流淌。为了表达对母亲的哀思，他一个多月没有刮胡子，还在延安《解放日报》上发表了悼文《回忆我的母亲》。他说：

> 我应该感谢母亲，她教给我与困难作斗争的经验。我在家庭中已经饱尝艰苦，这使我在三十多年的军事生活和革命生活中再没感到过困难，没被困难吓倒。母亲又给我一个强健的身体，一个勤劳的习惯，使我从来没感到过劳累。
>
> 我应该感谢母亲，她教给我生产的知识和革命的意志，鼓励我以后走上革命的道路。在这条路上，我一天比一天更加知识：只有这种认识，这种意志，才是世界上最可宝贵的财产。①

"太平天国的故事给我很大影响"

朱德家的屋后，有一条通往山外的大路，是古时驿道的一条支路，可以通往仪陇县城。由于是交通要道，一年四季行人不断。

儿时的朱德常常坐在路边的山坡上，好奇地观察着从眼前经过的各式各样的行人。有时，过往的行人也在朱家房前的树荫下歇脚喝水。从

---

① 《朱德选集》，人民出版社1983年版，第113—114页。

这些人的谈话中，朱德对外边的世界有了了解，眼界也进一步开阔了。朱德后来回忆说，他时常在大路上跟着人走，希望到外面走走。

在过往的行人中，有不少手艺人，木匠、铁匠、织席匠、织布匠等，他们从一个村庄转到另外一个村庄，为需要专门手艺人的人家帮工。"'这些漂泊的手艺人是农民经济的一部分，'朱将军解释道。'他们来自大城大镇，比农民进步、独立得多，能给农民带来新思想。他们可以称作民间历史学家，还有些人能读书识字。他们就在做工的主人家借住，每天晚上，全家就都涌来听他们摆龙门阵。他们对我们说，清朝把我们卖给洋鬼子了，洋鬼子要把我们当成奴隶；还有，我们和其他农民成年不知缴了多少税，清朝转手就交给洋人，不是清偿债务，就是支付赔款。他们说，我们穷并不是因为注定穷命，而是因为绅粮和做官的太享福了，用各式各样的税收勒索人民。我当时也闹不清什么叫做太享福了，不过猜想大概就是吃什么有什么，穿得好，住得好，什么事都让底下人去做——像我们的地主一样。'"①对于这些每年到他家的流动手艺人，朱德后来给出了这样的评价：他们是后来的无产阶级的先驱者，所以要比农民开朗、独立而且敏锐。

有一名老织匠曾给朱德留下很深的印象，对朱德后来走上革命道路产生了一定的影响。

这位不知道名字的老织匠是广东客家人，当时已经年过六旬。据说早年曾参加过太平天国起义，跟随翼王石达开南征北战过。每年一入冬，老织匠就会来到朱家。朱德的母亲和婶婶们总会把一年里纺出来的线交给他，他把细长的织布机往当院一摆（数九寒天时就摆在厨房里）就织起布来。老人那双褐色长手把梭子投得飞快，他一天能织二十尺。织成布后，再拿出来染上颜色，然后搭在长竹竿上风干。布风干后，就由朱德的母亲和婶婶们剪裁，缝成衣褂、被套或其他东西。这样全家人

---

① ［美］艾格妮丝·史沫特莱：《伟大的道路》，梅念译，东方出版社2005年版，第27页。

一年的穿盖就都有了。有时老织匠还负责修整旧席，或是帮朱家编新席。这些席子也很重要，大约有双人床那样大小，编得结实，花样又很好看，可当床垫使用，夏天防暑、冬天防寒，特别是刚织出来的新席子，还带有清香，色泽金黄。

这位老织匠手艺很好，为人很和善，口才也很好，他的到来，总是给孩子们带来欢乐，他那永远也讲不完的故事，深深地吸引着孩子们。

朱德格外喜欢老织匠，心里老惦记着他。每年一入冬，他有空就跑到大路边，翘望老织匠的到来。

朱德七岁那年的冬天，老织匠又来了，还带了一个十多岁的小徒弟。不过让朱德感到和前一年不同的是，老织匠明显老了不少，额头上的皱纹更深了，背又弯了许多。朱德和其他孩子们兴高采烈地拉着老织匠的手，把他迎进了家门。从此，朱德每天一放学，把分配给他的家务做完后，便来到老织匠身边，请老织匠摆龙门阵。

有一天，老织匠给孩子们讲起了太平军的故事。他一面熟练地摆弄着织布的梭子，一面说道："四五十年前，中国和外国打仗打败了，洋鬼子闯进了中国，朝廷怕得要命，洋鬼子要什么就给什么。这下子可就苦了老百姓了，苛捐杂税多如牛毛。穷人被逼得活不下去了，就拿起家什和官府拼命。"

"那阵子，闹起了太平军，穷人们都跟着洪秀全打官府的军队。天王手下有许多智勇双全的将领，像石达开、李秀成、李开芳、林凤祥……官军见了他们的旗子，吓得就跑。太平军杀贪官、杀财主，把粮食和土地分给穷人……"

当时的朱德特别崇拜石达开，不愿意相信石达开已经死了，他多么希望石达开能再拉起一支队伍，为穷人打天下，让穷人过上好日子。

"'农民不愿意承认石达开被杀害，'朱将军痛心地说，'承认了就等于放弃了希望。可是石达开的确亲自带队伍投降了清朝，也的确在成都被剐了。他的缴了械的队伍，原来答应可以放掉，也被屠杀了。我们过去要是投降了蒋介石，我和我的队伍的命运一定也是这样。'"①

老织匠走了，此后朱德再也没有见到他。

然而，太平天国的故事，一直刻在朱德的记忆里。直到几十年后，朱德仍对老织匠讲述的太平天国的故事印象深刻。他说，"我小的时候，太平天国的故事给我很大影响"。②

"在当时充溢着的思想，就是'富国强兵'"

1892年，在朱德6岁时，朱家的老人们把他和两个哥哥送到了离家不远的药铺垭私塾。

由于世代贫困，朱德家祖祖辈辈没有一个识字的人，饱受着没有文化的苦痛。朱德回忆说："我是一个佃农家庭的子弟，本来是没有钱读书的。那时乡间豪绅的欺压，衙门差役的蛮横，逼得母亲和父亲决心节衣缩食培养出一个读书人来'支撑门户'。"所以，一家人宁愿倾其所有或者借债，也希望能培养出个读书人，不论是支撑门户，还是帮助家里记账、打算盘，都是有益的。朱家长辈们经过商议，决定把准备赎回大塝旧屋的费用用来支付孩子们的学费。

对于当时的情景，朱德后来依然记忆犹新。入学那天，天还没亮，全家便都起身了，大人看着上学的孩子洗好脸、穿戴整齐，又谆谆告诫说，要绝对服从先生，不许有二话。吃过早饭，老大、老二、老三随着大伯父像执行神圣任务一样出了家门，全家老小一直送到门口……

塾师是朱德的远房堂叔朱世秦。他读过几年书，粗通文字，一面教

---

① ［美］艾格妮丝·史沫特莱：《伟大的道路》，梅念译，东方出版社2005年版，第34页。

② ［美］埃德加·斯诺：《西行漫记》，董乐山译，东方出版社2005年版，第359页。

书，一面行医。他把家中的正房当作教室，用偏房开了一个小小的中药铺，药铺垭私塾就因此而得名。

私塾离家不远，朱德白天去读书，晚上回家，中午还要回家吃饭。私塾教课自然是从《三字经》开始，而后是《百家姓》《千字文》《幼学琼林》等启蒙教材。从清晨到中午，日复一日，学生们一遍又一遍地高声朗读，一直念到每个字都记住为止。朱德在学生中年龄最小，但他聪明、肯学，记得的字最多，因而很得老师的喜欢。在这里，他读完了《大学》《中庸》《论语》，还读了《孟子》的一部分。

1893年，朱德和两个哥哥又转到丁家私塾读书。私塾里的先生是个秀才，课讲得比药铺垭私塾好得多。这个私塾是朱德家租佃田地的地主办的，要进他家的家塾，不仅每年要交七八石稻谷，而且只让朱德他们上半天学。读了不久，朱德的两个哥哥回家种地去了，朱德因为年纪小又过继给了伯父，所以能够继续读书。朱德知道能读书很不容易，不仅在私塾里刻苦学习，回到家里也特别勤快，帮着大人挑水、劈柴，还放牛、割草、拾肥，样样农活都学着干。他觉得全家劳动供养自己读书很不容易，自己应多干点活。这样，朱德在丁家私塾读了两年，除读完了四书外，还读了《诗经》《书经》，并且开始学作对联。

1895年除夕，因为地主逼租，朱德全家被迫分居两处：朱德的生父朱世林带领一家迁居陈家塆，朱德随养父母、三叔、四叔搬回大塆去住。

第二年，朱德的养父又将朱德送到马鞍场附近的私塾馆继续读书。私塾馆的先生姓席，名国珍，字聘三，号伯谷，是位年过半百的读书人，有着丰富的学问，懂得人情世故，很有情趣也很有骨气，曾多次去考秀才未中，后回家设馆，以教书为业。他有着浓厚的民族意识，为人刚正不阿，敢于仗义执言，出语犀利幽默，经常抨击时弊，很有见地。

朱德到席聘三私塾读书的时候，正是中国的多事之秋。中国在甲午战争中失败了，这时正面临着被世界列强瓜分的局面。清政府的昏暗腐败完全暴露了。地处川北山区的仪陇，得到《马关条约》签约的消息很晚。席聘三把听来的关于甲午海战的惨败经过和《马关条约》的情况讲给学生，时而声泪俱下，时而激昂怒骂，朱德等听得悲愤交加，热血沸腾。

甲午海战的失败，引起了中国人的思考。1896年5月2日康有为联合在京参加会试的举人1300余人，联名向光绪皇帝上呈万言书，就是历史上有名的"公车上书"。光绪皇帝接受了维新派的改革方案。6月11日，他力排众议，毅然下"明定国是"诏书，宣布变法，起用维新人士，推行新政。由于遭到以慈禧太后为代表的保守派的反对，到9月21日变法失败，新政共推行了103天，史称"百日维新"。

"百日维新"在大塆也产生了很大的反响。席先生好不容易秘密地弄到一份万言书的手抄本，他如饥似渴地读了一遍又一遍，在上面圈圈点点，还批了"良策""新法""拥护"等词语。他还广泛地联系历史和现实，一字一句、有板有眼地给朱德等讲解万言书。朱德等听了很受启发，被当时的维新变法深深地吸引住了。

放学回到家中的朱德，在帮家里把农活干完以后，就兴奋地向家人叙述变法运动。大人们虽然听得入神，但他们对于变法丝毫不感兴趣。

1900年爆发了义和团运动。这年夏天，朱德和他的同学经常聚集在席先生家谈论义和团，研究一旦义和团扩展到当地，该如何办。

后来，又传来了八国联军攻陷北京城的消息。清政府签订了丧权辱国的《辛丑条约》，中国完全沦为半殖民地半封建的国家。席先生又给朱德等讲"四万万赔款"的事：因为这些钱都是赔到地方农民头上来。他们就作为加租的理由，来加到我们身上了。席先生特别憎恨帝国主义对中国的入侵，经常说"人不做事业，没什么作用"，"要能做事，才能救世界。不能救世界，便没有路"。

朱德在这里又学了四书五经等。朱德对席先生十分敬重，每天总是提早赶到塾馆，帮席先生挑水、烧饭、清扫院子，还给同学们烧茶水。席先生病了，他就跑到药铺垭去请他当年的老师朱世秦来给席先生治病。老师家里的大活小活，他都帮着干。席先生看到朱德来到家里，不论是请教，还是帮他家干活，都很高兴，有时还要留他在家吃饭。

席先生十分痛恨外国列强对中国的凌辱和侵略，虽然他没有学过西方的科学，但是他从科学使许多西方国家成为强国的事实出发，再三告诫自己的门生，要使中华民族强盛起来，不再受列强的欺辱，就要学习西洋科学，美国、德国、日本之所以强盛，就是因为依靠先进的科学技术。

几年中，朱德不但广泛地阅读古籍，还利用各种机会阅读了戊戌变法后出版的新书，如地理、数学等。朱德在同学中有个最要好的朋友叫吴绍伯。吴绍伯年纪比他大，出身于书香门第，家里有很多藏书，还有个常跑成都的家人，常常会给他带些"新学"回来。吴绍伯就把这些书借给朱德看，于是"新学"书籍成了朱德的课外读物。一年夏天，吴绍伯从成都回来，带回一本北京译学馆出版的数学书，引起了席先生的浓厚兴趣。席先生把朱德、吴绍伯找来，加上自己的儿子，四个人琢磨了好几个晚上，朱德这时已经对科学产生了浓厚的兴趣，读了大量的新书，还见到别人从外地带来的地球仪。朱德的眼光放大了，"晓得有世界，知道有个地球，还是圆的"，于是，渐渐萌发出一个念头——想去看看外面的世界了。所以朱德等成天打主意怎么样到成都，到外面去，再也不想待在家里了。

在席先生的启蒙、引导和现实生活的教育下，朱德开始萌发出朴素的爱国主义思想，懂得问国家事了，开始有意识地关心国家的前途和民族的命运了。席聘三痛恨恶势力和追求救国救民真谛的精神，以及他那强烈的民族感情，深深感染着朱德，使朱德眼界开阔了，使他的思想在这几年里慢慢开展了。他后来回忆说，"在当时充溢着的思想，就是'富国强兵'"，"晓得做'富国强兵'的事，没知识不行"。①

---

① 中共中央文献研究室编、吴殿尧主编：《朱德年谱》（新编本）（上），中央文献出版社2006年版，第12页。

读书不忘救国

　　1905年，朱德已经19岁了。在大湾的私塾已经不能满足他学习新学的欲望了，他一心想走出家门去外面见见世面。此时正赶上当年的科举考试。所以，朱德在朱家老人和席先生的支持下，去仪陇参加县试。

　　这是朱德第一次走出大湾。仪陇县城虽然离大湾只有七八十里，但朱德一家三代人中还没有谁去过。上路那天，全家人为他送行，朱德肩挑简单的行装，沿着盘山的驿道，向着远处的仪陇走去。

　　来到仪陇县城，朱德感到一切都很新鲜，他第一次感到天地如此之大。

　　县试也就是几场笔试，很快就考完了。

　　发榜的日子到了，朱德顺利地通过了。在1000多名考生中，朱德名列第20位，这是他没有料想到的。开始，伯父还有点不大相信，不久"喜报"送到家门，全家才完全相信梦已成真。这是朱家的头等大喜事，左邻右舍的乡亲们也来道喜，一时间热闹非凡。于是，家里下了决心，即便借钱也要支持朱德继续读书，继续应试。

　　下一步就是准备参加府试。仪陇属顺庆府（现在的南充市）。顺庆府是川北仪陇、营山、蓬安、南充、西充、邻水、岳地、广安八县的府治所在，是川北政治、经济、文化的中心。

　　朱德在顺庆府见到了更大的世面：宽阔的街巷，琳琅满目的各种商店，还有那奔腾不息的嘉陵江和江面上来往的船只——一切都是新奇的。过去听别人说嘉陵江有多长有多宽，远远望去，那江就在山上哩！朱德不相信，老在纳闷。现在走近了嘉陵江，举目望去，的确像是在山上，当再靠近些，走到江边，却发现那嘉陵江却是在山沟里流淌着。后来，他回忆说这是他第一次看到大河，见到了大世面。

参加府试之后，朱德听新结识的朋友说距仪陇仅八十里的南部县盛产井盐，还听说那里是用机器打井制盐的。朱德觉得很新奇，非常想去见识一下。于是，他和几个考生结伴步行到南部县去看盐井。

朱德在盐井没有看到什么新机器，却看到了另一番景象：盐井上竖立着一个个支撑着辘轳的竹绞车架，每个盐井旁边都有两三个只在腰间系着一块遮羞布、在那里不停地摇动绞车的盐工。他们面容憔悴，瘦骨嶙峋，如同乞丐一般。他们住的小屋里满是臭虫，吃的也只是清汤糊糊。这种悲惨的景象给朱德留下了难忘的印象。

朱德由顺庆府回到大湾的当天，正好府试中榜的喜讯也传到了马鞍场和大湾，朱德府试也通过了。这又为朱家带来一片欢喜。亲朋好友又是一番贺喜。

可是，就在这个时候，一个重大的变化发生了——处在危局中的清政府宣布推行"新政"。1905年9月，朝廷颁布诏令：科举考试从丙午（1906）年开始一律停止，并严饬在各府、厅、州、县普遍设立学堂。于是，各种新式学堂如雨后春笋，迅速遍及全国。顺庆府在1906年也兴办起新式小学堂、中学堂，仪陇、营山、蓬安、南充、西充、邻水、岳池、广安8个县的学生都到这里求学。科举制度一废止，院试当然就不可能了。这一消息对朱家来说，是一次沉重的打击。10多年来，全家节衣缩食、四处借贷培养一个读书人的希望，立马变成了泡影，但对朱德来说，这是一次极好的机会。他向伯父述说了想上新学堂读书的心愿，伯父听了，不停地摇头。朱德再三苦苦哀求，伯父死不松口。这一夜，朱德和伯父都没有合眼，他们各自想着心事。天还未明，朱德就悄悄起床去找席先生，请他说服伯父。经过席先生一番劝说，伯父终于同意朱德去上新学堂。

1906年的春天，朱德兴致勃勃地离开大湾，第二次去顺庆府。朱德先考入了顺庆县高等小学堂就读。这所学校是由嘉湖书院改办的。他在这座学堂里读了六个月的书，除国文课外，又学习了一点地理、历史和英文。一学期后，在这年的秋季，他考入了顺庆府官立中学堂。那里设有国文、数学、历史、地理、英语、修身、格致（物理、化学、生物）、图画、体育等课程，深受学生欢迎。朱德在这里第一次接触到如此丰富的知识，眼界大开，懂得了世上的知识多得很，不仅仅是"子曰""诗云"。

顺庆府中学堂里，聚集着一批具有科学知识和维新思想的有识之士。学堂的监督（校长）先后由张澜、刘寿川担任。1903年，顺庆府在筹办新学时，选送张澜到日本东京宏文书院师范科学习。他在中华留日学生会上倡议慈禧还政光绪，变法维新。清廷驻日公使视此为大逆不道，立即取消了他的留学资格，将他押送回国。张澜回到四川后，先在成都任四川留学预备学堂学监，后返回家乡顺庆府主持教育。张澜赴任后，主张办洋学堂，开新风尚，将西方的民主思想和科学精神引入学堂，使得校风大振，名噪川北。张澜亲自给学生们讲授格致课。他将留学日本时所学到的自然科学知识，结合从日本带回来的标本、挂图、仪器、资料等，深入浅出地讲解给学生，引起了学生极大的兴趣。他还将守旧的"修身"课教师换掉，自己亲自讲"修身"课，课程内容也改为爱国爱民、勤政亲民的古圣先贤的嘉言懿行，以及中国历史上志士仁人的丰功伟业。

刘寿川一开始是这个学堂的理科教师。他赞成张澜"把学校办成真正的新学"的主张，除积极配合张澜主持的教务活动外，还亲自讲授历史、地理和军事体操，努力培养品学兼优、文武双全的新人才。他博学多能，讲授物理、化学时，经常带来一些仪器，给学生们演示。这对朱德有很大的吸引力。

朱德与刘寿川除了师生关系之外，还有一层亲戚关系，所以他经常邀请好友戴与龄跟他一起去刘寿川的寝室请教问题。刘寿川除了向他们介绍在日本看到的明治维新的成就外，还介绍了孙中山在日本创建同盟会、出版《民报》等革命活动，并悄悄借给朱德一本革命党人邹容写的《革命军》。朱德第一次接触到"革命"的字眼，尽管他并不很理解革命的真正含义和内容，但他从自己的亲身体验中领悟到应该不惜个人的身家性命，去拯救民族，拯救国家。

朱德在顺庆府中学堂苦读一年，如饥似渴地博览群书，与师生广泛交往，不断丰富自己的知识。他各科学习成绩都很优秀，而且写得一手好诗，博得了师生们的好评。

1907年，朱德在顺庆府中学堂毕业时，赠同窗好友戴与龄诗一首：

186

> 骊歌一曲恩无穷，今在兴亡意计中。
> 污吏岂知清似水，书生便应气如虹。
> 恨他虎狼贪心黑，叹我河山泣泪红。
> 祖国安危人有责，冲天斗志付飞鹏。

朱德在顺庆府中学堂一年的苦读中不仅学到了科学知识，而且学到了许多救国的道理。这一年，是他从旧学到新学的转变，也是他接受读书不忘救国道路的开端，使他的思想从"支撑门户""光宗耀祖"转变到"读书救国"上来。这是他一生中思想发展的一个重要转折。

教书不是一条生路

在"科学救国""教育治国""强身卫国"思潮的影响下，朱德接受了刘寿川先生的建议，决心去成都求学。家里为他多方借贷，终于凑了50块大洋，作为朱德上学的费用。朱德后来回忆说："这个时候的学费都是东挪西借来的，总共用了二百多块钱，直到我后来当护国军旅长时才还清。"①

1907年的初春，朱德徒步走了5天，到了省城成都。

---

① 《朱德选集》，人民出版社1983年版，第112页。

成都比顺庆府热闹多了。它不仅是四川的省会，还是中国西南地区政治、经济、文化的中心。那时，成都正处在剧变中，机器局、兵工局等新的工业机构相继成立，手工业比较发达，商业也较繁荣，涌进了不少洋货，还办起了洋教堂。荷枪实弹的新军和警察，在人群中穿来闯去；古老的滑竿、轿子和新式的东洋车（人力车）满街奔跑；沿街叫卖的报童，不停地呼喊着："哪个看报？新出的《四川日报》！"这一切对朱德来说，都十分新奇。

朱德到成都时，四川省武备学堂和体育学堂都在招生。他经过反复比较，决心投考武备学堂，因其学习时间只有一年，吃穿都不花钱，能给家里减去许多负担。何况新军正在发展，国家也需要军队。之后他还真考上了武备学堂的弁目队。他写信把这个喜讯告诉家人，谁知家人在"好男不当兵，好铁不打钉"的旧思想影响下，坚决不同意他上武备学堂。后来，经过刘寿川先生的劝说和协调，朱德又报考了四川省城高等学堂体育学堂。

四川省城高等学堂是当时四川文理兼备的最高学府。朱德入校后，用的名字是"朱建德"，被编在甲班。他对每一种课程都学得十分认真刻苦，努力掌握专业技能，特别是上体育课时，他认真对待每一个项目，因而很快掌握了单杠、双杠等基本要领。在他毕业时，总共13门功课，他考试的总计分为1070分，平均每门成绩82分，名列全学堂第10名，顺利完成了学业。

朱德后来回忆说，在四川省城高等学堂求学时，他虽然自以为是一个循规蹈矩的学生，但不久对国事比对正规课程还有兴趣，尤其喜欢听戴假辫子的教师批评旧制度的课。朱德在学校注意到的第一件大事，是有些留学回来的教师把长辫子剪掉了。他说他对于那些人十分崇拜，对于一切革命的事物都很羡慕。

当时的四川省城高等学堂是西南地区历史最悠久、规模最大的高等学校，校舍、师资、设备、图书都是一流的。根据朱德本人的回忆，教师中不仅有许多"蜀学宿儒"，有不少新派人物，还有许多来自日本、美国等国的外籍教师。这些新派教师和洋教师，不仅教授外国语言文学、近代自然科学以及西洋兵式队列和体操，还借讲课传播西方近代资产阶级革命的启蒙思潮，介绍《天演论》《原富》《忏悔录》等著作。

学校图书馆是当时中国西部地区最大的外文文献中心，藏书逾万册。图书馆和上课的教室里都悬挂着大幅彩色的世界地图，有的地方还摆放着地球仪。这些都使朱德大开眼界。朱德兴趣最浓的是教室里挂着的几张外国陆战和海战的彩色图。几十年后，在向美国女作家史沫特莱谈起这些往事时，他还能精确地讲述这些地图的某些细节。

朱德还经常跟同学们一起到离学校不远的武侯祠和杜甫草堂凭吊古圣先贤。诸葛亮和杜甫忧国忧民的情怀和沉郁雄浑的诗文，都使他受到深沉的爱国主义传统的强烈熏陶。

朱德在四川省城高等学堂求学期间，四川已步入辛亥革命的前夜。腐败透顶的清王朝正处于风雨飘摇之中。以同盟会为代表的革命力量正在加紧集结，加紧活动。同盟会1905年成立前后，四川省城高等学堂已有会员在开展活动。当时的四川省城高等学堂不仅是四川的最高学府，也是先进革命思想的策源地，还是同盟会在四川的重要据点。朱德在此求学期间，强烈感觉到同盟会在学校的存在，悄悄阅读别人塞到他枕下的同盟会机关刊物《民报》，接受了民主革命思潮的影响。他急于参加同盟会，却一时没有找到合适的介绍人。

在四川省城高等学堂求学期间，朱德读书是读书，对国家大事很关心。当时学生都自命为中国主人翁。一般人也是把希望寄托在学生身上。这一年，他有了很大的进步。同学多，来往的人也多，革命思想也多了。他开始清醒地认识到腐朽的清王朝将很快灭亡，民主革命将取得胜利，开始产生推翻皇帝建立一个好国家的思想。

朱德从体育学堂毕业时，他的老师刘寿川已经回到仪陇县，担任视学（督学），他推荐朱德等人到仪陇县立高等小学堂任体育教习兼庶务。朱德欣然接受。他希望通过自己的努力，使学生们的身体强健起来。

在老家的时候，朱德向家人说明了自己的志向。对于朱德的这一决定，家里人坚决不同意。

"坦白的后果是可怕的"，朱将军说，"开始是一阵吃惊后的沉默，接着我父亲问道，体育是什么意思。我解释以后，他大叫起来，说全家苦干12年，为的是要教育出一个子弟免得一家挨饿，而结果却是打算去教学生怎样伸胳膊迈腿。他大叫大闹道，苦力也会这个！他接着跑出家门，一直到我走，他也没回来。那天晚上我听到母亲在啜泣。"

"第二天早晨，我声明要去仪陇县帮助朋友创办学校。他们极力不把松了一口气的表情显露出来，可是我体会得到；我母亲的眼睛哭得又红又肿。

"回到养父家，我父亲已经在那里，他说我给全家丢了脸。养父坐在那里一言不发，听我为自己辩解：为什么扯谎，为什么这样做。我解释说，科举制度现在已经改了，以后每个考生都得有近代知识——其中包括自然科学、国际法、历史和其他科目——而这些我都没念过。我在私塾念的功课已经大部分无用。我说，无论如何，我即使连连考中，还得拿出一大笔钱来捐官。我一定会变成一个贪官污吏，同其他做官的人一样，压榨老百姓，才能够本；可是在新的中国里应该诚实。我提到中国的巨大变化，提到新式教育，说体育乃是其中的一部分。"①

朱德最终还是说服了家里人。

1908年年初，朱德来到仪陇县立高等小学堂任教。朱德任体育教习兼庶务，其他几位朋友分别担任文科、理科的教员。仪陇县高等小学堂，就建在原来官府办的金票书院里。金票书院就在城内，它是依着山势修建的三座院落，前院是操场，中院是教室，后院为宿舍，环境幽美，绿树成荫，是一处读书的好地方。这里原来为一班举人、秀才所把

---

① ［美］艾格妮丝·史沫特莱：《伟大的道路》，梅念译，东方出版社2005年版，第91—92页。

持，现在虽然改成了新学，他们仍然想维护旧的教育制度，极力反对朱德等一批新来的教师。

朱德是农民的儿子，现在居然做了县里最高学府的教员，自然引起了那些守旧分子的忌恨。朱德等进入学堂后，接管了学堂的事务，更引起守旧派势力的嫉恨。他们千方百计地攻击、诋毁朱德等人。果然，不久就传出许多流言蜚语，说他们教的新学，有损国粹；说他们头戴假辫子，是假洋鬼子；说他们传授野蛮思想。

谣言和诽谤没有动摇朱德等人兴办新学的信心，他们积极向学生及家长宣传新学的进步意义，鼓励学生接受新学教育。于是，陆续有一些学生从私塾来到学堂就读。保守势力并没有就此罢休，他们更无法容忍朱德这样的农家子弟在上层社会占有一席之地。于是，他们在知县面前诬告朱德教的体育课是让学生脱光衣服，简直是有伤风化，有失体统。知县不问青红皂白，下令封闭学堂，朱德等被带到了县衙门。知县斥责朱德教授猥亵的课程，欲以治罪。朱德据理力争，说明开设体育课的意义，揭穿了诬告者的谎言。知县无可奈何，况且学堂是朝廷诏令兴办的，便被迫同意学堂复课。由此，学堂的名声更响了，学生由开学时的12人增加到了70多人。

新旧思想的激烈斗争仍在进行着，保守势力无法利用权势阻止新学的推广，就采取卑鄙的手段进行报复。他们雇用流氓把粪尿倒在学堂门口，在街上袭击学生。

这一时期，中国社会正在发生着剧烈的动荡，资产阶级革命派组织的反清武装起义和农民群众的斗争，震撼着封建王朝专制统治的基础，清朝统治者处在风雨飘摇之中。这一动荡同样波及四川，波及仪陇，也影响着朱德。一年的教师生活，使他对社会有了进一步的认识，看到了封建势力是怎样的顽固，看到了新旧思想的交锋是怎样尖锐，同时，也增强了他同封建势力进行斗争的信心，开始了反对封建主义的真正斗争。在这场斗争中，他深切地体会到教书不是一条生路，决定去探寻新的救国道路。

"我终于踏上了可以拯救中国于水火的道路"

朱德从仪陇县立高等小学堂辞职后，接到同学敬镕的来信，约他报考云南陆军讲武堂。

这时，中华民族的危机日益深重，东北三省在日俄战争之后，已成为俄国和日本的势力范围。法、英帝国主义加紧了对中国西南边疆的侵略。法国为了掠夺云南的矿产资源，加快修筑越南至云南的铁路。英国也伺机侵略云南片马地区。在这种形势下，许多爱国青年都认为最危险的就是东三省和云南了，要使中国强盛起来，必须从军事入手。朱德痛感危亡在即，非得救国不可。由于去东北路途遥远，而云南靠近边疆，是一个很重要的国防地带，路途也不是太遥远，于是，他立刻答应了同学的要求，跟家里只说是再去成都读书。在三叔的资助下，1900年春节过后不久，朱德便起程，第二次步行来到成都，准备前往云南。

朱德和敬镕一起徒步从嘉定（今乐山）、叙府（今宜宾）进入滇境，再经昭通、东川，于4月到达云南的省会昆明。在70多天的长途跋涉中，朱德真正体会到了"吃尽云南苦"的全部含义。

云南地处中国的西南边陲，昆明是云南省的政治、经济、文化中心。清政府为了维护其摇摇欲坠的统治，决心培养一批军事人才并建立起新的军事力量，于1909年中秋，在云南"设立陆军讲武堂，为新军及巡防营现任军官研究武学之所"。陆军讲武堂分设甲、乙、丙三个班，"堂内附设丙班学生一百名，考选十六至二十二岁之学生"。同年，还在云南编成新军一镇（师），称暂编陆军第十九镇。

朱德和敬镕到达昆明时，正赶上讲武堂开始招生。他们立即在一家客栈里住了下来，准备应试。这时，朱德才决定给家里写一封信，说明自己并不是要到成都读书，而是来到云南准备投考讲武堂，当一名军人。

第二天，敬镕给在讲武堂里的一位成都老乡写了一封信，希望能通过那位老乡介绍进入讲武堂。讲武堂主要招收云南籍的学生，外省人若没有当地老住户或有权势人家的担保，是很难进去的。

朱德和敬镕在一位川籍军官的介绍下，参加了考试。两人的成绩都合格，这使他们万分高兴。可是，等到公布录取名单时，朱德大失所望，榜上没有他的名字，敬镕被录取了。敬镕告诉朱德，他在报名时按照别人的指点，把籍贯改写成云南昭通府大关厅。听了敬镕的话，朱德才弄清个中原委。他后来回忆说，这给了他一次教训，他决定以后也不那么照实办事了。

这时，带来的盘缠已所剩无几，他必须想办法在这里生活下去，以便寻找进入讲武堂的机会。于是，他再次找到那个川籍军官，要求入伍当兵，他的要求立即得到应允。那个川籍军官对他说，先当兵也是一个办法，因为讲武堂招生章程有个规定，军队中的下级军官或士兵，可以通过保荐进入讲武堂学习。朱德在填写入营登记表时，吸取了上一次的教训，把籍贯改写成云南省临安府蒙自县，并且把原来使用的名字"朱建德"改成了"朱德"。

当兵的生活是艰苦的。不久，朱德因为文化程度比较高，便升任队（相当于连）部司书生（即文书）。一两个月后，由于他工作努力，经标统（相当于团长）罗佩金推荐，再次投考讲武堂。这一次考试的结果，使他如愿以偿。他考入了讲武堂丙班步兵科，同班同学有范石生、朱培德、金汉鼎、王均、杨池生、董鸿勋、杨希闵、唐淮源等。朱德后来回忆说："我的志愿总是想做个军人，而这个讲武堂恐怕是当时中国最进步、最新式的了。它收学生很严格，我竟被录取，因此感到非常高兴。"①

进入讲武堂是朱德走上革命道路的重要转折点。从此，他在这条道路上开始了艰难的求索。

---

① ［美］埃德加·斯诺：《西行漫记》，董乐山译，东方出版社2005年版，第359页。

云南陆军讲武堂是清政府为了培养军事人才创建的，教职员中李根源、方声涛、赵康时、李烈钧、罗佩金、唐继尧、刘祖武、顾品珍、张开儒等都是日本士官学校的毕业生，其中大多数人在日本留学期间参加了孙中山领导的同盟会，拥护孙中山提出的革命主张，怀有强烈的反清情绪。他们按照孙中山的嘱咐，以云南留学生同乡会的名义，于1906年在日本东京创办了《云南》杂志，宣传革命思想。这个杂志大量流入云南省内，在民众中产生了很大影响。1909年，这些人回国后，除少部分到新军中充任中级军官外，大部分被安排去筹办讲武堂。讲武堂分为甲、乙、丙三个班，又分步、骑、炮、工四个兵科，共计学生400余人。甲、乙两班的学生自新军十九镇和巡防营的中下级军官中选调，丙班学生自普通中学以上学校的学生中招收。甲、乙班学制为一年，丙班学制为两年半。

讲武堂的学科和术科都是仿照日本士官学校的模式安排的，课业繁重，要求严格。

开学之初，有两件事给朱德留下较深的印象。

入校后，他们看到留日的教官们都没有留辫发，于是，不少学生受了《清议报》上《辫发史》的影响，不约而同地将辫发剪去。在当时，剪发被视为对清王朝的造反举动。云贵总督李经羲得知此事，甚为恼火，打算解散讲武堂。时任学堂监督的李根源（4月即接任总办一职）解释说，留有辫发妨碍操练，并没有其他想法。他还力劝李经羲对此事不能认真，权作多养一个兵。这样才使讲武堂免于解散。

4月初，适值滇越铁路修成通车，通车典礼在昆明车站举行。典礼当天，李根源把学生们召集起来，慷慨激昂地发表演说，鼓励大家努力学习，在将来尽守土卫国之责，并号召同学们放假后到车站去看看。

放假这天，朱德和同学们来到火车站，当他们看到耀武扬威的法国人，看到火车头上插着的法国三色旗，大家都无法按捺心中的悲愤，禁不住痛哭起来。回校后，国文课教官以《看滇越铁路通车后的感想》为题，要求同学们写一篇作文。这件事在朱德的脑海中留下深刻的印记。

1937年，他在同美国女作家史沫特莱谈话时还说到，当最后一颗道钉钉好后，云南讲武堂的全体人员都去观看第一列火车进站。他和同学们站在一起，看到火车进站时，一位教官突然开始哭泣，大家都跟着哭了起来。

每天清晨，当号声响彻承华圃上空的时刻，学生们在教官的带领下，齐聚在大操场上唱讲武堂的堂歌：

讲武堂的学习生活是紧张的。每天上课6个小时，出操两个小时，夏天没有暑假，只有星期日休息。由于朱德经历过一段士兵的生活，所以，他很快就适应了这里的环境。这时的朱德，自信找到了一条可以拯救中华民族的道路，因而对军事产生了浓厚的兴趣。他把学习和训练视为实现救国目标的必要条件，以饱满的热情、刻苦的精神对待学习中出现的问题。在课堂上，他认真学习基本理论和基础知识；在训练中，他努力掌握每一个动作要领。他的成绩很快就在全班名列前茅，受到了同学们的敬佩和教官的赞扬。

有一天，熄灯号已经吹过，讲武堂总办李根源照例要去学生宿舍巡视一番。讲武堂的主楼是呈"回"字形的二层建筑，东西两侧是教室和教官的办公室、寝室，南北两侧是学生宿舍，内中的空场是小操场。李根源来到小操场时，发现学生宿舍的一扇窗户里透出微弱的亮光，便走进楼里查看究竟。正在看书的朱德发现有人走进房间，待到熄灯已来不及了。他见是李根源，连忙起身向李根源承认自己违反校规的错误。一向严格要求学生的李根源为面前这个学生的坦诚所感动，当他弄清事情原委之后，并没有严厉批评朱德，而是关照朱德注意自己的身体。通过这件事，朱德的名字就留在了李根源的脑海中。第二天，李根源特意来到操场，他看到朱德的训练动作做得准确、利落，当即向朱德所在队的队长顾品珍夸奖了朱德。而顾品珍对此并不以为然，并向李根源述说了朱德冒籍进入讲武堂的事情。顾品珍的这种态度是事出有因的。原来，顾品珍在上课时经常体罚学生，引起学生们的反感，可是，谁也不敢得罪顾品珍。为此，朱德带头向顾品珍提出反对体罚的意见，弄得顾品珍十分尴尬。李根源与顾品珍是日本士官学校的同学，深知其刚愎自用、气度狭隘。于是，他心平气和地对顾品珍说，朱德有志于救国，不远千里投考讲武堂，实为可贵。像他这样朝气勃勃的有志青年正是讲武堂需要培养的人才。同时，李根源还主张对于朱德冒籍一事不必再追究。在李根源的劝说下，顾品珍恍然有所悟，怒气渐消，从此改变了对朱德的态度。

1910年7月，朱德被选拔进入特别班学习。之前，总督李经羲奏请朝廷批准，将新军十九镇随营学堂的200名学生并入讲武堂丙班。同时，从丙班选拔优秀学生100名，编为特别班，作为讲武堂第三期学生（第一期为甲班，第二期为乙班）。

朱德进入云南讲武堂后，在资产阶级民主主义思想的影响下，开始摆脱资产阶级改良主义的思想束缚。1905年，同盟会在日本成立之初，孙中山提出了"驱除鞑虏，恢复中华，创立民国，平均地权"的资产阶级民主革命纲领，主张用暴力推翻清朝统治。在当时的历史条件下，推翻封建专制王朝，建立资产阶级民主共和国，无疑具有重大的革命意义，给充满封建陈腐气息的中国带来了历史上前所未有的新鲜空气。

讲武堂中的军事教官、主任教官，如赵康时、方声涛、罗佩金、唐继尧等，包括总办李根源，都是同盟会会员。他们经常利用讲话或上课的机会，以各种方式揭露帝国主义列强对中国的侵略，抨击清王朝腐朽卖国的丑恶行径，向学生灌输革命思想，激发学生的反清情绪。当时，随着革命运动的日益高涨，各种宣传鼓动革命的书籍杂志应运而生，如《民报》《天讨》《国粹学报》《汉声》《汉帜》《南风报》《革命军》《警世钟》《猛回头》《夏声》《洞庭波》《新世纪》《云南》等。这些书籍杂志传入云南，也传入讲武堂，在教官、学生中传播着。朱德对这些书籍杂志产生了极大的兴趣，他通过各种渠道，想尽办法弄来阅读。他非常欣赏邹容的《革命军》一书，虽然他在顺庆读书时曾经看过，但是，这时读起来兴味尤浓，有了更深的体会。

在讲武堂里，学生们受到孙中山的民主主义思想的影响，具有明显的反清倾向。他们还组织了众多的团体，经常聚在一起，天南海北，无所不谈。尽管议论的话题范围很广，但主要的议题还是如何推翻清王朝的专制统治。

在班上，朱德也结交了一些朋友，如范石生、唐淮源、杨如轩、朱培德、李云鹄、王均、金汉鼎、杨蓁、曹之骅、卢焘、曾钦仲、兰馥等。朱德后来回忆说，他在学员里面结交了几个朋友，有几个是肯作自我牺牲的爱国者，也有几个是贪官污吏，或反复无常的军阀。朱德在开学之初也曾组织过团体，后又约集范石生、唐淮源、杨如轩、李云鹄等七八个人成立了一个叫"五华社"的小团体，他们以互助互励、拯救中华为宗旨。据杨如轩回忆，这个名字也是朱德取的，主要是主张奋发互励，富国强兵，拯救中华民族的危亡。

朱德回忆说："我一心一意地投入了讲武堂的工作和生活，从来没有这样拼命干过。我知道我终于踏上了可以拯救中国于水火的道路，满腔热忱，觉得中国青年着实可以使高山低头，河水让路。"①

"云南讲武堂就成为云南革命力量的重要据点"

朱德是在孙中山的民主革命思想的影响下，于1909年在云南陆军讲武堂参加同盟会的。

第一学期结束后的一天，曾和朱德共同组织过团体的一位同学找到他，问他是否愿意参加同盟会。对于同盟会以及它的组织者孙中山，朱德早在体育学堂上学时就已经听说过。那时，他曾寻求加入同盟会，却

① ［美］艾格妮丝·史沫特莱：《伟大的道路》，梅念译，东方出版社2005年版，第103页。

没能实现愿望。此时，有人主动找到他，要他加入同盟会，他的心情是难以形容的。但他还是审慎地答复那个同学说要考虑一番。回去后，朱德和朋友们述说他所遇到的这件事，大家看法不一，经过一番议论，朱德决定去找那位同学，答应他的要求。不久，朱德如愿以偿，加入了同盟会。

随后，在朱德的介绍下，"五华社"的成员也先后加入了同盟会。

同盟会在讲武堂内分作两支，教官为一支，学生为一支，每七八人为一个小组，各小组之间均无联系，每一小组仅有一人可与上一级联络，以防出现意外时互相受到牵连。朱德那个小组里还有范石生、卢焘等人。

1911年6月，原在广西新军任职的蔡锷被调到云南，任陆军第十九镇第三十七协协统（相当于旅长）。

蔡锷是湖南宝庆（今邵阳）人。出生于贫苦家庭，少时聪明过人，有"神童"之称。早年在"军事救国"思想影响下，他先后进入日本陆军成城学校、士官学校学习。他在日本士官学校期间，由于成绩优异，与同期的蒋方震、张孝准被时人推崇为"中国士官三杰"。1904年回国后，先后在江西、湖南、广西任职，督办军事学堂。1906年2月，应云贵总督李经羲之邀到云南任职。

第三十七协司令部同讲武堂毗邻。一个偶然的机会，朱德结识了蔡锷。出于对蔡锷那不平凡经历和才干的敬佩，朱德希望能有更多的机会接触蔡锷。一天，吃过晚饭，朱德来到蔡锷的住处——讲武堂主楼旁的一处院落，这里原是讲武堂第一任总办高尔登的住所。交谈中，朱德向蔡锷讲述了自己走出大山里的农舍，上新学堂，当体育教师，以及千里跋涉投考讲武堂的经历，也讲述了自己从痛恨官府、地主的压迫到拥护变法维新，从立志"强身救国""教育救国"到决心改变中国政治制度，实现民主共和的思想过程。蔡锷甚为欣赏朱德的坦诚和质朴。在谈话中，朱德了解到蔡锷也是一个贫寒人家的子弟，少年时期就立志要用自己的鲜血和生命挽救危难中的民族。1900年，蔡锷从日本返国，准备参加唐才常领导的汉口起义，后因奉唐命赴湖南，才幸免于难。之后，蔡锷深切体会到枪杆子的重要，重返日本，学习军事，同时，将自己原来的名字"艮寅"改为"锷"，意思是砥砺锋锷、重整旗鼓。朱德后来回忆时谈道：蔡锷虽然不是同盟会员，也从来不公开和讲武堂来往，可是，他却是一个具有爱国民主思想的人，暗中和同盟会保持着联系。当时清政府对革命力量的压迫是极端残酷的。蔡锷对讲武堂的革命活动，作了很好的掩护。

此后，朱德经常到蔡锷那里去看书读报。有的报纸是他的家乡湖南的，有的则是共和派的秘密报纸，其中有一些来自香港和东京。这些报纸猛烈攻击各式各样的帝制派，主张武力推翻清廷。蔡锷虽然允许朱德在他的办公室里阅览这些报纸，但从来不对此发表意见。有时，朱德还从蔡锷那里借几本书带回去阅读。他读过有关介绍美国第一任总统乔治·华盛顿生平的书，也读过18世纪法国启蒙思想家孟德斯鸠的《法意》，还有康有为的《日本明治变政考》《俄罗斯大彼得变政记》《意大利游记》和梁启超的《新大陆游记》等书籍，其中最使他感兴趣的还是康有为、梁启超写的游记。在蔡锷那里，朱德还看到蔡锷辑录曾国藩、胡林翼治理部队的言论的《曾胡治兵语录》。蔡锷在每一章前加了按语，着重阐明章内的主旨和它的现实效用，从中可以看出蔡锷的治军思想。朱德细细地体味着书中的含义，同时，蔡锷也详细地向他讲解，使他获益良多。30年后，已经担任八路军总指挥的朱德，仍然认为《曾胡治兵语录》对他带兵、作战有很多教益。

1911年10月10日，湖北新军中的革命党人在武昌举行武装起义并取得成功，鼓舞了全国各地的革命党人，他们纷纷举起推翻清朝统治的旗帜。消息传到云南，李根源、蔡锷等人认为起义时机已经成熟。10月28日夜，他们聚集在唐继尧家中，召开秘密会议，决定30日（农历九月初九）午夜三鼓时（夜12时）举事，由蔡锷率七十四标、炮十九标在巫家坝起兵，进南城攻打总督衙门等处；由李根源、李鸿祥率七十三标在北校场起兵，进北城攻打军械局等处。

朱德接到起义的通知后，立即传达给他所联络的哥老会兄弟，要他们做好准备。10月30日晚9时许，队官禄国藩召集包括朱德在内的左队各棚长（相当于排长），布置任务。禄国藩把口令、标记和攻击目标述说完毕，又指定一个棚长担任前锋区队官，率前锋区队攻击前进，代行队官作战指挥职权。

行动刚开始，朱德突然接到命令，由他担任前锋区队官，带领部队迅速进城。原来，先前任命的那个区队官带着几名亲信逃跑了。朱德率前锋区队来到财神宫时，守卫在这里的巡防营官兵得知起义的消息，纷纷加入起义军的行列。

朱德率队进城后，迅速向总督衙门穿插。据守在总督衙门的卫队和辎重营居高临下，向起义军猛烈射击。由于弹药紧缺，至31日上午11时，起义军仍未能攻下总督衙门。这时，军械局被攻克，弹药得以补充，士气大振，起义军频频发动攻击。朱德率前锋区队首先冲破守敌防线，进入总督衙门。

11月初，以蔡锷为首的大中华国云南军都督府宣布成立。为援助四川革命党人，都督府派遣两个梯团入川。朱德随第一梯团赴川，1912年3月，成都、重庆两军政府合并，宣告四川统一，援川滇军始返云南。5月，在昆明举行的援川军庆功会上，朱德因在昆明起义和援川作战中所立下的勋绩获得"复兴"和"援川"两枚勋章。

辛亥革命推翻了清王朝的统治，建立了中华民国，给黑暗、沉闷的中国带来一线希望和光明。朱德为此感到欣慰，他热切地期待中国成为一个独立、民主、统一、富强的国家，人民不再受封建专制的摧残，国家不再受帝国主义的欺侮。

然而，朱德所憧憬的独立、民主、统一、富强的国家始终没有出现。在时代大潮的推动下，年轻的朱德再次投入到寻找救国救民的道路中去。

"在黑暗中摸索而找不到真正的出路"

1915年日本以赞助袁世凯称帝为诱饵，提出了企图灭亡中国的"二十一条"，并于5月7日发出最后通牒。5月9日，袁世凯政府复文表示基本接受。消息传出，举国愤慨。正在滇南作战的朱德愤怒地写下了斥责袁世凯的诗句："言犹在耳成虚誓，老不悲秋亦厚颜。"

随着袁世凯称帝活动日益公开化，云南新军军官积极酝酿起兵讨袁。1915年12月，被袁世凯诱到北京监视起来的蔡锷将军，巧妙地摆脱袁世凯的控制，秘密返回昆明，并派人给分驻在各地的滇军将领送去亲笔信，部署讨袁起义。12月25日，督理云南军务的唐继尧、云南巡按使任可澄和蔡锷等通电各省宣告云南独立，反对帝制，武力讨袁，随即组成护国军，讨伐袁世凯。

当日，朱德按照蔡锷亲笔信的要求，在蒙自发动讨袁起义，随即率部乘火车开往昆明待命，之后，被调任滇军补充队第四队队长，负责训练新兵，准备出征讨袁。

1916年1月6日，朱德被委任为新组建的滇军步兵第十团团长，所部编入护国军第一军第三梯团第六支队，朱德为支队长。以蔡锷为总司令的护国军第一军，按照既定的作战任务，出兵四川，然后进攻武汉。

护国军讨袁的消息传到北京，袁世凯立即组织川、湘两路征滇军从川南和湘西向护国军进攻。2月上旬，护国军向泸州进攻，因寡不敌众，败退纳溪。蔡锷命令朱德的第三梯团火速增援。2月中旬，朱德率部赶到。不久，朱德被任命为第三支队支队长。他指挥部队击退敌军，并将部队在棉花坡正面高地布防，与据守红庙高地的北洋军对峙。

棉花坡离纳溪城约5千米，是泸州通往纳溪的必经之路，也是两军的必争之地，双方争夺异常激烈。朱德指挥部队以白刃战和夜战，打退优势敌人的多次进攻，守住了阵地。

在全国人民的反对和护国军的军事打击下，袁世凯被迫于3月宣布取消帝制。6月6日，袁世凯忧愤而死。第二天，朱德奉蔡锷之命，率部进驻泸州。护国战争宣告结束。

在护国战争中，朱德表现突出，英勇善战，成为远近驰名的滇军名将。

护国战争的胜利，并没有如朱德原来所期望的那样，使中国走上一条光明的道路。1917年，国内政局又风云突变。先是张勋复辟，后是段祺瑞拒绝恢复《中华民国临时约法》。7月，孙中山在广州宣布"护法"，云南督军唐继尧随即扛起"护法"的旗帜，"编集靖国各军"自任靖国军滇黔联军总司令，并于7月20日发出"思惟北征，宜先靖蜀"的通电，对川大举用兵，实际上想乘乱当上"西南王"。8月，朱德被委任为靖国军第二军第十三旅旅长。

朱德被卷入了这场战争。这时他还没有认识到自己成了军阀争霸的工具，仍然认为自己参加这场战争是为了孙中山领导的民主革命，并表示要把全部精力放在为中国实现共和以及孙中山的民主而战上。

随着战争的不断进行，朱德越来越希望尽早结束这场给广大人民带来无穷灾难的战争。1918年2月，朱德与云南靖国军第二军第十四旅旅长金汉鼎等在自流井参加第二军军官骨干会议时，多次在会上发言表示：天天打仗不是个办法，老百姓太苦了，作为军人也不能这样盲目地打下去。他还提出了"撤回部队，还政于民，川滇和解"的主张，并联名金汉鼎等致电唐继尧，但唐继尧对此建议置之不理。

1919年3月，朱德奉命移防泸州，仍任旅长，兼任泸州城防司令和四川下南清乡司令。他十分同情受兵灾匪患的老百姓，决心"以兵卫民"。之后的几个月，他指挥所部平息了当地的匪患。泸县忠信乡和宜民乡的士绅、老百姓为表彰朱德剿匪的功绩，分别给朱德建树了两块"救民水火""除暴安良"的德政碑。碑文曰："仪陇朱旅长玉阶，勇于治匪，自奉令清乡，不阅月，而匪焰息……"

当时川南还流传着一首诗，歌颂朱德平息匪患的功绩："除暴安良朱旅长，救民水火大救星；土匪肃清功不朽，川南人民刻碑文。"

这之后的两年时间里，四川境内没有发生大规模的战争。

平静的生活令朱德有足够的时间冷静地思考过去几年的经历。他后来表示，那时打来打去，却没有出路，很多以前革命的分子、同盟会的同志们都升官发财去了，革命没有人来搞了，实际革命并没成功。"由于辛亥革命及其以后的讨袁战争、护国战争、护法战争的失败，孙中山先生和一切仍然忠于中国革命事业的人们，包括我自己在内，都陷入了一种怀疑和苦闷状态，在黑暗中摸索而找不到真正的出路。"①1919年夏秋，他写下《苦热》《感时五首用杜甫（诸将）诗韵》《征人怨》等多首诗，表达了自己厌恶战争、同情人民等复杂而又痛苦的心情。

"俄国革命的不断胜利，给了我希望"

1919年北京爆发了反帝反封建的五四爱国运动。消息传到泸州，引起了强烈的反响。川南师范学校、泸县中学的学生们走上街头游行，高呼"打倒卖国贼""坚决收回山东半岛的主权"等口号。学生们的行动，得到了商界的同情和支持，商人们把出售日货视为耻辱，纷纷将日货销毁。

作为一个立志救国救民的爱国将领，朱德十分支持学生和商人们的行动。他在泸县中学向学生们发表演讲时说："抵制日货固属当举，而徒恃抵制，不提倡国货，非根本之法。"②

---

① 《朱德选集》，人民出版社1983年版，第385页。
② 中共中央文献研究室编：《朱德年谱》（新编本）（上），中央文献出版社2006年版，第49页。

五四运动的浪潮把大量传播新思想、新文化的书刊带进泸州。朱德开始接触马克思主义、无政府主义等各种思潮。他开始在朋友孙炳文的帮助下，用一种新的眼光探寻中国的前途。

孙炳文是四川南溪人，1908年考入京师大学堂，辛亥革命前接受了资产阶级民主革命思想，加入了同盟会，还担任过《民国日报》的主笔。1917年朱德经人介绍和孙炳文相识，两人一见如故，结为知己。1918年1月，受朱德之聘，孙炳文赴泸州担任朱德旅部咨谋。孙炳文的到来，对改变朱德的人生道路起了重要的推动作用。

在五四运动的影响下，从1919年下半年起，朱德和孙炳文就经常一起阅读《新青年》《每周评论》《新潮》《天演论》《民约论》等传播新思潮的刊物，讨论世界上流行的无政府主义、共产主义等思想。他们经常讨论革命道路问题，朱德开始感到以往的革命之所以最终没有取得成功，一定是在某个根本性的问题上出了毛病。

朱德从书刊中看到俄国十月革命成功的消息，还特别阅读了那些介绍苏俄新社会制度的文章，感到十分兴奋。他认识到中国用老的军事斗争的办法不能达到革命的目的，中国革命必须更深入地进行，必须像俄国革命那样彻底，中国应该学习俄国的新式革命理论和革命方法，来从头进行革命。

1920年5月，战火再次在四川的大地上燃起。唐继尧为了控制四川，无视入川滇军将领的劝阻，极力排挤四川督军熊克武，以"阻挠北伐"为借口，发动倒熊战争。几个月后，滇军惨败。川军乘势全力追击，朱德率余部退回云南昭通。

这时，朱德认识到靖国军中的一些军官与北洋军阀并无不同，都是在争权夺利。他开始认识到自己今后不能继续在旧军队里干，而要寻找一条新的道路，于是便与孙炳文相约去北京，计划由孙炳文先去，他在打倒唐继尧后，再离开军队去北京与孙炳文会合。

1921年2月6日，朱德参加了和一些滇军将领联名发出的逼唐继尧离滇的通电，并率部返回昆明。第二天，唐继尧见大势已去，离开昆明，避居香港。顾品珍就任滇军总司令，控制了云南的军政大权。倒唐成功后，朱德把部队交出，准备在云南休息几个月，然后出国留学，但随后被顾品珍委任为云南陆军宪兵司令部司令官。朱德本不愿意赴任，在滇军同僚的力劝下，加之他对革命还抱有希望，于是就留了下来。1922年1月，朱德调任云南警务处长兼省会警察局长。

1922年3月，唐继尧利用滇军奉孙中山之命准备北伐之机，集合在广西的滇军旧部和滇南的吴学显、莫卜等土匪武装，向滇军总司令顾品珍部进攻。顾品珍兵败被杀，所部败退广东。唐继尧回到昆明，重新执掌云南军政大权。3月27日，唐继尧发出追捕朱德的通缉令。朱德被迫带领身边仅有的一连人逃离昆明，经滇北，渡过金沙江，北行至四川会理，在绿林好汉雷允飞的帮助下脱险，后化装成商人经雅安、乐山、叙府，于5月中旬回到南溪的家中。

这次历尽艰险的逃亡，成为促使朱德走上共产主义道路的转折点。

5月下旬，朱德应川军总司令刘湘和川军第二军军长杨森之邀，抵达重庆。刘杨以师长之位邀朱德留下，已决心抛弃高官厚禄去寻找革命道路的朱德，以将要出国留学为理由婉言谢绝。杨森只好作罢，并许诺朱德虚席以待。

1922年6月，朱德乘船抵达上海。进入法租界内的圣公医院治病。其间，他从报纸上看到了有关中国工人运动的情况，还了解到工人运动是由新成立的中国共产党领导的。他虽然对共产主义还没有完全了解，但是，有一点他非常清楚，即帝国主义者在使用最恶毒的字眼来攻击这个党。他认为被敌人视为一种威胁的党就一定是自己所要找寻的党，便产生了要与中国共产党取得联系并加入这一组织的愿望。

由于在上海没有与中国共产党的组织取得联系，他决定去北京寻找。7月，朱德乘火车到达北京，见到了分别两年的孙炳文，但没有找到中国共产党的负责人，只是得知中国共产党负责人陈独秀在上海。随后，朱德和孙炳文从北京启程赶往上海。

到上海后，朱德得知孙中山也在上海，便去拜见了孙中山。孙中山提议朱德和滇军另一名将领金汉鼎回到已移驻广西的滇军中去，组织滇军到广东攻打陈炯明，并答应先付 10 万元军饷。朱德后来回忆说，孙中山是个非常谦虚、诚恳的人，是一个非常真诚、坚决、明智的领导者，"虽然被自己的部下出卖，离开广东，却还在筹划如何夺回广州，重新建立共和政权。他为此想借助于现在广西的滇军，要求我们帮助。他要求我们重回滇军，进行整编。他还表示可以先付十万元。金汉鼎当场答应下来，孙炳文和我则拒绝了"①，"我们告诉孙先生说，我们决定到外国留学，在重新回到中国的政治生活之前，要先会见共产党人，研究共产主义"②。

听了朱德和孙炳文的解释和想法，孙中山劝他们到美国去。朱德诚恳地回答说，他们愿意到欧洲是因为听说社会主义在欧洲最强大，欧洲已经出现了新的社会力量，也许对中国革命更有好处。

几天后，朱德在上海见到了中国共产党中央执行委员会委员长陈独秀，向他提出了加入中国共产党的要求。陈独秀没有同意，他表示：要加入中国共产党，就必须以工人的事业为自己的事业，并且准备献出生命，而像朱德这样在旧军队中有着很高地位的人，就需要经过长时间的学习和真诚的申请。陈独秀的回答让朱德感到非常失望。陈独秀的婉拒，使他感到那些日子真难过，"我感到绝望、混乱。我的一只脚还站在旧秩序中，另一只脚却不能在新秩序中找到立足之地"③。

朱德已经认清学习马克思主义是自己唯一的出路，他所认定的去国外研究共产主义和寻找拯救中国的道路的计划没有丝毫动摇。于是，他和孙炳文一起踏上了去欧洲的新的征程。

---

① ［美］艾格妮丝·史沫特莱：《伟大的道路》，梅念译，东方出版社 2005 年版，第 176 页。

② 同上书，第 177 页。

③ 同上书，第 179 页。

"党就是生命，一切依附于党"

1922年9月的一天，朱德和孙炳文乘坐法国邮轮"安吉尔斯"号离开上海，前往欧洲。同船的还有房师亮、章伯钧、李景泌等十多人。

沿途经过香港、西贡、新加坡、槟榔屿、科伦坡等地，沿着亚洲大陆的西海岸，横穿印度洋，进入红海、苏伊士运河。旅途中，朱德看到了殖民地国家的人民在帝国主义压迫和剥削下的悲惨生活，痛感"世界上的悲惨的事情不单单是中国"。

10月中旬，邮轮到达法国南部的港口马赛，然后朱德等人转乘火车到巴黎。

这是朱德第一次出洋。

这时的欧洲，第一次世界大战刚结束不久，作为战胜国之一的法国，并没有朱德想象中那样好，到处都是残破不堪的景象。

朱德和孙炳文刚在巴黎一个中国商人的家中住下来，就得到一个意外的惊喜。原来在几个月前，这里的中国留学生成立了旅欧中国少年共产党组织。迫切希望加入中国共产党的朱德，急忙向房东打听旅欧中国少年共产党的有关情况，并得知这个组织的主要负责人之一叫周恩来。当他听说周恩来已经离开法国到德国柏林后，立即决定乘火车前往德国寻找周恩来。

10月22日，朱德和孙炳文来到柏林，按照打听来的地址找到了周恩来的住处。后来朱德曾对美国记者史沫特莱回忆了他和周恩来第一次会面的情形。史沫特莱在书中记述："周恩来的房门打开时，他们（指朱德和孙炳文）看到的是一个身材瘦长，比普通人略高一点的人，两眼闪着光辉，面貌很引人注意，称得上清秀。可是，那是个男子汉的面庞，严肃而聪颖，朱德看他大概是二十五六岁的年龄。"[1]

这时的朱德已经36岁了。他端端正正地站在这个比自己小十岁的人面前，说明自己的身份和经历：怎样逃出云南，怎样会见孙中山，怎样在上海要求入党被陈独秀拒绝，怎样为了寻求自己新的生活方式和中国新的道路而来到欧洲。他向周恩来重申了加入中国共产党组织的愿望，并且表示一定会努力学习和工作，只要不再回到旧的生活里去，派他做什么工作都行。两位来客把经历说完后，周恩来表示，他可以帮他们找到住的地方，替他们办理加入党在柏林的支部的手续，在入党申请书寄往中国而尚未批准之前，暂作候补党员。

1922年11月，经中共旅欧组织负责人张申府和周恩来介绍，朱德加入了中国共产党。由于工作需要，他作为秘密党员，对外的政治身份仍是中国国民党党员。朱德后来回忆说："从那以后，党就是生命，一切依附于党。"

加入中国共产党，激发出朱德极大的革命热情，朱德顿感年轻了许多。在柏林期间，他刻苦学习德语。他买了一张柏林地图，每天带着它出去走。沿路遇到博物馆、学校、画廊、啤酒店、餐馆，或是准许他进去的工厂，他都要进去看看。他访问议会，游览公园，参观教堂，走访普通人的家庭。他还去看歌剧，听音乐会。几个月后，朱德的德文达到了可以自行买东西、旅行、出街坐车的水平了。他借助字典，慢慢地也能阅读德文书籍了。他首先阅读的就是马克思等人的著作。

在柏林期间，他特别感兴趣的是参观柏林军事博物馆。"在柏林军事博物馆，他研究了过去战争中的武器，和德军在历次战役中缴获的旗帜。在这些旗帜面前，他有一次突然目瞪口呆。在他面前，竟有一面德军在义和团时代在中国缴获的旗帜。他不知道他在这面旗帜面前凝视了多久，一支想象中的军队又从他的脑际涌现了，像在上海、南京和北京

207

---

[1] ［美］艾格妮丝·史沫特莱：《伟大的道路》，梅念译，东方出版社2005年版，第53页。

一样，他自己成了一个指挥这支军队作战的将军，这支军队杀死中国的敌人，并且把他们赶下海去。"①

1923年5月，朱德离开柏林，到了德国中部城市哥廷根。朱德住在一个曾经在德皇军队中担任过将军的男爵家中，请他教授军事课程，讲述第一次世界大战中的战例、战法。他还买了许多德文的军事书籍，其中包括一套有关第一次世界大战历史的报纸汇编，约一二十本，潜心研究外国军事历史。

朱德在哥廷根的一项重要活动是参加每周三举行的党小组会。党小组的成员有孙炳文、房师亮、高语罕、郑太朴等，后来又有刑西萍（徐冰）、阚尊民（刘鼎）、武兆镐、谢唯进等。开会的地点有时在哥廷根的郊区，有时就在朱德的住所。他们学习、讨论的主要是马克思的《共产党宣言》、恩格斯的《社会主义从空想到科学的发展》、列宁的《帝国主义是资本主义的最高阶段》、梅林的《唯物史观》、布哈林的《共产主义ABC》等著作，以及《向导》《国际通讯》等刊物上登载的有关中国革命的文章。他们经常讨论的问题有：什么是社会主义？社会主义同资本主义有什么不同？社会主义制度具体是怎样的？等等。

通过这个时期的学习和讨论，朱德的眼界更加开阔了。

1925年1月，朱德在中国国民党驻德支部召开的常年大会上当选为执行委员，负责组织工作。随后，他回到柏林专门做革命运动，做学生会运动，还办了报纸。

孙中山逝世后，国民党内的右派分子极力反对孙中山的三大政策，反对国共合作。在德国的中国留学生也分成两派，他们经常展开激烈的辩论，有时甚至打起架来。朱德在领导反对国民党右派和国家主义派的斗争中，显示了一个正义军人压倒一切的勇敢精神。

与此同时，他还注意争取更多的留学生加入中国共产党。

---

① ［美］艾格妮丝·史沫特莱：《伟大的道路》，梅念译，东方出版社2005年版，第184—185页。

4月，朱德在参加援助保加利亚革命者的秘密集会时被捕入狱。中共驻德支部立即发动留学生多方营救。在群众的压力下，朱德被保释出狱。

"五卅惨案"发生的消息传到德国后，激起了中国留德学生的极大愤慨。朱德建议放下一切工作，全力以赴投入这一运动。留德学生会立即组织学生包围并冲入中国驻德公使馆，公使被迫在抗议书上签了名。6月，德国共产党在柏林市立陶乐珊中学的广场上组织演讲会，声援中国、南非和保加利亚人民的革命斗争。朱德带领在柏林的一些中国留学生应邀参加集会。当集会快结束时，柏林警察局出动警察冲入会场，逮捕了35名外国与会者。朱德第二次被捕入狱。

在德国各界人士的声援下，特别是在德国共产党领导人、国会议员、德国红色救济会负责人皮克的多方奔走下，朱德经过短时间的监禁，终于被释放。

但是，这时的中国公使已经知道朱德是中国共产党党员，不肯出面保释他。德国警察当局又扣留了朱德的护照。

几天之后，朱德接到了组织上的通知——前往苏联。

"终身为党服务，做军事工作"

1925年7月4日，朱德离开柏林乘船前往苏联。

在德国的两年零八个月，朱德的人生发生了重大的变化，他从一名旧军官变成了一位无产阶级革命战士。他后来回忆说："我从德国这样被赶出来，非常痛恨。不过，在这几年中间，脑筋思想都大大改变了。坐在帝国主义家里来看帝国主义倒是清楚一些。在研究马克思列宁主义方面也有很大的进步，我读了很多这种书籍。在这休养时期、重新准备时期里，我把自己的思想、行动，都重新检讨了。现在想起来，那时的确有很大的进步。"①

朱德在德国时，德国共产党是合法的。他们在恩斯特·台尔曼领导下坚持斗争，并且建立了自己的半军事性质的组织——红色前线战士同盟，把广大工人群众团结在党的周围。1925年夏天，朱德参加了红色前线战士同盟20多万人的检阅式、野营训练和巷战演习，感受很深。当他看到人民群众捐献的大量食品时，说：这是人民武装的一次演习。一旦革命需要他们拿起武器，这就是一支强大的工人阶级军队。看来，革命要取得成功，要有人民的军队，还要有人民的支持。

这时的朱德一心想学习和研究军事，特别是向往去苏联学习军事。1924年12月，和朱德一起在德国留学的陈启修要离开德国去苏联，朱德立即抓住这个机会，申请到苏联去，组织上没有同意。朱德同陈启修商量，希望陈启修到苏联后帮他做些工作，争取由中共旅德支部安排他到苏联去。陈启修走后，朱德在德国一边工作，一边等待中共旅莫支部的消息。转眼几个月过去了，还是没有消息。1925年春，朱德连续两次给李季和陈启修写信，表达自己想要到苏联去的强烈愿望。两封信才寄出去一个星期，朱德觉得还有些话没有说完、说透，又于3月7日写了第三封信。信中说："我前一星期两函，谅已收到。转托中国代表（驻莫的）一封介绍信，往德共总部，使我加入他们的军事组（此事可能否）研究数月，即来莫入东方大学，再入赤军研究军事。归国后即终身为党服务，做军事运动。此种计划，在莘农同志留德时已定，我始终竭力办此事，均未有效。去冬欲偕莘农同志往莫，莫方以额足为拒……似此种种困难情形，看来或是我党员资格太差，或是我行动太错，不能来莫研究，或同志中有不了解我的，说我是军阀而官僚而小资产，终不能做一个忠实党员的吗？以上种种疑误，是我的环境使然，不明我的真相的人，决不晓得我是一个忠实的党员。我现在决心两月以后即动身来莫，

---

① 中共中央文献研究室编、金冲及主编：《朱德传》（修订本），人民出版社2005年版，第71页。

如东方大学准我入，我即加入听课；如不许我入，我亦当加入莫组受点训练，即在外住几月，亦所不辞……"①

这封信发出后，朱德仍然积极参加或领导中国留德学生的革命活动，耐心地等待中共旅莫支部的回音。但在6月下旬，他第二次被捕了，而且德国当局收缴了他的护照，将他驱逐出境。他成了一名革命的流亡者。这时，中共旅莫支部执委会批准了他前往苏联学习军事的申请，他到莫斯科学习军事的愿望终于要实现了。

朱德一踏上苏联的国土，立刻感受到一种友善、热烈的气氛。在列宁格勒，朱德和他的同伴们被邀请到工厂、机关、学校去演讲、参观。

不久，中共旅莫支部安排朱德到莫斯科郊外莫洛霍夫卡村秘密军事训练班，与40多名来自法国、德国的中国革命者一同接受军事训练，学习城市巷战和游击战战术。

莫洛霍夫卡村是东方劳动者共产主义大学管理的几个农庄之一。这里的教官大多是苏联人，也有来自罗马尼亚、奥地利等国的革命者。苏联教官从理论上给学员们讲解如何以小部队同敌军大部队作战，如何骚扰敌人等战术，还详细介绍了苏联内战时期游击战术的经验。由于朱德早年在四川、云南等地同北洋军阀作战时就善于运用游击战术，积累了一些经验，因而在这方面领会得最快最好。因此，他当上了军事训练班的队长。上课时，往往是苏联教官指着中国地图上的地名，先用俄语说一遍，然后由中文翻译一字一句地翻译，既费时，学生听起来也费劲。于是，朱德担起了讲解的责任。只要有学员没听懂，朱德就负责解释。

一次，教官问朱德回国后将怎样指挥作战，朱德回答："战法是'打得赢就打，打不赢就走'，'必要时拖队伍上山'。"②朱德后来总结游击战术的来源时表示，这就是游击战争的思想。

对朱德在苏联的学习情况，中共旅莫支部评价很高，写下的评语

---

① 《朱德军事文选》，解放军出版社1997年版，第1页。
② 《朱德选集》，人民出版社1983年版，第126页。

是：他对党组织"兴趣很高"，对党"很忠实"，跟同志的关系"很密切，很普遍"。

朱德通过在苏联较为系统的军事学习，使早年自己在军事实践中得到的经验进一步深化，初步完成了由实践到认识的第一个飞跃，游击战战术成为他军事思想的一个最主要的理性认识。后来，朱德自觉地以这种理性认识指导自己的战争实践，成为中国共产党人领导游击战争的主要带头人之一。

1926年，中国国内的政治形势发生了重大变化。这年2月，中共中央在北京召开特别会议。会议指出："现在的时局，实在是中国革命的生死关头。固然应该在北方努力集中一切革命势力来抵御帝国主义的反攻，然而根本的解决，始终在于广州国民政府北伐的胜利"。"党在现时政治上主要的职任，是从各方面准备广东政府的北伐"。为了支持北伐战争，中共中央决定从苏联抽调一批军事政治工作人员。朱德名列其中。

5月18日，朱德乘火车离开莫斯科，穿越西伯利亚到海参崴，然后乘船回到国内。

"终归胜利属人民"

朱德回到国内时，国共合作形势下的北伐战争刚刚开始。8月，受中共中央派遣，朱德执行一项特殊使命，前往川东万县做争取四川军阀杨森的工作。朱德后来说，他到那里去活动，主要的就是告诉杨森当时世界上整个的形势，讲解三民主义，劝杨森加入国民党。

11月，朱德在重庆与杨暗公、刘伯承组成中共重庆地方委员会军事委员会，利用川军矛盾筹划在泸州和顺庆（今南充）发动起义，以策应北伐，推动四川革命形势的发展。12月初，泸顺起义爆发，旋即失败。

朱德在杨森部开展的革命活动，引起了杨森的猜忌。杨森担心他的部队被分化瓦解，于是，就以第二十军军事政治考察团赴武汉考察的名义，要求朱德率团前往。12月下旬，朱德率由杨森部80余名中下级军官组成的军事政治考察团离开万县前往武汉，脱离了杨森的部队。

1927年1月，朱德根据中共中央军委指示，前往江西南昌，转到国民革命军第三军工作。

这时，驻扎在江西南昌、九江、吉安、进贤一带的是国民革命军第三军朱培德部。第三军主要是由云南的部队编成的，朱德和这支部队的渊源很深。部队的领导人朱培德和师长王钧、金汉鼎都是朱德在云南讲武堂时的同班同学，后来又长期在滇军中共过事，交谊很深。朱德还有一些旧部和老同事也都在这支部队里。所以，朱德一到南昌，即被朱培德委任为第三军军官教育团团长，不久，又被委任为第五方面军（由第三军改称）总参议。

朱德很快将军官教育团组建起来，招收学员1100多人，编成三个营。第一营、第二营，共700余人，称"学员"，他们大多是滇军中排级以上军官，其中不少是行伍出身趋向进步的工农分子，内有个别共产党员；第三营共400多人，叫"学兵"，大部分是地方来的进步的知识青年，小部分是由江西李烈钧部队保送来的富家子弟。中共中央军委为加强对第三军军官教育团的政治领导，先后派魏谨钧、刘介眉、陈奇涵、李正方、曾天宇等到该团担任要职或教官。

军官教育团的教育内容包括军事和政治两个方面。政治方面的课程包括孙中山在国民党一大重新解释过的三民主义，以及中国革命和世界革命问题、工人问题、农民问题和社会问题等。军事方面的课程包括军事教育和训练。

军官教育团名义上隶属于第三军，实际上由中共中央军委和江西省委直接领导。团建立了党支部，参谋长陈奇涵担任党支部书记。每个连队都建有党小组，有的连党员人数占三分之一。由于当时江西工农运动高涨，不少工人运动和农民运动的骨干都参加了教育团办的短期训练班。

军官教育团是1927年1月开始招收学员的，3月5日补行开学典礼。

蒋介石也前来参加。但是，就在第二天，在蒋介石的授意下，驻江西的新编第一师，伙同反共的AB团分子杀害了江西省总工会副委员长、赣州总工会委员长陈赞贤，激起了江西各界民众的极大愤慨。3月18日，南昌市各界群众数万人在大校场召开追悼陈赞贤烈士大会，会后举行示威游行。朱德率军官教育团参加了游行。4月7日，朱培德就任江西省政府主席，两天后，朱德被任命为南昌市公安局局长。不久，朱德奉朱培德之命率军官教育团及一部分警察到赣东剿匪，"出发前，一再向全团人员阐明：要做到真正地成为一个革命的人，就要有个清醒的头脑，有个明净的眼光，有个坚定的信念。要能明辨是非，要能澄清曲直，要能分清敌我，还要站稳立场"①。

蒋介石发动"四一二"反革命政变后，见风使舵的朱培德也开始转向反共。5月29日，他下令"礼送共产党员出境"，6月6日又下令在江西省停止工农运动。6月下旬，朱培德也以"礼送"的名义要朱德离开南昌。随后，朱德离开南昌，途经九江转往武汉。

7月12日，中共中央进行改组，由张国焘、李维汉、周恩来、李立三、张太雷组成中央临时常务委员会，陈独秀从此离开中央最高领导岗位。7月13日，周恩来召集朱德、刘伯承、吴玉章、黄慕颜等川籍革命人士开会，会上有人提出回四川发展革命力量。朱德在会上则提出了在江西发展革命军事力量的建议。这一建议，成为中央随后决定举行南昌起义的重要参考。

7月15日，汪精卫公开叛变革命，在武汉大肆屠杀共产党员和革命群众，轰轰烈烈的大革命彻底失败了。之后，中共中央临时常委会作出了在江西南昌举行武装起义的决定。由于朱德熟悉江西南昌的情况，在江西有便利的工作条件，党中央决定派朱德赶回南昌，做起义的准备工作。

7月21日，朱德回到南昌，立即投入到紧张的起义前的准备工作中。

---

① 中共中央文献研究室编：《朱德年谱》（新编本）（上），中央文献出版社2006年版，第82页。

他根据中共中央的要求，精心绘制了南昌市区地图，并且对敌军兵力部署的分布情况作了详细了解。同时，朱德还频繁地同第三军、第九军留驻南昌的几个团的团长进行接触。

7月27日，奉中共中央之命负责发动和领导南昌起义的周恩来抵达南昌，当晚就住进了朱德的寓所。朱德向周恩来详细汇报了南昌国民党军队的情况以及他所做的工作。

与此同时，叶挺、贺龙也率部进入南昌。随后，成立了由周恩来、李立三、恽代英、彭湃组成的起义前敌委员会，周恩来担任书记。31日，前敌委员会召开会议，决定在8月1日凌晨二时举行暴动。朱德的任务是设法拖住留驻南昌的第三军两个团的团长，保证暴动顺利进行。

当天下午，朱德在佳宾楼设宴款待那两个团长。饭后又约他们到大士院32号打牌。朱德借故离开后，先到贺龙的第二十军指挥部向贺龙通报情况，接着来到了大士院32号。正当要发起暴动时，情况突然发生了变化。贺龙部一名云南籍的副营长接到命令后跑来告密。第三军的两个团长听到消息后，立即起身告辞。朱德随即来到第二十军司令部，将这一情况告诉了贺龙。于是，起义提前举行。

8月1日凌晨，在以周恩来为首的前委领导下，贺龙、叶挺、朱德、刘伯承等率领在党直接掌握和影响下的军队，举行南昌起义。经过四个多小时的激战，南昌城内的国民党军队3000余人被全部肃清，起义军占领了南昌城，起义取得了胜利。

起义胜利后，起义军仍沿用国民革命军第二方面军的番号，由贺龙兼代总指挥，叶挺兼代前敌总指挥，下辖第十一军、第二十军、第九军。韦杵、朱德分别担任第九军军长、副军长。但韦杵在起义前夕因病赴武汉治疗，不在军中，随后朱德改任军长。据朱德回忆，第九军是在起义过程中组织起来的，只有一部分兵，还有教育团的学生以及七零八碎的散兵，大约3000人。

南昌起义打响了武装反抗国民党反动派的第一枪。用血与火的语言，宣告了中国共产党人不畏强暴、坚持革命的坚强决心。它在全党和全国人民面前树立起一面革命武装的旗帜，标志着中国共产党独立地领导革命战争、创建人民军队和武装夺取政权的开始。朱德后来评价南昌起义时说，"它明确地指出了中国革命的政治方向"，"从此民主革命的大旗就由共产党独立肩负起来"。

"要革命的跟我走！"

南昌起义后，起义军前敌委员会按照中央在起义前的决定，开始撤离南昌，南下广东，以恢复广东革命根据地，实行土地革命，重新北伐。

8月3日，起义军开始撤离南昌，朱德被任命为南下先遣司令，率第九军教育团一部先出发。朱德回忆说："我从南昌出发，就是走前头做政治工作、宣传工作，找寻粮食……和我在一起的有彭湃、恽代英、郭沫若。我们只带了两连人，有一些学生。一路宣传，一路走，又是政治队，又是先遣支队，又是粮秣队。"

从南昌到临川，一路上没有遇到敌军的抵抗。特别是驻临川的杨如轩得知起义军要路过，考虑到同朱德多年同窗和袍泽的关系，又慑于革命声威，同时为了保全自己的实力，便把部队撤到城外，悄悄地给起义军让出一条南下的大路。8月6日，朱德率先遣军到达临川。经过一周的休整，8月12日继续南下，经宜黄、广昌，直逼瑞金、会昌。

这时，蒋介石的嫡系部队钱大钧部已调至瑞金、会昌一带，准备拦击起义军。8月25日，朱德率领的先遣队在壬田与钱大钧部激战，战至第二天中午，终于打败敌军，乘胜占领了瑞金。

随即，起义军决定进攻会昌，先击破钱大钧部，再行南下。

这时，第二十军第三师划归朱德指挥。朱德首先命令第二十军第三师教导团团长侯镜如挑选几十人组成敢死队，追击正向会昌撤退的钱大钧部。

8月30日，进攻会昌的战斗打响后，朱德率第二十军第三师与敌军四个团激战，战至下午4时，才将敌人打垮。钱大钧部被俘。这是起义军南下途中取得的一次大的胜利。

会昌战斗结束后，前委讨论继续南下的路线问题。由于敌情发生变化，起义军改变原定的取道寻乌直下东江的计划，改走福建长汀、上杭，沿汀江南下东江地区。

9月5日，起义军进抵长汀后再次讨论南下的路线问题。会议决定：由周恩来、贺龙、叶挺、刘伯承等率第二十军和第十一军的第二十四师，从处在粤闽边境的大埔乘船，经韩江顺流而下，直奔潮汕；朱德率领第十一军第二十五师和第九军教育团，共约4000人留守三河坝，以防敌军从梅县抄袭主力部队进军潮汕的后路。

9月下旬，起义军主力攻占潮州、汕头后，主力部队经揭阳向汤坑西进，少数部队留守潮汕。这些部队于10月初在敌人优势兵力的围攻下均遭到严重失败，只有第十一军第二十四师的一小部部队，转入海丰、陆丰地区，与当地农民军会合。

朱德率部驻扎的三河坝位于广东大埔县的南面，是汀江、梅江、韩江三江汇合之处。在三河坝的对岸还有一座80多米高的笔枝尾山，山势险要，进可攻，退可守。这里自古以来就是兵家必争之地。10月1日，朱德在察看三河坝的地形后，认为第二十五师驻扎三河坝，一旦敌人来袭，必将背水作战，极为不利。于是，朱德决定将部队转移到三河坝对岸的东文部、笔枝尾山、龙虎坑、下村一带布防。

布防刚刚完毕，钱大钧部两万多人就赶到三河坝，向起义军发起猛烈的进攻。双方激战了三天，起义军消灭了大量的敌人，但自己在激战中伤亡也很大。这时，朱德认为，掩护主力部队进军潮汕的任务已经完成，为了保存部队实力，必须立即撤出战斗，去追赶主力。据时任第二十五师师长的周士第回忆："三河坝战斗进行的时候，我们还不知道潮汕已经失守，起义军主力已经失败。我们当时认为守住这个地区对主力军作战有利，因此坚持与兵力超过我们许多倍的敌人作战。激战三天三夜后，东文部、笔枝尾山都被敌人占领，我们已处于绝对优势敌人的三面包围之中，于是决定退出战斗，拟经百侯圩、饶平到潮汕与主力军会合。"①

朱德和周士第率领第二十五师约两千人撤出战斗后，于 10 月 6 日夜抵达饶平以北的茂芝。第二天清晨，遇到了第二十军教育团参谋长周邦采带领的从潮安退下来的起义军官兵 200 多人，才得知第十一军第二十四师和第二十军已在潮汕失败。这时部队许多人心情沉重，思想上也很混乱，一些指挥员也不知所措。现在，他们和起义军的领导机构也失去了联系。

在这个关键时刻，朱德同几个主要领导干部研究后，当机立断，作出决策：部队必须尽快离开这里，甩开敌人的重兵，摆脱险恶的处境。10 月 7 日上午，朱德在茂芝的全德学校召开会议。有人回忆：会上，朱德向大家介绍了起义军在潮汕失败的情况后说，作为共产党员，他有责任把八一南昌起义的革命种子保留下来，有决心担起革命重担，有信心把这支革命队伍带出敌人的包围圈，和同志们团结在一起，一直把革命干到底。会议决定：隐蔽北上，穿山西进，直奔湘南。10 月 16 日，朱德率部到达福建武平时，与尾追的钱大钧部一个师发生战斗，虽然击退了敌人，但自己也遭到了不小的伤亡，加上散失的士兵，部队由原来的 2500 多人锐减至 1500 多人。随后，他们立即转头西进，到 10 月下旬，起义军到达江西安远县的天心圩。

这时，部队四面受敌，孤立无援，思想一片混乱，不少官兵相继离队，师长、团长均皆逃走，各营、连长亦多离开，有的还发泄失败情绪，要求解散部队。

危难关头，朱德在天心圩召集军人大会，说明革命形势和任务，指出最后革命一定会胜利。朱德说："大家知道，大革命是失败了，我们的起义军也失败了！但是我们还要革命的。同志们，要革命的，跟我走；

---

① 周士第：《周士第回忆录》，人民出版社 1979 年版，第 149 页。

不革命的，可以回家！不勉强！……但是，大家要把革命的前途看清楚。1927年的中国革命，好比1905年的俄国革命。俄国在1905年革命失败后，是黑暗的，但黑暗是暂时的，到了1917年，革命终于成功了。中国革命现在失败了，也是黑暗的，但黑暗也是暂时的。中国也会有个'1917年'的。只要能保存实力，革命就有办法，你们，应该相信这一点。"①粟裕后来说："朱德同志这些铿锵有力、掷地有声的话语，精辟地剖析了当时的政治形势，展示了革命必然要继续向前发展的光明前景，令人信服，感人至深。"②陈毅说："人们听了朱总司令的话，也逐渐坚定，看到了光明前途了，当时如果没有朱总司令领导，这个部队肯定地说，是会垮掉的。"③

在天心圩的整顿中，一些意志不坚定的人离队了，大约走了300多名军官和士兵。但留下来的却更加坚定了。从此，部队的情绪有了转变，开小差的人越来越少了。

随后，部队又在大余（1957年前名为大庾）进行了整编：一是整顿党、团组织；二是整顿部队。粟裕说："从此，部队的组织状况和精神面貌都大为改观，团结成了一个比较巩固的战斗集体。这时全团虽然只有七八百人，比起饶平出发时只剩下了三分之一，但是就整体来说，这支部队经过严峻的锻炼和考验，质量提高了，是大浪淘沙保留下来的精华，已成为不灭的革命火种。这次大余整编，是我们这支部队改造的重要开端。"④

---

① 中国社会科学院现代革命史研究室编：《南昌起义资料》，人民出版社1979年版，第379—380页。
② 《回忆朱德》，中央文献出版社1992年版，第161—162页。
③ 陈毅：《关于八一南昌起义》，载《近代史研究》1981年第2期。
④ 同②，第165页。

"我们是共产党的队伍，党什么时候调我们走，我们就什么时候走"

1927年11月，朱德率部在上堡整训时，得悉担任国民革命军第十六军军长的范石生已率部从广东韶关移防到同崇义接邻的湖南郴州、汝城一带。他同陈毅商量后，写信给范石生，希望同范合作。

范石生是滇军名将之一，也是朱德在云南讲武堂时的同班同学、结拜兄弟，他们一起秘密参加同盟会，一起参加云南昆明起义，一起在蔡锷领导下参加讨袁护国战争。1923年，范石生担任滇军第二军军长，曾因功被授予上将军衔。1926年滇军第二军改编为国民革命军第十六军，他仍任军长。1927年10月，他率部移防到韶关和汝城一带。范石生同粤系、桂系、湘系军阀都有矛盾，同蒋介石的矛盾更为尖锐。这时的他需要寻找盟友加强自己的力量。当得知朱德率部转战赣南时，他便多次派人寻访，进行联络。朱德后来回忆说："南昌起义前，驻在湘南的范石生第十六军同我党保持着统一战线关系，该军内仍然有我们党的组织，范石生也有同我们联合一起进入广东之意。南昌起义后，部队南下时，恩来同志就给我们写了组织介绍信，以备可能同范石生部发生联系时用。"①

范石生收到朱德的信后便派人送来了复信，表示"来信所论诸点，愚意可行，弟当勉力为助"，"正欲与兄共商良策，以谋自立自强"。

接到范石生的复信，朱德又和陈毅、王尔琢等商量，认为同范石生的合作是必要的，也是可能的。这样做，有利于隐蔽目标，积蓄力量，待机发展。随即，他们召开了党组织会议进行讨论。朱德在会上再次讲

---

① 《朱德选集》，人民出版社1983年版，第395页。

述了同范石生合作的目的和意义。大家经过讨论，统一了认识，同意在建制上不变，在组织上独立、政治上自主、军事上自由的前提下同范石生合作。11月20日，朱德受党组织委托，赴汝城同范石生的代表——第十六军四十七师师长曾曰唯——谈判。在谈判中，朱德提出三个条件：我们是共产党的队伍，党什么时候调我们走，我们就什么时候走；他给我们的物资补充，完全由我们自己支配；我们的内部组织和训练工作等，完全按照我们的决定办，他不得进行干涉。最后，双方达成协议：一、同意朱德提出的部队编制、组织不变，要走随时可走的原则；二、起义军改用第十六军四十六师一四〇团番号，朱德化名王楷，任四十六师一四〇团长（不久范石生又委任朱德为第十六军总参议）；三、按一个团的编制，先发一个月的薪饷，并立即发放弹药和被服。

随后，陈毅、王尔琢带着部队到了汝城西北方向的资兴。在与范石生合作期间，1927年11月26日至28日，朱德在汝城主持召开了湘南和粤北党组织的负责人联席会议。会议决定12月中旬在湘南举行年关暴动，要求各地分头进行准备。12月，朱德率部从资兴南下，进入粤北，移驻韶关西北的犁铺头。这次到广东去，是按照广东省委的指示去支援广州起义的。但当部队到达粤北时，广州起义已经失败了，部队就在犁头铺进行休整。

1928年年初，蒋介石发觉南昌起义军余部隐蔽在范石生的部队里，立即下令范石生解除起义军的武装，逮捕朱德。同时蒋介石又命令方鼎英部从湖南进入粤北，监视起义军和范石生的动向。范石生接到密电后，立刻写信派人送给在犁头铺的朱德，劝他立刻离去，还送上一万块钱。他在给朱德的信上说："最后胜利是你们的，现在我爱莫能助。"

朱德立即率部脱离险境。1928年1月5日，到达广东乳源（今属乐昌县）的杨家寨子。

在这里，朱德根据中共湘南特委制定的《湘南暴动计划》和宜章城内的敌情，提出在年关发动暴动，并拟定了智取宜章县城的方案。决定由宜章县豪门出身的胡少海以国民革命军第十六军一四〇团团副的名义，写信给宜章县县长，说要率领部下开进宜章县城驻防，保护地方安全。1月11日，胡少海率领由朱德从老兵中挑选出来的两连人化装成国民党军队开进宜章县城。1月12日，朱德率主力部队进入宜章县城后，应国民党宜章县长和地方豪绅之邀在"宴春园"出席欢迎宴会。席间，朱德站起身来，把酒杯掷在地上，门外的10个战士立刻冲进来，用枪口对着这些官员和士绅。与此同时，陈毅、王尔琢指挥部队迅速解决了驻守在东山养正书院的团防局和警察局，俘虏了400多人，缴枪300多支。

1月13日，朱德根据中共广东省委指示，郑重宣布起义军改名为"工农革命军第一师"，朱德任师长，陈毅任党代表，王尔琢任参谋长，蔡协民任政治部主任。

在这里，第一次举起了镰刀斧头的红旗。

宜章年关暴动的胜利，揭开了湘南起义的序幕。

朱德领导的湘南起义，在短短三个多月的时间里，革命风暴遍及二十多个县，参加人数约有百万，其规模之大、参加人数之多、坚持时间之久，在中国共产党所发动的一系列农村武装起义中堪称典范。这次起义，建立了宜章、郴县、耒阳、永兴、资兴、安仁等六个县的苏维埃政府，组建了三个农军师和两个独立团共上万人的革命武装，开展了轰轰烈烈的土地革命运动，为中国共产党探索革命道路和进行武装斗争积累了宝贵的经验。

1928年3月，面对国民党湘粤军阀的会剿，为保存工农革命军，朱德率领工农革命军退出湘南，向井冈山进军。

4月，与毛泽东率领的部队在井冈山胜利会师。两军会合后，于5月改编为中国工农革命军第四军，朱德任军长，毛泽东任党代表。随后，中国工农革命军第四军改名为中国工农红军第四军。

在毛泽东、朱德的领导下，开辟了中国第一个农村革命根据地——井冈山革命根据地。

邓小平

第五章

"我从来就未受过其他思想的浸入，一直就是相当共产主义的"

1904年8月22日，邓小平出生在四川省广安州望溪乡姚坪里（今广安市广安区协兴镇牌坊村）一个小地主家庭，父亲给他取名邓先圣。

　　邓小平的父亲邓绍昌在当地是一个小有名气的人。他早年曾就读于成都法政学校，接受过新式教育，交游颇广，思想开明，当过教员，还在当地"袍哥会"当过首领，参加过四川革命党人的活动。辛亥革命时期，他还率众参加过广安的武装起义，后又当过广安县团练局长、八县联防副指挥。他在当官时置下了一些家业，还有每年几十石租及几万株桑的收入，后来因得罪了一些人在当地待不下去了，长年逃难在外，家道也随之逐渐衰落。邓小平晚年谈到他父亲时说他是"进步党人"。邓小平的弟弟邓垦对他父亲的评价是：他属旧社会的人，有旧社会的一些坏东西、坏作风。但他对旧社会不满，对我们兄弟俩参加革命，一直采取支持、拥护的态度，从来没有反对过。邓小平的母亲淡氏贤惠通达，勤劳能干，能说会道，口才很好，经常给孩子们讲故事。他们从母亲讲的故事里学到了不少东西，明白了许多道理。邓小平说，他受母亲的影响很深。

　　邓小平后来回忆说，"父母之爱我犹如宝贝一般。因为我自幼时资质就颇聪明，他们的爱我，自然是对我有很大的希望，希望我将来能够做官发财，光耀门庭"。[①]邓小平的弟弟邓垦曾回忆说：母亲非常爱小平，他是长子，当时因为家里困难很多，父亲长期不在家，母亲就希望小平长大了以后来管理家事。

----

① 刘金田主编：《邓小平的历程》（修订本），人民出版社2014年版，第35页。

逐渐萌发了一种"简单的爱国思想"

邓小平5岁那年，父母把他送进了村里的私塾读书，教书先生认为他的"先圣"对孔圣人有欠恭敬，于是把他的名字改为"邓希贤"。这个名字，一直用到1927年。

在私塾里，主要是读《三字经》《百家姓》《千字文》等。邓小平记忆力特别强，一篇课文很快就能倒背如流，常常受到塾师的夸奖。对于练字，邓小平也学得很快，而且回家后反复练习，作业常常被塾师画上圈圈，他也因此常得到母亲奖励的煮鸡蛋。邓小平在私塾里还经常帮助同学们学习。几十年后，他儿时的好友还常常提到他的帮助。

7岁时，邓小平结束了在私塾的学习生活，转入协兴场的初等小学念书。这个初等小学是由当地留学日本的革命党人胡光白和邓小平的父亲邓绍昌等创办的，属于新式学堂。学堂开设的主要课目有国文、体操、图画等。邓小平的国文老师叫邓俊德，是个极富正义感的明白人。他在讲课时常常给学生讲中国历史上的民族英雄，讲反清的道理，还讲些西方列强侵略中国的事情，这给邓小平留下了深刻的印象。

少时的邓小平就非常有骨气和志气。他的弟弟邓垦回忆说："有这样一个故事，听我妈妈、我姐姐她们讲，我们那个家乡，有一个姓刘的，是个地主，和我们家和我父亲他们有些来往。那个时候我父亲不在家，家里很困难。不是过年过节要写个春联吗？写个对子啊。那个地主有文化，又会写又会画。那时候就请他写个春联，买了张红纸，请他写个春联。他那个家伙很坏，他就写了几句挖苦我们家的话。我家里我母亲、我姐姐她们都不识字，不知道啊。小平看到了，看到了之后他很生气，把它撕掉，自己又买了几张红纸。他那时候还很小啊，自己来写，写个对子贴上去。"[1]

邓小平从小就胆识过人、不信邪。离邓小平家半里远有一石坝，路旁有两块神道碑，是清朝嘉庆年间朝廷为表彰两名广安籍高官邓时敏和郑人庆的功绩而赐造的。石碑高三米，宽一米多，镶立在两个巨大的石乌龟背上。当地老百姓对这两个大人物是尊崇的，当地流传着一些敬畏他们的神话，连两块神道碑似乎都摸不得、爬不得。有一次，邓小平与几个小孩子在石坝上，看着硕大的石乌龟，邓小平突发奇想，要爬上去玩耍。小伙伴们忙说使不得，家里的大人反复叮嘱过不能爬，爬上去会肚子痛，有的还说，谁爬上去谁家里就会招灾。邓小平却壮起胆子爬到上面玩耍，伙伴们都惊奇地看着他。后来大家看到邓小平既没有肚子痛，家里也没出什么事，也就常和邓小平一起爬上去玩了。

1911年5月，为抗议清政府将川汉、粤汉铁路的修筑权抵押给英、法、德、美四国银行团，四川、广东、湖南、湖北等省人民掀起保路运动。这年9月，署理四川总督赵尔丰镇压请愿群众，激起了更大的民愤。同盟会会员在各县组织保路同志会，发动武装起义，把保路运动推向高潮。广安各界进步人士和群众也参加到运动中。邓小平和同学们演唱《来日大难歌》等号召参加保路运动的歌曲。武昌起义爆发后，一些革命党人在川东北发动起义，攻占广安，成立大汉蜀北军政府。协兴小学的胡光白和另一个姓马的教师也加入了起义军的行列，他们都还当上了大队长。起义队伍经过协兴场时，队伍就驻扎在协兴场初等小学，革命队伍威风凛凛，豪绅地主害怕造反都逃跑光了，赶场的农民听说打倒贪官，免除苛捐杂税，高兴极了。沿途有些穷人随身带着武器，自愿参军。邓小平看到这一切，十分高兴。邓小平的父亲邓绍昌等一些哥老会成员参加了起义军，还当上了相当于排长的小指挥官。邓小平还曾到父亲驻扎的地方住了两天，回来后在小伙伴面前神气得不得了。这件事给

---

[1] 中共中央文献研究室第三编研部编：《话说邓小平》，中央文献出版社2004年版，第5页。

他留下了很深的印象，直到晚年他还经常提起。

1915年下半年，11岁的邓小平考入了广安县立高等小学堂，住校读书，学习的课目主要有国文、算术、理科（理化知识）、史地、修身等。据他的同学回忆，邓小平最爱上理化课和史地课。他经常运用学到的理化知识思考一些自然现象和简单的工业生产问题。也就是从这时开始，邓小平酷爱读历史书，并且养成了爱看地图的习惯，以至于后来不管走到哪里，他都要看看地图，找到他所在的位置。

那时的中国社会正值多事之秋。

先是袁世凯复辟称帝，接踵而至的是反袁护国战争，包括四川省在内的许多省都纷纷宣布独立。大大小小的军阀趁机自扯旗号，抢占地盘，自封官位。广安的小军阀也是整天打来打去，你方唱罢我登场。邓小平在广安耳闻目睹了军阀混战的局面，感受还是比较深切的。他后来回忆说，这一时期逐渐萌发了一种"简单的爱国思想"。

1918年，邓小平考入了广安县立中学。这期间，新文化运动的大潮渐渐涌进了广安。《新青年》等宣传新思想、新道德和新文化的书刊对邓小平这样的青年学生产生了重要影响。他们不仅从中了解到当时中国社会的一些新情况，还了解到俄国十月革命的一些信息。

1919年，北京爆发了反对帝国主义和封建主义的五四爱国运动，四川各地也积极响应，成都、重庆等地的学生及各界群众纷纷组织游行、集会、演讲，声援北京学生的爱国斗争。5月下旬，广安各界开始行动起来。广安县成立了商业爱国会。广安县立中学的教职工和学生们成立了当地最早的广安学生爱国分会，同时向广安社会各界发出救亡公告。学生爱国分会组织学生游行、集会，接着又组织罢课，并派学生组成宣传组，到集镇进行宣传。邓小平也自觉地投入到这一活动中。他开始比较深入地思考一些社会问题，有了改造社会的意识，萌发了初步的爱国和民主思想。

这年夏天，由于学校罢课，邓小平离开学校回到了家里。

"这时的所谓救国思想，无非是当时在同学中流行的所谓工业救国思想"

就在邓小平在家中等待学校复课时，他的父亲邓绍昌从重庆捎话到家里，让邓小平去重庆报考留法勤工俭学预备学校。

留法勤工俭学运动始于19世纪末20世纪初，由蔡元培、吴玉章、李石曾等人发起。他们动员有志青年到法国去学习先进的科学技术和文化知识，输入西方文明，实行"科学救国""实业救国"和"教育救国"。1919年五四运动前后留法勤工俭学运动达到高潮。

邓小平非常愿意去法国勤工俭学。

他想到法国去，可能是受了陈独秀思想的影响。陈独秀曾在《青年》（后改名《新青年》）第一期上发表了《法兰西人与近世文明》的文章，文章说："可称曰'近世文明'者，乃欧罗巴人之所独有，即西洋文明也；亦谓之欧罗巴文明。移植亚美利加，风靡亚细亚者，皆此物也。欧罗巴之文明，欧罗巴各国人民，皆有所贡献，而其先发主动者率为法兰西人。"[1]邓小平已经不满足于在县立中学读书，希望走出广安，到更大的地方去读书，去观察和了解中国和世界。法兰西正是他第一想去的地方。

这时的邓小平还认识到，西方国家的强大，在于自然科学发达、工业先进。他希望去那儿学点本领，将来为国家做点事。他后来说，他们当时去法国，只是抱着一个"工业救国"的思想。当时他才16岁，受到五四运动的影响，就想出洋学点本领，回来搞工业。

邓小平当时还或多或少地受了青年学生中"工读主义"思潮的影

---

[1]《陈独秀文集》（第一卷），人民出版社2013年版，第97页。

响。1918年11月，蔡元培在北京天安门广场发表了著名的"劳工神圣"的演说。"劳工神圣"的口号很快就在社会上尤其是青年学生中流传开来。随后，社会上即出现了"工学会"和"工读互助团"等团体。他们主张通过亦工亦学、亦工亦读、工读结合、学问和生计结合的方法，消灭劳心与劳力之间的差别，进而达到改造中国和世界的目的。

另外，邓小平认为，到法国去勤工俭学，自己能够谋生，可以减轻家庭的负担，"一则可以求学，再则可以找钱"。

但是，他的母亲极力反对他离开家乡，因为他是家中的长子，父亲又长期不在家，母亲希望邓小平长大了支撑这个家。邓垦回忆说："1918年下半年，大哥已在念中学了。由于欠了很多债，我父亲长期不在家，上学交学费很困难。……当时吴玉章几个人创办留法勤工俭学预备学校，我的父亲在重庆知道这个事情以后，就写信回家，要他去读留法预备班，准备到法国勤工俭学。我父亲呢，极力主张，我母亲舍不得，不赞成。大哥很愿意去，加上家境困难，听说能出去留洋，也都做母亲的工作，家里面还有一场争论，他就跟母亲又讲道理，又争论，最后还是说服了母亲，同意了，母亲很勉强地同意的。"[1]

1919年9月下旬，邓小平考入重庆留法勤工俭学预备学校，和他一起考取的还有他的叔父邓绍圣、同乡胡伦。

四川的留法勤工俭学运动是由同盟会会员、革命家吴玉章倡导的。1918年春，成都开办了留法勤工俭学预备学校，并于1919年6月派出了第一批留法学生。与此同时，重庆商会会长汪云松、教育局局长温少鹤等人也在重庆筹建留法勤工俭学预备学校。1919年8月，留法勤工俭学会重庆分会成立。同年9月，重庆留法勤工俭学预备学校正式开学，由汪云松任学校董事会董事长，童宪章任校长。邓小平的父亲得知重庆留法勤工俭学预备学校成立后，打定主意想让儿子进这个学校学习，将来好出

---

[1] 中共中央文献研究室第三编研部编：《话说邓小平》，中央文献出版社2004年版，第5—6页。

国去闯荡，到国外去学点本领，能有一技之长，也可以光宗耀祖。

重庆留法勤工俭学预备学校设在市中心的一座孔庙里，俗称夫子祠。学校共招收学生110人，分为初级班和高级班，学制均为一年。凡中学已毕业的学生分到高级班，其他的分到初级班。课程有法文、中文、代数、几何、物理、工业常识，以法文为主。学校要求学生毕业时粗通法语，并熟悉一些有关的技术知识，为去法国勤工俭学打好基础。高级班和初级班所学课程一样，只是教学进度不一样。

学校招生分为公费生（或称贷费生）和自费生两种，入学时均要经过考试。邓小平考的是自费生，被分在初级班。

在这里，邓小平学习了将近一年。在这段时间里，他除了学习文化知识外，还参加了川东师范、重庆联中、重庆留法预备学校学生抵制日货，反对重庆警察厅长郑贤书挪用公款，套购并拍卖日货行径的斗争。

1919年11月中旬，两千多名学生到重庆警察厅示威，抗议警察厅长郑贤书挪用公款套购并拍卖日货，强烈要求郑贤书将日货交出。在此压力下，郑贤书被迫答应将所购日货交商会处理。学生们将其中的部分日货运到朝天门当场焚毁。这场斗争最终以四川当局被迫撤销郑贤书的职务而告胜利。据江泽民（原名江克明）回忆："我们预备学校的同学，为了抵制日货，反对卖国贼，曾经集体到重庆卫戍司令部去示威请愿，在那儿坚持了两天一夜的斗争，取得了初步结果。我们回到学校后，就自动把带有日本商标的牙粉、脸盆等用品摔在地上焚烧，把洋布衣服也撕毁，表示再不用东洋劣货。当时，时代的脉搏，爱国的思潮，在冲击着我们的头脑，广大青年学生和各界人士高昂的爱国热情，给了我深刻的教育。"[①]

这场斗争使邓小平开阔了眼界，爱国救国的思想有所提高。他后来说，这时的所谓救国思想，无非是当时在同学中流行的所谓工业救国思想。在那时他的脑中，只是满怀希望地到法国一面勤工，一面俭学，希

---

① 邓榕：《我的父亲邓小平：激情年华》，中央文献出版社2010年版，第69页。

望学点本事回国，如此而已。

1920 年 7 月 19 日，邓小平经过考试，在重庆留法预备学校毕业，并参加了学校在重庆商会举行的毕业典礼。

毕业之后，邓小平通过了法国驻重庆领事馆的考试及体格检查，取得了赴法勤工俭学的资格。取得资格的有 83 人，邓小平是其中年龄最小的一个。在这 83 人中有 50 多人为贷费生，由重庆留法预备学校提供 300 元路费及其他费用。自费生则由重庆工商界捐款资助每人 100 元，其余费用自筹。邓小平在临行前回了一趟广安向家人告别，同时家里也为他借了一笔钱。此后，他再也没有回过广安。

在此期间，重庆关监督将重庆留法预备学校 83 名赴法学生的姓名、照片函咨法国驻重庆领事署，请其盖章签字，然后转咨法国驻上海领事查验后送法国驻中国公使馆等有关部门。8 月 9 日，法国驻中国公使馆向法国外交部提交注明 83 名学生抵法后选择工种的名单。其中"邓希贤"的工种是"铸铁"。

8 月 27 日，刚满 16 岁的邓小平和重庆留法勤工俭学预备学校的另外 82 名学生，乘法商吉利洋行的"吉庆"号轮船沿江东下，途经宜昌、汉口、九江，于 9 月 5 日抵达上海。邓小平和同学们在上海为办理赴法的各项事宜逗留了一周，他们在上海游玩了两天。这是邓小平第一次到上海。黄浦江上，停靠着许多外国的商船、兵舰，五花八门的外国国旗在江风中飘动。上海给他的印象是"西方冒险家的乐园"。

"那些'工业救国''学点本事'等等幻想，变成了泡影"

1920 年 9 月 11 日，邓小平乘法国邮轮"盎特莱蓬"号启程赴法，踏上了探索人生的道路。

留洋的路是父亲为他选择的，以后的路则是他自己走出来的。

与邓小平一同赴法的同学冯学宗在给亲友的信中，详细地记述了他们这次海上航行的细节和学生们的一些感受：

"14日，船抵香港泊一日。此地背山面海，树木阴翳，商旅云集，街市宽阔，屋宇整齐。此地贸易的人，虽是中国人，但那种种的管辖权，是完全属于英国的了。英人自得此地后，订立了许多束缚华人的条例，近已成为一个沿海最繁华最紧要的商埠了。"

"18号船抵西贡，此地概是平原，自法人夺去之后，此岸建筑码头，岸上房舍街市，都秩然有序。只是有一件悲惨的事，就是那亡国的安南人。他们的国家，既为外人的殖民地，他们的人民，遂不得不受外人的管辖。他们知识较高一点的，就受法人的传唤，养成一种不痛不痒的性质。那知识低下的，就受外人使用，耕牛挽车，不敢稍辞劳苦，偶一懈怠，即加鞭楚，彼等狼狈啼泣，已极可怜，而法人还要设种种恶例，使彼等永无恢复的一天。例如读书要读法文，着鞋要纳税，既灭人家的文字，又要灭人家的种族，正义在哪里？人道又在哪里？安南人蓬首赤足，四季如一，难道就不成问题么？"

"西贡为欧亚交通的要冲，五洋杂处，人口甚繁。中国人侨寓此地数有六七万人，但是入境以后，凡是成年者，每年需纳身税数十元，这也是法人限制外人旅居最严厉的一个方法。我们中国人在世界上向来以'病夫'见称，各国防范甚严，此次船泊西贡，曾见同船的人，上岸时必经种种检查，然后列队到警察署注册，否则不准登岸，从此看来，中国人也像在候补亡国奴了。"

对此次海上航行的感受，江泽民也回忆说："邮船到了各地大海港，都要停上两三天，装卸货物。有钱人上岸去进餐厅、买东西，我们穷学生就上岸去观光游览，饱阅市容，看博物馆，参观名胜古迹。许多城市尽管是高楼大厦，也有许多人是西装革履，但也有不少人是破衣烂衫，沿街乞讨。在有的港口，我看到一些穷苦的儿童游泳在船舶周围，向乘客们哀告乞怜。有的客人就将硬币抛入海水中，那些穷孩子们就潜入海水里去把硬币摸上来，客人们以此取乐，孩子们则以此谋生。当时看了使人心酸。这使我深深感到，世界上的人们同住在一个天空之下，却过着两种大相悬殊的生活，到处都是这样的不平。"①

10月19日，邓小平乘坐的"盎特莱蓬"号邮船抵达法国南部重要的港口和工业城市——马赛。历经39天的海上航行，行程3万余里，途经亚洲、非洲一些国家，邓小平和同学们目睹了帝国主义掠夺、奴役亚洲、非洲国家人民的情景，产生了极大的义愤。

10月20日，邓小平等来到位于巴黎西郊的华法教育会所在地华侨协社，受到了先期到来的学生们的欢迎，其中就有前一年从重庆留法预备学校毕业的四川同乡聂荣臻。随后，他们参观了巴黎市容。邓小平等人受到了触动。

两天后，在华法教育会的安排下，邓小平和他的叔父邓绍圣以及20名中国学生一起到法国西部诺曼底的巴耶中学学习。在这所中学里，中国学生单独一个班，主要任务是提高法语水平，过的是正规的中学学生生活。邓小平后来曾说，那是一家私人开的学校，才上了几个月，没学什么东西，吃得却很坏。

尽管邓小平尽量节俭用度，但学校的食宿费、生活费等学杂费用对于自费生来说仍是一笔不小的开支。1921年1月，华法教育会先后发出两次通告，先是表示该会与来法勤工俭学的学生在组织上没有任何关系，继而明确表示：3月15日后与他们断绝经济关系，对失工同学不再发放维持费，住校的由本人与学校交涉。到了3月上旬，由于学费没有着落，邓小平等20多名在巴耶中学读书的中国学生面临着失学的危机。他们多次与校方交涉，法国教育部也致信校方希望能减免部分学生的费用，均遭到校方的拒绝。3月13日，因无力支付学校的各项费用，邓小平与其他

---

① 邓榕：《我的父亲邓小平：激情年华》，中央文献出版社2010年版，第78页。

18名同学一起被迫离开了巴耶中学。到了5月下旬，留下的几名同学也先后离开了学校。他们共欠学校的费用为2292.5法郎，其中，邓小平欠下的费用是244.65法郎。这些钱后来由法中救济委员会代为偿付了。

邓小平的俭学生涯就这样结束了。

巴耶中学的校长在同年3月给法国教育部的一份报告中说："我怀疑他们是去做工。不管他们去做什么，我认为对他们的学习是极不利的。"

确实，邓小平和同学们是去找工作了。这时的法国经济也处在困境中，一些工厂被迫停工，大批工人失业，中国留学生们找工作更是十分困难。

邓小平等人这次还算是幸运的。4月2日，邓小平和邓绍圣等几名四川学生，经华法教育会的介绍到克鲁梭市施奈德钢铁厂做工。从此，他便开始了作为一个劳动者、一个外籍工人长达四年多的勤工生活。

邓小平被分配到轧钢车间当散工，他的工号是07396，每天的工资只有6.6法郎。根据工厂人事部雇佣登记处填写的登记卡，邓小平的工作能力为"很好"，工作表现为"好"，工厂的评语为"志愿来厂工作"。

邓小平做的"散工"，实际上就是他后来说的"拉红铁"，劳动强度很大，而且很危险。在40℃以上的高温车间，他必须身着厚厚的工作服，脚上还要穿一双特制的木鞋。木鞋与地板硬碰硬，一不小心就会摔跤。如果摔倒在钢材上，全身就会被烫伤。有时轧钢机发生故障，被轧的钢条向外弹射，很容易造成伤亡事故。邓小平的同乡胡伦也从事这项工作，他岁数和个头都比邓小平大，力气也大。据他回忆，"在该厂轻轧车间拉红铁，每天随机器运转，分秒不停，又热又累，还要眼明手快，稍有疏忽，就会被烙伤。这对于17岁的邓小平来说确实不堪重负。4月23日，邓小平辞去施奈德工厂的工作，离开了克鲁梭，来到巴黎。厂方在他登记表的辞职原因一栏上填写的是"体力不支，自愿离开"。后来，他不止一次对人说，他个子不高的原因就是在法国做工时干的活太累，吃不饱饭。

本来，邓小平等人到工厂做工，是想以勤工达到俭学的目的。可是，繁重的苦工让他们精疲力竭，低廉的工资更使他们连日常生活都不能维持。资本家的压榨，工头的辱骂，生活的痛苦，使他本来十分单纯的心灵受到了很大的震撼。邓小平后来回忆道："一到法国，听先到法国的勤工俭学生的介绍，知道那时已在第一次世界大战后的两年，所需劳动力已不似大战期间（即创办勤工俭学期间）那样紧迫，找工作已不大容易，工资也不高，用勤工方法来俭学，已不大可能。随着我们自己的切身体验，也证明了确是这样，做工所得，糊口都困难，哪还能读书进学堂呢。于是，那些'工业救国''学点本事'等等幻想，变成了泡影。"①

"资本家也教训了我，使我和我们这批人受到
教育，走上了共产主义道路，信仰马列主义"

在施奈德钢铁厂20多天的工作，使邓小平尝到了劳动和生活的艰辛，由于劳动强度大，工资微薄，所赚的钱连饭都吃不饱，还倒赔了100多法郎。但是，钢铁厂的这段经历，使得邓小平初步了解到资本主义社会的黑暗面，对工人阶级政治上受压迫、经济上受剥削的地位有了切身的感受，特别是在这里他结识了后来成为早期中国共产党领导人的赵世炎、李立三等，对他后来走上革命道路产生了直接的影响。

4月下旬，邓小平回到巴黎西郊的华侨协社，靠向华法教育会领取每天6个法郎的救济金生活，同时等待做工的机会。他每天只能吃两顿饭，主要是面包加自来水。在此期间，他曾去饭馆当过服务员，到火车站码头当过搬运工，还当过清洁工。

5月20日，他在中国留法勤工俭学的学生给蔡元培的联名信上签了名。联名信由王若飞、陈毅、刘伯坚等人发起，要求将华法教育会创办

① 邓榕：《我的父亲邓小平：激情年华》，中央文献出版社2010年版，第83页。

的里昂中法大学和中比大学改办为工学院，以解决学生们的求学问题。

9月，法国政府决定从10月起停发给予中国留法学生的生活维持费。邓小平等人面临生活绝境。

真是天无绝人之路。10月下旬，邓小平等中国学生又觅得一个工作。10月22日，邓小平进入位于巴黎第十区的香布朗工厂做扎纸花的工作。香布朗工厂专门制作扇子和纸花，当时为完成一批订单招收中国学生做绢花，要求用薄纱和绸子做成花扎在铁丝上，做100朵花可挣两法郎。虽然工资微薄，但对很难找到工作的中国学生来说已经很不错了，一下子有105名中国学生涌入了这家工厂。到底是僧多粥少，到11月4日，绢花完成订货后，邓小平等人即被香布朗工厂解雇。

此后三个多月，邓小平仍四处寻找工作，处于工作和生活上的不稳定状态。其间，一个常住的地点是哥伦布市德拉普安特街9号。

1922年春，法国经济开始好转，一些工厂逐渐恢复生产。2月13日，邓小平来到位于巴黎以南的蒙塔尔纪，在夏莱特市政府的外国人登记处登记，重新找到了一份工作。第二天，他成为当地哈金森橡胶厂的一名制鞋工人，工号为5370。他的工作是制作防雨用的套鞋，每周工作54小时，一天可挣十五六个法郎。在这里，他度过了一段较为稳定的做工生活。

蒙塔尔纪是中国在法国勤工俭学的学生比较集中的一个地区，自1920年以来，差不多有近百名学生先后在这里工作和学习，他们中有蔡和森、蔡畅、向警予、李维汉、李富春、王若飞等。

邓小平在这里做工有了点积蓄，加上又收到了家里卖粮寄给他的一点钱，便又萌生了求学的念头。11月，邓小平离开哈金森橡胶厂前往塞纳一夏狄戎，希望能在那里继续读中学，但最终还是因钱不够，没能入学。

1923年2月，邓小平再次进入哈金森橡胶厂做工，一个多月后，他离开了工厂。这次工卡上注明的离开原因是"拒绝工作"，而且厂方对他突然离厂表示不满，在他的工卡上写上了"永不录用"。

从这时起，邓小平已不再是为了求学而工作了，而是为了追求新的人生目标而奔波了。

238

1985年4月24日，邓小平在会见美国客人时说："我在法国待了五年半，其中在工厂劳动了四年，干重体力劳动。我的个子小，就是因为年轻时干了重劳动。当时工资很低。但也有个好处，这样的生活使我接受了马克思主义。"①几个月后，他对来访的法国对外关系部部长罗朗·迪马也说，"你们的资本家也教训了我，使我和我们这批人受到教育，走上了共产主义道路，信仰马列主义"。②

1917年俄国十月社会主义革命胜利后，马克思主义开始传入中国，一批中国的优秀分子和进步青年率先接受了马克思主义。1920年，在北京、上海、长沙等地出现了第一批中国共产党早期组织。1921年7月23日，中国共产党第一次全国代表大会在上海召开，宣告中国共产党正式成立。自从有了中国共产党，中国革命的面貌开始焕然一新。中国共产党的成立，使灾难深重的中国人民有了新的可以信赖的政治组织者和领导者，中国的前途有了光明和希望。

1919年五四运动前后，在中国的广大青年学生中间掀起了一场留法勤工俭学的热潮。从1919年至1920年，共有17批约1600多名青年学生来到法国，这些人中的进步青年在勤工俭学的同时开始研究和探索马克思主义，有的在国内就已受到马克思主义的影响，其中最著名的有赵世炎和周恩来等。1921年3月，张申府、刘清扬与旅法留学生领袖赵世炎、周恩来等人，秘密成立了巴黎共产主义小组。中国共产党成立后，在海外的中国革命者也积极筹划建立共产主义组织。1922年6月，来自法国、德国、比利时三国的18名勤工俭学学生齐集法国巴黎郊区的布罗尼森林举行会议，成立了旅欧中国少年共产党，选举赵世炎、周恩来、李维汉为中央执行委员会委员，赵世炎为书记，周恩来负责宣传工作，李维汉负责组织工作。委员会的办公地点设在巴黎十三区意大利广场附近的戈德

---

① 中共中央文献研究室编：《邓小平年谱（1975—1997）》（下），中央文献出版社2004年版，第1043页。

② 同上书，第1072页。

弗鲁瓦街17号的一座小旅馆内。1923年2月，旅欧中国少年共产党召开临时代表大会。会议决定旅欧中国少年共产党加入中国社会主义青年团，成为中国社会主义青年团旅欧支部；将旅欧中国少年共产党改名为旅欧中国社会主义青年团，其领导机构改称旅欧共青团执行委员会。周恩来当选为执行委员会书记。

邓小平是在哈金森橡胶厂做工期间逐渐接受革命思想的。这个厂里聚集了一批进步的留法勤工俭学学生。赵世炎经常到这个厂进行革命活动。在这个厂做工的王若飞与邓小平接触比较多，他经常和邓小平一起散步、交谈，向邓小平介绍革命思想。

在赵世炎和王若飞的影响下，邓小平开始阅读关于社会主义的杂志，如《新青年》《向导》等。几年后，邓小平在进入莫斯科中山大学时填写的几份表格中这样写道，"最使我受影响的是《新青年》第八、九两卷及社会主义讨论集，我做工的环境使我益信陈独秀们所说的话是对的。因此，每每听到人与人相争辩时，我总是站在社会主义这边的"[1]。"从自己的劳动生活中，在先进同学的影响和帮助下，在法国工人运动的影响下，我的思想也开始变化，开始接触一些马克思主义的书籍，参加一些中国人和法国人的宣传共产主义的集会"[2]。"生活的痛苦，资本家的走狗——工头的辱骂，使我直接或间接地受了很大的影响。最初两年对资本主义社会的罪恶有感觉，然以生活浪漫之故，不能有个深刻的觉悟，其后，一方面接受了一点社会主义尤其是共产主义的知识，一方面又受了已觉悟的分子的宣传，同时加上切身的痛苦，于是遂于1923年加入了'中国共产主义青年团旅欧区'。……我从来就未受过其他思想的浸入，一直就是相当共产主义的。"[3]

1923年6月，邓小平正式加入了旅欧中国共产主义青年团。

---

① 刘金田主编：《邓小平的历程》（修订本），人民出版社2014年版，第25页。
② 同上书，第1页。
③《邓小平自述》，解放军出版社2005年版，第9—10页。

"我自从十八岁加入革命队伍，就是想把革命干成功，没有任何别的考虑"

旅欧中国少年共产党1922年成立后，于8月1日创办了机关刊物《少年》。它的主要任务是传播共产主义学理。当时正处在建党建团的初期，因此《少年》用相当的篇幅阐述共产党的性质和作用，刊登马克思和列宁著作的译文，宣传建党建团的意义，赵世炎、周恩来等都曾在上面发表文章，宣传马克思主义。

邓小平到巴黎后，开始在《少年》编辑部工作，据蔡畅回忆：《少年》刊物是轮流编辑，邓小平、李大章刻蜡版，李富春发行。邓小平、李富春白天做工，晚上搞党的工作，而周恩来则全部脱产。

1924年2月1日，《少年》杂志改名为《赤光》，正式出版。《赤光》是半月刊，16开本，每期十多页。到1925年止，一共出版了33期，在勤工俭学学生、华工、华人圈里影响很大。邓小平负责《赤光》杂志的刻蜡版和油印工作。他经常是白天做工，下工后即赶到《赤光》编辑部。在那狭小的房间里，周恩来将写好或修改好的稿件交给他，邓小平把它一笔一画地刻写在蜡纸上，然后用一台简陋的印刷机印好，再装订起来。为了保证每半月出一期，每期12页左右的内容，周恩来、邓小平一同忘我地工作着。经常是深夜工作完成后，邓小平就在这小房间里打上地铺和周恩来睡在一起。从这时开始，邓小平在周恩来领导下工作，他们建立起了深厚的友谊。

以曾琦、李璜为首的中国青年党在旅欧留学生中，标榜信仰国家主义，人们习惯称他们为"国家主义派"。国家主义派以法国为中心，以《先声》周报为阵地，标榜"国家至上"，否定阶级斗争，反对中国共产党的政治主张，反对共产党员加入国民党实行国共合作，反对建立反帝反封建的革命统一战线。

面对国家主义派的攻击和挑衅，旅欧党团组织给予了严厉的驳斥，同他们在理论上、政治上展开了针锋相对的斗争。周恩来等曾在《赤光》上连续发表了《革命救国论》《救国运动与爱国主义》等文章，运用马克思主义的阶级分析观点，对国家主义派进行批驳。邓小平也撰写了《请看反革命青年党人之大肆捏造》，以"希贤"的名字发表在《赤光》第18期。

邓小平还在第21期、第22期合刊上发表了《请看帝国主义的阴谋》和《请看先声周报之第四批造谣的新闻》两篇文章。在《请看帝国主义的阴谋》一文中，邓小平抨击了国际帝国主义企图以统治德国的道威斯计划侵略和统治中国的阴谋。他写道："这是最近国际帝国主义对于中国之阴谋！其实中国自四国银行团到新银行团之包办借债，关税盐税之外人管理，铁路航路之利权丧失，……早已在比统治德国的道威斯计划还十分厉害的道威斯中了。现在它还要用新的道威斯计划来统治中国，……简直是要想吸尽全中国人民最后的那一点血！"

后来他回忆说：他在《赤光》上写了不少文章，用好几个名字发表。那些文章就是主张国民革命，同国民党右派斗争，同曾琦、李璜斗争。

1924年7月13日至15日旅欧中国共产主义青年团召开第五次代表大会。邓小平当选为新的执行委员会委员，在执委会举行的第一次会议上，邓小平和周唯真、余增生三人组成执行委员会书记局，邓小平具体负责抄写、油印及财务管理，根据党的规定，当时担任旅欧共产主义青年团执行委员会（支部）的领导成员，就正式转为中国共产党旅欧支部的党员。

邓小平后来说："那个时候能够加入共产党就不容易。在那个年代，加入共产党是多大的事呀！真正叫做把一切交给党了，什么东西都交了！"①

这是邓小平革命生涯中的一个重要转折点。这时他还不满20岁。

1924年12月，邓小平参加旅欧中国共产主义青年团第六次代表大会，大会决议支部下设监察处，邓小平当选为监察处成员之一。会后，他被委托为工人运动的负责人之一。第二年春，作为中共旅欧支部的特派员，他被派到里昂地区工作，任宣传部副主任、青年团里昂支部训练干事，并兼任党的里昂小组书记。作为那里的党团地方组织的领导人，邓小平同时在里昂做工。

1925年五卅运动爆发后，在法国的勤工俭学学生、华工等各界华人在中共旅欧支部的领导下，掀起了声援国内五卅运动的斗争。

6月7日，由中共旅欧支部、中国共产主义青年团旅欧执行委员会和中国国民党驻法总支部联合发起，由赤光社、留法勤工俭学学生总会、旅法华工总会等28个团体代表参加的旅法华人大会在巴黎布朗街94号社会厅召开。大会声讨了帝国主义屠杀中国人民的罪行，声援了中国工人、学生和商人的正义反抗斗争。大会还成立了旅法华人援助上海反帝国主义运动行动委员会（简称"行委"）。会议决定6月14日旅法华人在巴黎举行游行，向欧洲帝国主义示威抗议。

原定的游行示威由于法国当局横加制止和武力破坏而未能成功。于是，"行委"决定变更方式，改在中国驻法公使馆内示威。6月21日下午1时，几百名旅欧华人到巴黎社会厅集合，举行了"临时紧急大会"，通过了几项要求后，即分乘20多辆汽车向位于巴比伦街57号的中国驻法公使馆进发。

一到使馆，立即分头行动，有的把守大门，有的占领电话机，有的负责切断对外交通。在使馆外面担负援助侦察的人把事先准备好的旗帜、标语悬挂在使馆大门和围墙上，上面写着"推翻国际帝国主义""废除不平等条约""中国是中国人民的"等口号，并向行人和围观者散发法

---

① 邓榕：《我的父亲邓小平：激情年华》，中央文献出版社2010年版，第139页。

文传单。

使馆内的群众将公使陈箓团团围住，质问他为何自从上海爆发反帝运动以来，丝毫无所表示，并把事先印好的电报、通知等文件放在他面前，叫他签字盖章。陈箓起初拒绝，继而不敢开腔，最后不得不在所有的文件上签字盖章，并保证旅法华人今后有行动自由和游行示威的权利。至此，预定的全部工作都已完成。

这时，使馆外的同志报告说，大批警察正在向这里赶来。于是大家撤出使馆，分散行动。就这样，一场漂亮的斗争不到一小时就胜利结束了。这是旅法华人在欧洲的中心巴黎所取得的一次反对帝国主义的重大胜利。

旅法华人这场斗争震动了法国，也几乎震动了整个欧洲。法国当局惶恐不安，派出大批警察，四处检查搜索。6月22日，法国政府命令警察大肆搜捕旅法的中国共产党人。几天之内，中共旅欧领导人任卓宣、李大章以及中共党员、青年团员20多人相继被捕入狱，随后，法国当局又将47名中国留法勤工俭学学生驱逐出境。

面对法国当局的迫害，一些立场不坚定的留法勤工俭学学生退出了旅欧中国社会主义青年团。6月24日，中共旅欧支部决定：今后革命活动均以中国国民党驻法总支部的名义进行。

邓小平回忆说："因在巴黎的负责同志为反帝国主义运动而被驱逐，党的书记萧朴生同志曾来急信通告，并指定我为里昂—克鲁梭一带的特别委员，负责指导里昂—克鲁梭一带的一切工作。当时，我们与巴黎的消息异常隔绝，只知道团体已无中央组织了，进行必甚困难。同时，又因其他同志的催促，我便决然辞工到巴黎为团体努力工作了。到巴黎后，朴生同志尚未被逐，于是商议组织临时执行委员会，不久便又改为非常执行委员会，我均被任为委员。"[1]

邓小平回到巴黎，自动接替了党团组织的领导职务。1925年6月30

---

① 邓榕：《我的父亲邓小平：激情年华》，中央文献出版社2010年版，第129页。

日，成立了中国共产主义青年团旅欧区临时执行委员会，邓小平为委员，和傅钟、毛遇顺三人组成书记局，继续开展革命活动。

"我们的行动法国警察都是清清楚楚的"

邓小平等人的活动，引起了法国警方的注意。尽管他没有被逮捕或被驱逐，但同样受到了法国巴黎警察局的跟踪和监视。巴黎警察局派出情报员，密探监视邓小平等人的住地和聚会场所，并掌握了一些情况。我们可以根据法国有关部门的一些档案中的监视跟踪记录来了解邓小平在法国最后一段时间的工作斗争情况。现存的法国国家档案中，有不少关于邓小平等人的活动的记载："1925年7月1日，在比扬古尔市特拉维西尔街14号召开一次会议，共有33人参加。会议主席首先讲话，说，旅法中国行动委员会大部分成员均已被逮捕，所以有重新组建的必要。此外，最近将要用法文和中文印刷抗议声明，以便在巴黎散发。会上，反欧洲资本主义的激进分子表示，坚决反对法方驱逐中国同胞的行径，尤其是对本星期六还要驱逐10名中国人表示强烈愤慨。当饭店的老板进来说警方来了时，会议就结束了。"

"旅法中国行动委员会昨天（7月2日——编者注）下午在布瓦耶街23号召开会议，抗议国际帝国主义，共有70多人参加。该委员会主席说，我们成立了行动办公室，其人员组成尚未上报代表大会，待小组选举。会上共有8人发言，其中邓希贤的主张为反对帝国主义，应同苏联政府联合。"

8月16日，邓小平在巴黎召开的中国国民党驻法总支部执行委员会第四次全体会议上，当选为监察委员。17日，旅欧中国共产主义青年团召开第七次代表大会第一次执委会，由傅钟、邓希贤、施去病三人组成书记局。在这次会议上，邓小平还被指定为中国国民党驻法总支部监察委员会书记。

邓小平、傅钟、邓绍圣等人还在党团刊物上担任撰稿人。

8月20日，法国警方查明邓小平此时住在比昂古尔市卡斯特亚街3号。

法国国家档案1925年9月9日记录："9月6日，在贝勒维拉市布瓦耶街23号召开了一次会议，有40多人参加。自从中国公使馆事件发生后，部分中国共产主义者居住在巴黎地区，并采取了紧急措施，以防被人发现。此会的目的，是纪念廖仲恺先生。调查待继续进行，以便进一步摸清会议的组织者和与会者。"

9月15日中午，在巴黎塞纳河旁一个会议厅内，1000多名旅法华人举行了声势浩大的反帝大会。会议首先由中共党员、国民党驻法总支部副主席施益生发言。他说自五卅反帝运动以来，旅法华人积极投入斗争，但这还不够，还要再接再厉，奋勇前进，高举无产阶级国际主义的旗帜，一致向英、日、法、美等帝国主义开炮，一定要把他们驱逐出中国领土之外，完成中华民族解放的伟大事业。随后，法国共产党代表道里欧、法国国会议员马尔驰、越南共产党代表、非洲黑人代表相继踊跃发言。最后由共产党代表傅钟和萧朴生发言。他们指出，五卅运动是世界无产阶级社会主义革命的一部分，全世界无产阶级和劳动人民要团结一致，同帝国主义作针锋相对的斗争，不获全胜，决不收兵！会上群情激昂，高喊"打倒帝国主义""打倒军阀""中华民族解放运动胜利万岁"等口号。作为支部领导成员，邓小平虽然没有在会上发言，但参与组织领导了这次会议。

10月24日，邓小平主持了一个有25人参加的中国共产主义者会议，讨论重建旅法中共组织机构问题。

11月6日，邓小平进入雷诺汽车厂做钳工。工卡上的登记为"熟练工种工人"；分配在76号车间，磨件单位工价1法郎5生丁。此时，法国警方仍然严密监视他。

11月15日，邓小平在巴黎主持了一次国民党的群众大会，纪念国民党旅欧负责人王京歧，并揭露国际帝国主义和法国帝国主义对进步人士的迫害。

邓小平在法国共担任了一届半的支部领导，他的活动，已引起了法国警方的特别注意。法国警方开始秘密监视他，跟踪他。

1926年1月3日，在旅法华人援助上海反帝国主义运动行动委员会召开的会议上，邓小平向与会的70多人发表演说。他主张努力促进并支持冯玉祥将军与苏联和解，建立良好的关系，以大力推进反对国内军阀和国际帝国主义的斗争。他特别提出，应团结苏联开展对国际帝国主义的斗争。会议对邓小平的发言进行了详细的讨论。最后投票通过了一份致中国驻法公使陈箓的最后通牒，要求他："一、向法国政府和巴黎的外交使团抗议他们所奉行的帝国主义侵略政策。二、致电中国驻各国的使节，敦促他们向所驻国政府提出抗议，反对国际帝国主义，抗议派军舰和军队到中国屠杀中国人民。"显然，这次会议是声援五卅运动游行示威的继续，它说明，旅法华人的反帝斗争，在中共旅欧党团组织下仍在继续着。

1月7日，法国警方弄到了一份详细的报告：

据本月5日获得的情报，旅法中国人小组行动委员会曾于1月3日下午，在贝勒维拉市布瓦耶街23号召开了一次会议。在这次会议上，有好几个讲演的人提出'反对帝国主义'，并要求在法国的中国人联合起来支持冯玉祥的亲共产党、反对北京政府的政策。行动委员会在会上还决定要求中国驻巴黎的公使先生对中国的南北冲突表明立场，并起来反对任何国际干涉。"

由于行动委员会的组织非常审慎，虽对其进行了调查，但未能发现这个委员会的所在地及其组成人员。然而，在1月3日会议上发言的几个中国人已被辨认出来了。

他们中的一个人叫邓希贤，1904年7月12日①出生于中国四川省邓文明和淡氏夫妇家。他从1925年8月20日起就住在布洛涅——比扬古尔市的卡斯德亚街3号。他符合有关外国人的法律和政令的规定。他于1920年来到法国。开始，他在马赛做工，后又到巴耶、巴黎和里昂。1925年他重新回到巴黎后，在比扬古尔的雷诺厂当工人，直到本月3日。他作为共产党积极分子代表出席会议，在中国共产党人所组织的各种会议上似乎都发了言，特别主张亲近苏联政府。

此外，邓希贤还拥有许多共产党的小册子和报纸，并收到过许多寄自中国和苏联的来信。

有两个中国同胞与邓希贤住在一起，好像他们也都赞成邓希贤的政治观点。外出时，他们总是陪伴着邓希贤。傅钟，1903年6月出生于中国（实应为1900年出生），他们符合外国人在法国的法律，声称是学生，没有从事任何工作。

由于在巴黎的中国人很封闭，了解他们的情况很难。为了弄清情况，看来有必要通过警察总局局长先生的允许，对他们在比扬古尔的几个住地进行访问调查。可以通过房主搞清一些情况，这样就有可能通过检查身份证了解他们中间的被通缉的共产党人。

有三家旅馆应密切监视：卡斯德亚街3号，特亚维西尔街14号，朱勒费里街8号。

1995年，当中国记者为拍摄大型文献纪录片《邓小平》前往法国拍摄采访时，在法国国家档案局查到了一些留存了70年的档案材料。从这些档案中可以看出，从1925年6月起，邓希贤就成为法国警方监视的对象，他的名字频繁出现在档案当中。法国警方根据掌握的邓希贤活动的详细情报，决定于1月8日对邓希贤等人的住所进行搜查，并决定将邓希贤等3人驱逐出境。这个命令是1926年1月8日签署的。在保留至今的这

---

① 此处为农历日期。

份命令上还注明了"面交"字样。但是，他们晚了一步，搜查扑空，邓希贤等人已于7日晚上离开法国。

法国警方8日早晨5时45分至7时，对位于布罗尼—比扬古尔的朱勒费里街8号、特拉维西尔街14号、卡斯德西来街3号的三家旅馆进行了搜查。在邓小平等3人的房间里卡斯德亚街3号旅馆的5号房，发现了大量法文和中文的宣传共产主义的小册子（《中国工人》《孙中山遗嘱》《共产主义ABC》等）和中文报纸，特别是莫斯科出版的中国共产主义报纸《进步报》，以及两件油印机的配件，并带有印刷金属板、滚筒和好几包印刷纸。

这时的邓小平已经踏上了奔赴莫斯科的征程。

"打定主意，更坚决地把我的身子交给我们的党"

1926年1月7日，邓小平和傅钟、邓绍圣等人受党的指派，乘火车离开法国，前往十月社会主义革命的故乡——苏联。

邓小平前往苏联莫斯科，是早在1925年5月中共旅欧支部就决定了的。5月29日中共旅欧支部执委会在给中共旅莫地方执委会的信中就拟定了到莫斯科学习的名单，邓小平就在其中。他当时的名字还叫邓希贤。

1925年11月18日，曾在法国勤工俭学参加中国共产党，1923年赴莫斯科的袁庆云给傅钟等人写信，要他们等候通知。20天以后，莫斯科方面又给傅钟等人来信说："11月18日寄你们的信想已收到，关于邓希贤、刘明俨、傅钟、宗锡钧、徐树屏五人接到信后尽可能的速度动身前来。如宗锡钧不能来，即以李俊杰补充之。必须来此的理由前函已说明，站在C、P（指共产党）及革命的利益上必须即刻来此学习。"

1926年1月7日，中国共产主义青年团旅欧支部执行委员会发出通告："赴俄同志二十人，已决定今晚（1月7日）由巴黎起程……他们大约不久即可回到中国。同志们！当我们的战士一队队赶赴前敌时，我们更当紧记着那'从早归国'的口号。"①1月23日，中国共产主义青年团旅欧支部负责人刘明俨写道："1月7日，此间有21个同志起程赴俄。"名单中就有"傅钟、邓希贤、邓绍圣"等人。

邓小平在前往苏联途中曾在德国作过停留。据他后来讲，在德国停留时住在一个老工人的家里，受到了德国工人阶级的热情接待。这位老工人把床铺让给他们，自己一家则睡在地板上。几十年以后，邓小平仍不忘这件事，称那是真正的无产阶级的同志式的热情接待。

1926年1月中旬，邓小平来到了苏联莫斯科，进入苏联莫斯科东方劳动者共产主义大学，不久转入莫斯科中山大学学习。

莫斯科东方劳动者共产主义大学，创办于1921年，它为苏联东部地区民族训练干部，也为东方国家培训干部。1923年中共旅欧支部就曾派赵世炎、王若飞、陈延年、陈乔年、佘立亚、高风、陈九、王凌汉、郑超麟、袁庆云、王圭、熊雄等12人进入该校学习。孙中山改组国民党后，实现第一次国共合作，随着国内形势的发展，国共双方都迫切需要干部，这样原来东方大学的培训，已不能适应中国国内的需要。于是，1925年苏联又创办了中山劳动大学专门为中国革命培养人才，用马克思主义"培养中国共产主义群众运动的干部，培养中国革命的布尔什维克干部"。

邓小平一到中山大学，便精神饱满地投入到学习当中。他自己填写的《每周活动研究成绩表》（1月19—22日），记载了他初到莫斯科四天的情况："十九日，上课8小时；阅报或参考书半小时；阅党团出版物半小时；与三人谈话一小时；填写党团调查表二小时，共十二小时。二十日，上课六个半小时；有组织的谈话一个半小时；中大校长找去谈话四小时；散步四十五分钟；共十二小时零四十五分钟。二十一日，阅党团出版物半小时；谈话一个半小时；团体会议八个半小时；洗澡一小时；

---

① 邓榕：《我的父亲邓小平：激情年华》，中央文献出版社2010年版，第138页。

搬家二小时，共十三个半小时。二十二日，阅党团出版物四十五分钟；谈话一小时；团体会议六个半小时；晚会四个半小时；洗被子四十五分钟；共十三个半小时。"关于读书情况填写："按照团体规定，读了《前进报》第四期、第五期，《列宁论党》，《向导》第一三九期。在'了解程度有无疑难处'一栏填写：'无疑难处，不过不一定记得。'在'对团体的批评和建议'一栏填写：'一、武装训练的规定，很合乎中国革命情形及党的需要。二、有方法实行武装训练，特别是同志间互相督促，互相训练的工作能切实做到。'在'对同志和自己的批评与观察'一栏填写：'因与同志个人接触不深，故此刻没有批评。'在'对自己评价'一栏填写：'我来此虽不久，团体对我已有很正确的批评，使我知道自己的缺点，向着自新的路上走去，向着使我成就一个真正的共产党员的路上走去。我已有在我的错误中去改我的错误的决心，使自己得到进步。'"①

1月29日，他在填写的《旅莫中国国民党支部党员调查表》中介绍了自己的一些情况："在'读过何种对于社会科学的书籍'一栏填写：'马克思、恩格斯：《共产党宣言》，孙文：《建国方略》《民族主义》《民权主义》《孙中山先生演讲录》《国民党演讲集》二集，《陈独秀先生演讲录》。'在'过去常看的书报和杂志'一栏填写：'《新建设》《新青年》《向导》《中国青年》《广州国民日报》。'在'来俄的志愿'一栏填写：'学习革命工具'。"②

中山大学开设的课程，注重对革命理论和实践的讲授，注重对国际共产主义运动中经验教训的总结。必修课是俄语、经济学、历史、现代世界观问题、俄国革命的理论与实践、民族与殖民地问题、中国的社会发展问题、语言学等。具体课程为：中国革命运动史、世界通史（革命运动部分）、社会发展史、哲学（辩证唯物主义与历史唯物主义）、政治

---

① 中共中央文献研究室编：《邓小平年谱（1904—1974）》（上），中央文献出版社2009年版，第27—28页。
② 同上书，第28页。

经济学（以《资本论》为主）、经济地理、列宁主义以及军事课。军事课主要学习军事理论，进行军事训练。除此之外，共产国际、苏联共产党、中国共产党驻共产国际代表团的负责人，都经常到中山大学，就国际共产主义和中国革命中的一些重大问题进行讲演，使学生们受到许多深刻的马克思主义教育，进一步加深了对书本知识的理解。

学生进校以后，首先要学习俄语，第一学期俄语学习时间特别长，每周六天，每天四小时。中山大学的教学方法也别具一格，注重对学生的启发式教育，注重学生对理论知识的理解与掌握。

在教学中，由教授先讲课（用俄语，但有中文翻译）；然后学生提问，教授解答；再由学生开讨论会，自由讨论；最后由教授作总结发言。教学基本单位是班（亦有人称为小组）。1926年年初有学生300余人，设有11个班，每班30人到40人不等。到1927年年初，学生已超过500人。

在中山大学的学生中，既有著名的共产主义运动活动家、著名的学者、教授，也有已在国内上过高中、大学的青年，还有从基层推荐来的仅有小学文化程度的工农干部。针对这一情况，学校根据学生知识水平的差异，按照学生具体情况来分班。对文化水平较低的学生设有预备班，进行初级教育；对俄语程度较高的学生，开设翻译速成班。

邓小平开始被分在第九班，后来又先后被分到第一班、第二班、第十一班和第七班。

中山大学联共（布）的组织是支部局，相当于校党委。第一期限学员入校后曾成立"中国共产党中山大学莫斯科支部"，简称"旅莫支部"。旅莫支部是中山大学内中国共产党的独立组织，不归中山大学联共（布）支部局领导。1926年夏中共旅莫支部解散后，全体中共党员都转为联共（布）候补党员，归联共（布）支部局领导。

邓小平他们来后，中共旅莫支部进行了改选，由傅钟担任书记。中共旅莫支部规定，每一个共产党员学生，都要在党组织内，过严格的组织生活。党、团员每周有一次党小组会。通常每个小组20人至25人，由一名指导员主持。

中山大学的学生徐君虎后来回忆说:"第一期学员共有600多人。我和蒋经国同班,而且分在同一个团小组,我们的团小组长就是邓小平。邓小平、蒋经国个头都不高,站队时常肩并着肩。邓小平比我们都大,经验也远比我们丰富。1920年12月,邓小平刚16岁就去法国勤工俭学,1925年即已成为中共旅法支部负责人,因遭法国政府迫害于1926年1月与傅钟、任卓宣从巴黎到柏林,又从柏林来到莫斯科。在学校里,他们三人脖子上都围着蓝白道的大围巾,但个性各异:邓小平爽朗活泼、爱说爱笑,富有组织才能和表达才能;傅钟老成持重,不爱言谈;任卓宣像个书呆子。我、左权、赵可夫等初到莫斯科,觉得一切都是那么新鲜、有趣,尽管天寒地冻,饭后总爱到学校对面的广场、公园和莫斯科河畔去散步,领略异国风光,边散步边聊天,尤其是听邓小平讲在法国勤工俭学和那些惊心动魄、带有传奇色彩的革命斗争故事,更是别有情趣。有一次,蒋经国和我问邓小平:你干吗老围着一条大围巾呢?邓小平说:在法国留学的中国学生常去当清洁工,尤其是捡马粪,因为在法国捡马粪挣钱多,干一天能搞足一个星期的开销,最划得来,法国的清洁工都围那么一条围巾。我和蒋经国这才明白:邓小平他们为当过清洁工而自豪。"

邓小平刚到莫斯科不久被分到了第九班,担任中共党小组长。这个党小组是1926年2月组成的,共有党员14人(其中正式党员4人,其余10人候补期已满,尚未转正),青年团员6人。

据1926年6月13日邓小平填写的党小组工作调查表,这个党小组从成立到6月上旬,共开了9次会议。其中三次是讨论"工作大纲",两次讨论"第三国际扩大会议对于中国支部的决议",一次讨论"中国共产党与国民党",一次报告"处罚三同志的理由",两次是关于批评的会。这份调查表还记载:本组讨论的问题90%都解决了,仅有一个问题尚未解决,即"马克思主义与孙文主义"。每次会议,除党员参加外,青年团员也全体参加,"缺席者少极","到会者约有98%"。本组同志能够遵守纪律，每次讨论都很热烈，特别是对"中国共产党与国民党""第三国际扩大会议对于中国问题的决议"以及"中国时事"等议题。这份调查表还反映出，党小组内党员与青年团员关系很密切，并注意积极发展他们入党。

作为党小组组长的邓小平工作如何呢？调查表中记载"对于党组的工作都还热心，很少迟到"。

在党小组活动中，邓小平对一些重要问题，态度鲜明，坚持原则。有一次，在党小组会议上，班指导员苏联人瓦克思说"共产党对国民党不必有秘密"。邓小平和一些同学不同意这个观点，同他争论。后来，邓小平一直闹到校方，直到瓦克思承认观点错误为止。

在中山大学中共党支部的一份《党员批评计划案》记载了1926年6月16日中共党组织对邓小平的评价：

姓名：邓希贤

俄文名：多佐罗夫

学生证号码：233

党的工作：本班党组组长。

一切行动是否合于党员的身份：一切行动合于党员的身份，无非党的倾向。

守纪律否：守纪律。

对于党的实际问题及其他一般政治问题的了解和兴趣如何，在组会中是否积极地或是消极地提议各种问题讨论，是否激发同志们讨论一切问题：对党的纪律问题甚为注意，对一般政治问题亦很关心且有相当的认识，在组会中亦能积极参加讨论各种问题，且能激发同志讨论各种问题。

出席党的大会和组会与否：从无缺席。

党指定的工作是否执行：能切实执行。

对同志们的关系如何：密切。

对功课有无兴趣：很有兴趣。

能否为别人的榜样：努力学习，可以影响他人。

党的进步方面：对党的认识很有进步。无非党的倾向。能在团员中树立党的影响。

在国民党中是否消灭党的面目：未。

在国民党中是否能适合实行党的意见：能。

做什么工作是最适合的：能做宣传及组织工作。

这份党组织的鉴定，是研究邓小平早年思想和工作情况的重要文献。反映了邓小平在中山大学时的基本情况，具有重要的史料价值。

在中山大学内部，情况十分复杂。当时，苏联共产党内路线斗争十分激烈，各方面都在中山大学发表演讲，介绍自己一方的主张，并争取中山大学学生的支持。在中山大学的学生中，原来有一批是国民党方面派来的，随着国内阶级斗争的发展，国民党竭力破坏国内的革命统一战线，随时有可能背叛革命。中山大学由国民党派来的学生也产生了严重的分化。有的站在国民党左派一边，有的站在国民党右派一边。共产党员学生和国民党右派学生之间，经常发生激烈的辩论和斗争。

由于邓小平文化水平属于中上，又有革命斗争的经历，后来被编到了人称"理论家班"的第七班。这个班里云集了当时在校的国共两党的重要学员，中共方面有邓小平、傅钟、李卓然、左权、朱瑞等。国民党方面则有谷正纲、谷正鼎、邓文仪、屈武等。按邓小平的说法，就是共产党和国民党的尖子人物都在一个班，因此这个班很有名。他们经常在一起讨论中国的问题，经常发生激烈的争论。邓小平是经常同国民党右派学生激烈辩论者之一，他雄辩的口才是出了名的，有"小钢炮"之称。

邓小平在法国期间，就曾经认真阅读过一些马克思主义的重要著作，他所在的中国社会主义青年团旅欧支部，每周都要组织一次学习马克思主义的讨论会，以加深团员对马克思主义的理解，这些学习和讨论，奠定了邓小平的马克思主义基础知识。在中山大学，邓小平得以有机会认真地、全面地接受马克思主义的系统教育，并了解了许多国际共运、联共党内和中国国内的基本情况，理论水平和对中国革命的认识，都大大提高了。

1926年11月5日，邓小平在将要离开莫斯科中山大学时，中山大学联共（布）党支部给他的鉴定书上写道："多佐罗夫同志是一个十分积极、精力充沛的党员和共青团员（联共（布）预备党员）。他是该大学共青团委员会的一名优秀组织工作者，组织纪律性强，有克制能力，学习能力强，在团委会的组织工作中积累了丰富的经验，进步很快。积极参加社会工作，同其他人保持同志关系。学习优秀、党性强（单独开展工作——单独做国民党党员的工作，被指派做这项工作的都是最优秀的党员）。该同志最适合做组织工作。他具有在法国无产阶级组织的工作经验。" ①

邓小平在莫斯科中山大学学习了一年。他专心读书，认真钻研马克思列宁主义，受到了系统的理论教育。他积极参加党组织的活动和学校组织的各项政治活动，在政治上、思想上、组织上，都得到了很大锻炼和提高。这一年的学习，奠定了他以后从事革命领导工作所必需的深厚的马克思列宁主义理论的基础，使他一生中都受益很大。

"做秘密工作，非常的艰苦，那是吊起脑袋在干革命"

1927年春，邓小平途经蒙古，穿过沙漠，到达西安。

邓小平回国时，国共两党的合作已处在走向破裂的前夜，政局动

---

① 中共中央文献研究室编：《邓小平年谱（1904—1974）》（上），中央文献出版社2009年版，第30页。

荡。他接受中共中央的分配，到刚刚成立的西安中山军事学校工作。

西安中山军事学校隶属于冯玉祥的国民军联军总部，是由国民党左派当时担任国民军联军防陕总司令的于右任创办的，实际上是由刘伯坚等几位共产党人筹建起来的，学校的主要任务是培训国民军联军营、连、排初级军官，以及中共选送的革命青年。学校的主要领导职务也都由共产党派人担任。校长史可轩就是一名中共党员，他还担任国民军联军防陕总司令部政治保卫部部长兼政治保卫师师长。副校长李林是从苏联回国的共产党员。组织科长高克林，以及负责学员日常操练的总队长许权中都是共产党员。学员分为三个大队，大队长也分别由共产党员担任。分队的主要军事、政治干部绝大多数是共产党员和共青团员。可以说，在当时西安中山军事学校是一个红色的学校。

冯玉祥，安徽巢县人，曾任北洋陆军第十一师师长，陕西、河南的督军及陆军检阅使等职。1926年9月，当北伐的国民革命军攻抵武汉时，他在苏联顾问团与中国共产党人刘伯坚等的全力帮助下，率部宣布脱离北洋军阀的系统，在五原宣誓就任国民军联军总司令，公开宣布集体加入当时作为革命统一战线组织的中国国民党，接受国共合作纲领，接受"联俄、联共、扶助农工"三大政策，举起打倒北洋军阀政府，配合南方国民革命军北伐的旗帜。

邓小平在中山军事学校担任政治处处长兼政治教官，并任该校中共党组织书记。

中山军事学校的教学主要是军事训练和政治教育。政治课程有社会科学概论、帝国主义侵略中国史、列宁主义概论、土地问题、农民问题、军队的政治工作等。对共产党员和积极争取入党的学员还要加授《什么是共产党》和《共产主义ABC》等党课。邓小平回忆说，政治教育主要讲革命，公开讲马列主义。

邓小平除了负责政治工作外，还讲政治课。有同学回忆说："他经常给学员讲中国大革命的形势和任务，法国大革命和苏联革命的经验，要求每个军人遵守纪律，养成吃大苦、耐大劳、英勇善战的作风，使学员在谈笑中明白了许多革命道理。"①

在史可轩、李林、邓小平等一大批共产党人的努力下，这所学校办得朝气蓬勃，被人们称为"西北黄埔"或"第二黄埔"。学校培养出一批有革命觉悟的初级军官和党政工作干部，并向国民军联军驻陕总司令部政治保卫队输送了一批毕业生，逐步组建了一支由中国共产党掌握的武装力量。这支武装力量在1928年成为陕西渭华暴动的基础。陕北红军的一些著名将领，如刘志丹等都曾在这所学校学习过。

在西安期间，邓小平也曾短期在西安中山学院兼职讲课，这个学校也是由共产党派人创办起来的。有学员回忆，邓小平作报告时用手卡着腰，讲得很生动。除此之外，邓小平还参加了西安的一些党团会议和革命群众集会。

1927年4月，中国政局发生突变。蒋介石公然背叛革命，发动了"四一二"反革命政变，大肆屠杀共产党人和革命群众。曾经参加革命、倾向进步的冯玉祥开始倒向蒋介石。6月10日，冯玉祥参加了汪精卫在郑州召开的反共会议。6月19日，冯玉祥下令所有在他部队工作的共产党员集中到开封，并逮捕了中山军事学校校长、共产党员史可轩，将其杀害。冯玉祥一边对其军队中的共产党人进行清除，一边在开封对被他囚禁起来的共产党员洗脑。

邓小平在得知所有到开封去的共产党员都要被集中的消息后，立即与刘伯坚、李林等人商量，不去开封"受训"，立即去武汉寻找党中央。

冯玉祥虽然附和了蒋介石汪精卫的反共活动，但他毕竟受到过进步思想的影响，最后对大多数共产党人手下留情，并未加害，最后将刘伯坚等200多名共产党员"礼送出境"。

六七月间，邓小平离开西安，辗转到了当时中共中央的所在地汉口，被分配在中共中央工作，担任秘书。当时的中央秘书长是邓中夏。

---

① 中共中央文献研究室编：《回忆邓小平》（下），中央文献出版社1998年版，第406页。

邓小平的工作主要是管中央文件、交通、机要等事务，在中央的重要会议上作记录和起草一些次要性的文件。

这时，国内的政治局势继续恶化。不久，武汉国民政府公开反共，严酷的白色恐怖笼罩全国，中国共产党被迫转入地下。为了适应白色恐怖下秘密工作的需要，他从这时起改名邓小平。

7月15日，汪精卫在武汉发动"七一五"反革命政变，第一次国共合作全面破裂，轰轰烈烈的大革命失败了。

8月1日，周恩来与贺龙、叶挺、朱德、刘伯承等人发动南昌起义，打响了武装反抗国民党反动派的第一枪。南昌起义宣告了中国共产党人不畏强暴、坚持革命的坚强决心。它在全党和全国人民面前树立起一面革命武装斗争的旗帜，标志着中国共产党独立地领导革命战争、创建人民军队和武装夺取政权的开始，有着重大的历史意义。

8月7日，中共中央在汉口召开紧急会议，即著名的八七会议。

作为党中央秘书的邓小平参与筹备了这次会议。许多年以后他回忆说：当时我们二十几个人是分三天陆续进来的，我是第一批进来的，最后走的，在这里待了六天，会议开了一天一夜。当时政局变化很大，决定一部分人举行南昌起义，一部分人开这个会议。八七会议前，我住在武昌三道街，那是党中央所在地。会后，武昌局势紧张，我搬到汉口，和李维汉同志住在一个法国商人的酒店楼上。那时我不是党中央秘书长，1927年年底我才当党中央秘书长。这个时候我是秘书。那个时候，陈独秀要搞大中央，搞八大秘书，我就算一个，以后没搞齐。

八七会议批评并纠正了陈独秀的右倾机会主义，确立了实行土地革命和武装起义的方针。毛泽东在会议的发言中提出了"以后要非常注意军事，须知政权是由枪杆中取得的"的著名论断。邓小平第一次见到了毛泽东。

邓小平负责会议的记录工作。现在得以保存下来的八七会议上的报告和发言记录，都出自他之手。

在中国革命处于严重危机的情况下，八七会议的及时召开，使全党没有为极其严重的白色恐怖而惊慌失措，重新鼓起同国民党反动派斗争的勇气，从而为挽救党和革命做出了巨大贡献。从此，中国革命开始了由大革命失败到土地革命战争兴起的历史性转变。

八七会议后，为了避开武汉险恶的局势，适应革命运动发展的需要，中共中央机关于9月底至10月初秘密从武汉迁往上海。邓小平也随中央机关一同迁往上海。

党中央到上海后，一项很重要的任务是进行极其艰难的组织工作，恢复、整顿和重建党的组织，改变在严重白色恐怖下党的散乱状况。很快，党中央便在上海建立了秘密组织系统和秘密工作机关，组织了全国秘密交通网络，并出版了党的秘密机关报。

1927年11月14日，中共临时中央政治局常委会召开会议，决定调整中央组织机构，在中央政治局常委会下设立职工运动委员会、党报委员会、组织局、职运委、秘书处。就在这次会议上，决定邓小平担任中央政治局秘书。11月22日，中共临时中央政治局常委会决定，撤销中央秘书处。

1927年年底，23岁的邓小平被任命为党中央秘书长。

当时在中央机关工作的黄介然回忆说：邓小平是秘书长，负责记录，有时也请别人记录。但他也发言，秘书长有权发言，也有权提出问题，因为秘书长要负责处理政治局会议决定的工作，起一个承上启下的作用，责任很大。秘书长知道的事情多，处理的事情多，所以他的工作直接涉及中央的安危。邓小平的特点是发言不多，但发言和提问都很有分量，他虽然沉默寡言，但说的话深入浅出，容易懂。会议以后，秘书长还要负责起草一些文件，文件的一切处理过程都由秘书长负责。秘书长还要负责中央机关秘书处的工作。可以说，不但管的事多，而且责任很大。

1928年1月，周恩来担任中央组织局主任。负责处理中央机关的日常事务。邓小平的工作除了协助周恩来等中央领导处理中央日常工作，列席和参加中央各种会议并做记录外，主要负责中央机关的文书、机要、交通、财务以及各种会议安排等工作。

当时，中央办公和活动的地点大都在比较隐蔽的租界内。中共中央经常开会的地点是四马路（福州路）的天蟾舞台后面447号的楼上，由熊瑾玎、朱端绶夫妇租下的一个三间房子，熊瑾玎打扮成一个来沪经营土纱土布的湖南籍商人，门上挂着"福兴字庄"的招牌作掩护。这幢房子的楼下是生黎医院。

朱端绶回忆说，她在中央机关做交通工作，直接在小平同志的领导下工作。从各地和苏区来的报告，都是用药水密写在毛边纸或者布上，由她洗出来，用明矾水洗，然后誊抄好。她抄的文件都是绝密的，不出政治局的门。小平同志经常穿着长袍，戴着礼帽，装的是有钱人，是这样打扮的。

李维汉回忆说：1928年党的六大开会期间，他和任弼时受命留守中央，中央秘书长是邓小平。从1928年4月到9月新中央负责人回来期间，开会的地方仍在四马路天蟾舞台后面楼上的两间房子里。这个秘密机关是1927年冬或1928年年初建立作为中央常委开会的地方。房子是租赁来的，由熊瑾玎、朱端绶夫妇住守。那时开会的同志从天蟾舞台西侧云南路的一个楼梯上去，就可以直到开会的房间。房间内朝西的窗下有一张小桌子，开会时，小平就在小桌子上记录。当时每天上午九时，我、弼时和小平碰头处理日常事务，不是在这个地方，而是在离此不远、隔一条街的一个商店楼上，到场的还有熊瑾玎、内务部交通总计任和其他负责干部，例如江苏省委留守负责人李富春有时也来参加。

为了安全和保密，中央机关还分散在其他几个地方办公和活动，如同孚路柏德里700号、永安里135号、五马路的清河坊等。

邓小平和周恩来有段时间在同孚路柏德里700号办公。黄介然回忆说：那时候恩来同志和小平同志每天都来这里，中央各部分、各单位都来请示工作。属于机关事务性的问题和技术性的问题，小平同志作为秘书长进行处理解决。中央和各部门、各地区来请示的问题，如要人、要经费、汇报工作和请示中央的问题等等，恩来同志能解决就当场解决，不能解决的重大问题，他就拿到政治局会上去讨论决定。

当时在中央机关工作的郑超麟回忆说：那时白色恐怖很厉害，中央各部门就不来往了，我参加中央的几次会议，都是有人带我去的。邓小平和中央秘书处住的地方我从来没有去过，并且也不许去。平常来往都是交通送信。

为了在白色恐怖的上海站住脚跟，开展工作，中央提出"以绝对秘密为原则"，要求党的"负责干部职业化"。因此，当时的中央负责人要不断变换居住地和姓名，彼此都不知道他人的住处。为掩护秘密工作，邓小平当过杂货店的老板，当过古董店的老板。作为中央秘书长，只有他掌握和熟悉所有中央负责人和各处中央秘密机关的地址。

邓小平在清河坊开了一家二层楼的杂货铺。楼上是他住的地方，楼下是铺面，卖些香烟、肥皂之类的东西。这家杂货铺是中央开会的一个地点。

作为中央秘书长，邓小平对上海的大街小巷，特别是秘密机关所在的那种四通八达的弄堂，都相当熟悉。几十年后他去上海参观市容时还和陪同他的上海领导说起在上海做地下工作时一些街道弄堂的老名字。

1928年春，邓小平的个人生活也发生了变化。在白色恐怖的上海滩，在巡捕森严的租界里，他同莫斯科中山大学的同学、当时在中共中央秘书处工作的张锡瑗举行了简朴的婚礼。婚后，他们有大半年的时间和周恩来、邓颖超夫妇同住在公共租界的一幢房子里。1930年1月，张锡瑗因难产在上海病逝。

邓小平在党中央机关工作了将近2年，这是中国共产党最困难的时期，工作既紧张又充满了危险。他后来回忆说："我们在上海作秘密工作，非常的艰苦，那是吊起脑袋在干革命。最大的危险有两次。一次（指1928年4月15日）是何家兴叛变，出卖罗亦农。我去和罗亦农（当时任中共中央政治局常委、组织局主任）接头，办完事，我刚从后门出去，前门巡捕就进来了，罗亦农被捕，就差不到一分钟的时间。还有一次，我同周总理、邓大姐、张锡瑗住在一个房子里。那时我们特科的工作好，得知巡捕发现了周住在什么地方，要来搜查，他们通知了周恩来，当时在家的同志赶紧搬了。但我当时不在，没有接到通知，不晓得。里面巡捕正在搜查，我去敲门，幸好我们特科有个内线在里面，答应了一声要来开门。我一听声音不对，赶快就走，没有出事故。那个时候很危险呀！半分钟都差不得！"①

在这种白色恐怖的险恶环境中，一些人脱离了革命队伍，一些人背叛了革命，成了可耻的叛徒。而邓小平出色地完成了党中央交给他的各项工作任务，彰显了坚定的革命意志。

1929年夏，他被党中央派往广西工作。

"25岁领导了广西百色起义，建立了红七军。从那时开始干军事"

1929年4月，第一次蒋桂战争以新桂系李宗仁、白崇禧的失败而告终。广西左派军人俞作柏、李明瑞利用蒋介石的力量，于同年6月掌握了广西的军政大权。分别担任广西省政府主席和广西编遣特派员（后改为第四编遣分区主任）。由于他们在广西的根基比较薄弱，加之他们也深知蒋介石是靠不住的，于是，他们听取了俞作柏的弟弟中共党员俞作豫的建议，要求中共派干部协助其工作，以巩固其地位。

中共中央和广东省委分析情况后认为，俞作柏、李明瑞是广西国民党左派代表人物，他们在蒋桂战争中虽然倒向蒋介石，但与蒋介石始终是貌合神离。俞作柏在大革命时期，积极支持工农运动，与中共广西党组织有过联络。蒋介石发动"四一二"反革命政变后，他曾因捐枪资助农民自卫军而遭到李宗仁、白崇禧的通缉，被迫寄居香港。在港期间，

---

① 《百年小平》（上），中央文献出版社2004年版，第42页。

他与中共广东省委负责人李立三、恽代英、杨殷等常有联系。蒋桂战争爆发前夕，他在征得中共广东省委同意后，接受蒋介石委任的国民政府军事委员会上将总参议头衔，与俞作豫一起赴武汉找李明瑞开展倒桂活动，并酝酿和制订先倒桂后反蒋的军事计划。6月，俞作柏在由武汉赴广西就职的途中，特意取道广州、香港，与中共组织负责人洽谈，要求中共选派得力干部赴桂帮助其工作。顾明瑞是俞作柏、俞作豫的姑表弟，在北伐战争中曾任国民革命军第7军旅长、师长、副军长等职，参加过汀泗桥、贺胜桥战役，是北伐军中的一员骁将。他对共产党有好感，同情革命。俞作柏和李明瑞主政广西后，主动提出与中共合作。中共中央和广西委认为这是一次中共在广西立足、发展的难得的时机，决定利用这一有利时机，先后派出40多名干部，通过各种渠道，到达广西，与原先在那里工作的雷经天、俞作豫等一起，开展革命工作。

选派谁去广西全面领导广西党组织的工作呢？中央考虑再三，最后，决定派遣邓小平作为中共中央代表前往广西负责统一领导工作。

开展国民党上层人士的统战工作，是一项非常重要的任务，对选派干部的要求非常高，特别是对干部的政治素质的要求很高，选派邓小平去广西，是中共中央对他的信任。做统战工作邓小平是有经验的。两年前邓小平从莫斯科回国后的第一份工作就是在冯玉祥的西北国民联军中担任政治处处长兼政治教官，开展统战工作，虽说时间不长，但还是卓有成效的。到党中央工作后，邓小平担任党中央秘书长，又和周恩来朝夕相处，他的工作能力是大家有目共睹的。

本来在1929年7月30日，中共中央政治局会议决定派邓小平去四川巡视，为期3个月。邓小平也已做好了去四川工作的准备。但是，到了8月下旬，由于形势发生了变化，中央临时决定派邓小平前往广西，领导开展广西国民党上层人士的统战工作，并负责全面领导广西党组织的工作。

就在这年的8月底，邓小平在中央特科龚饮冰的陪同下，带着党的六大的决议，秘密从上海经香港，取道越南到了广西。

途经香港时，邓小平听取了广东省军委书记聂荣臻关于广西情况的介绍，对广西地区党组织的情况和广西的政治局势，有了一个初步的了解。随后，邓小平取道越南抵达南宁。到达南宁后，邓小平化名邓斌，公开身份是广西省政府秘书。

一到广西，邓小平同中共广西特委负责人雷经天接上头，听取了雷经天和比邓小平早来广西的陈豪人以及在广西工作的俞作豫等人的情况介绍。邓小平向他们传达了党的六大的决议和中央对广西工作的有关指示，同他们研究了今后广西的工作。

邓小平正确地分析了俞作柏、李明瑞主桂前后对我党的政治态度和广西错综复杂的阶级关系变化情况，确定了对他们采取团结、教育、争取的方针，帮助他们整顿和培训部队，共筹反蒋、反新桂系军阀的大计；同时又坚持我党独立自主的原则，趁机开展兵运工作，发展革命力量。

当时，俞作柏、李明瑞虽倾向共产党，但他们的政权基础薄弱。桂系军阀李宗仁、白崇禧等顽固势力实力比较雄厚，仍在暗中破坏。俞、李最迫切的任务是防止李宗仁、白崇禧卷土重来，同时他们对蒋介石也存有戒心，所以希望借助共产党的力量来支撑他们的"天下"。于是，邓小平通过俞作豫对俞作柏、李明瑞进行统战工作。

邓小平等一批中共干部到广西后，开展了一系列卓有成效的工作，使得广西出现了中国共产党与国民党左派密切合作的局面，在大革命失败两年多后开了共产党对国民党上层人士统战工作的先河。

首先，他们把中共中央和中共广东省委派来广西工作的干部安排到俞作柏、李明瑞的军政部门任职。"到南宁后，邓小平同俞作柏见过几次面，根据中央指示的方针进行统战工作，同时注意把中央派到俞处的干部分配到合适的地方。其次，向俞、李提议释放"四一二"反革命政变时被新桂系军阀逮捕关押在狱中的共产党员、共青团员和进步群众。俞作柏经过考虑，决定释放全部在押的"政治犯"。这样，中共南宁区负责人罗少彦、工人运动领导人何健南等一大批共产党人和进步人士被从狱中释放出来。这些人，特别是一批党团员干部，后来都成了建立广西红军的骨干。

紧接着，邓小平又通过俞作豫和其他各种社会关系，向俞作柏和李明瑞建议，开办一个广西教导总队，把各师中的青年军官调来南宁学习。这一建议也很快得到了俞、李的同意。教导总队创办后，共产党员徐开先（后脱党）、张云逸分别担任正、副总队长。教导总队有三个营九个连，共有学员1000多人。学员大多是从部队里抽调出来的班长和老兵，中共广东省委派来的100多名工人、学生党员也被安插到教导总队的各个连队当干部或学员，有些党员则被安排到总队担任政治教官等工作。这些学员经过训练后，被分配到各部队去，成为改造旧军队、建立革命军队的骨干力量。教导总队名义上是训练军官，为广西的部队服务，实际上是邓小平领导的广西党组织改造旧军队、培养革命骨干，为建立革命武装作准备的基地。

邓小平等还帮助李明瑞改造广西警备第四、第五大队，使这两个大队的领导权掌握在我党手里。共产党员张云逸、俞作豫分别担任第四、第五大队大队长。

经过邓小平等人和广西党组织卓有成效的工作，俞、李在广西支持恢复工会、成立农会，武装左右江的农民自卫军，并给韦拔群的东兰农民革命武装军以"右江护商大队"的名义，还发拨300多支枪以示支持。中共组织在广西也得以以公开或半公开的方式恢复和发展。在中国共产党的影响下，俞作柏还任命了一大批农民运动领袖担任右江一些县的县长，极大地加强了党对右江地区的领导，促进了右江地区农民运动的发展。

在邓小平的领导下，仅仅几个月，广西全省已健全的县委和特别支部就有9个，正在恢复和健全的县委有5个，在南宁市建立了轮船、汽车、机关等10个支部。全省已有共产党员420人，团员130人。一个新的革命高潮在广西迅速发展起来。

广西局势的变化引起了反革命势力的恐慌。失去广西地盘的桂系军阀首领李宗仁惊呼：俞作柏、李明瑞"南归后，为虎附翼，共祸始炽，桂省几成为共产党之西南根据地"。

此时，远在上海的中共中央对广西的情况缺乏真实的了解，对广西出现的有利形势，特别是对俞作柏、李明瑞的进步倾向作出了错误判断，对邓小平领导下的广西党组织的工作提出了错误批评。10月8日，中共中央给广东省委并转广西特委的指示信中说，"目前两广尤其在广西的工作形势中，一方党的群众基础还不宽广，另一方广西党部却多多少少对于广西军阀政府的设施已存有幻想……不管现时广西军阀口头说得如何漂亮，对群众表示得如何好，只要群众的革命斗争一起，反军阀战争的斗争一起，凶恶的军阀原形将必要暴露"。[1]信中还指出广西党的指导机关中已伏下机会主义的危险根苗，极值得予以最严重之注意。信中强调要严防党内右倾的发展与指导机关机会主义的发生。10月30日，中共广东省委在给广西特委的信中再次对广西党的工作提出了批评。

面对党中央的批评，邓小平坚持从广西的实际情况出发考虑问题。他始终认为：俞作柏、李明瑞虽是国民党军人，但与蒋介石和新桂系不同，对他们与蒋介石之间的矛盾应该加以利用，对他们一切进步的行动应该给予支持；党与他们之间对革命有利的关系应当加以坚持和发展。邓小平没有盲从错误批评，使得广西的形势继续朝着有利的方向发展。

1929年9月，正当广西革命斗争形势有了新的转机的时候，广西的政局发生了急剧的变化。国民党改组派头子汪精卫策动在湖北的张发奎反蒋，企图南下进攻广东军阀陈济棠，并派人到南宁游说俞作柏、李明瑞共同反蒋。由于俞作柏、李明瑞与中共的关系，蒋介石已企图伺机解决俞、李。这样，俞、李认为，与其坐以待毙，不如先发制人，所以决定与张发奎联合，共同反蒋。

俞、李的这一动态，使得广西的形势风云突变。

---

[1] 中共中央文献研究室、中央档案馆编：《建党以来重要文献选编（1921—1949）》（第六册），中央文献出版社2011年版，第551页。

邓小平认为：当前应劝说俞、李不要匆忙反蒋。如俞、李不听，我们应当把部队拉出去，到韦拔群等已经工作多年，群众基础较好，蒋、桂力量难以控制的左右江地区，同农军结合起来，做好暴动的准备，建立革命根据地。

根据邓小平的指示，广西特委召开专门会议，部署左右江地区党的工作，决定派雷经天到恩隆县平马镇建立广西农协右江办事处和筹建中共右江特委；派严敏、陈洪涛、张震球等分别到东兰、凤山、恩隆、奉议、思林等县建立中共县委机构；派何健南、麦锦汉、吴西、甘湛泽、苏松甲等去龙州地区领导工农运动。这些措施，进一步加强了共产党对左右江地区农民运动的领导，使左右江地区党组织和农民运动得到迅速发展。

俞作柏、李明瑞不听我党的诚意劝告，决意出兵。9月27日，通电反蒋，10月1日贸然出师命所部进攻广东的陈济棠部队。

就在俞、李离开南宁后，邓小平迅即作了部署：通知警备第四大队派一个营先去右江地区，警备第五大队派一个营去左江地区；指示张云逸以南宁警备司令的名义接管省军械库，并征集船舶，一旦有变，立即把军械库中的几千支枪和大量弹药、山炮、迫击炮、机枪、电台等装船外运；命令在南宁受训的韦拔群领导的农军营赶回东兰，准备起义；同时派龚饮冰去上海向中央汇报行动计划。

俞、李出兵不到10天便败退南宁。陈济棠派3个师入桂逼近南宁。

邓小平当机立断，决定即刻举行兵变，把部队拉出南宁。

10月中旬的一天夜晚，南宁市区内枪声大作。兵变部队打开了军械库，搬走了所有的枪炮和弹药。第四大队、第五大队和教导总队在宣布行动后迅速撤离南宁。俞作豫率第五大队进驻左江地区，张云逸率教导总队一部分和第四大队由陆路向右江地区挺进。

邓小平、陈豪人等带着警卫部队，指挥装满军械的船队溯右江驶到百色。

在恩隆县（今田东县）的平马镇，邓小平和张云逸会合了。

10月22日，邓小平、张云逸率部进驻百色。随后立即着手筹划起义。

一是广泛宣传发动群众。在部队和群众中宣传党的政治主张，宣传中共六大精神和党的"十大纲领"。在部队中举行士兵会，帮助地方建立和发展农民协会、工会与工农武装组织，宣布废除各种苛捐杂税，减轻工农群众负担。二是继续整顿和改造部队。在官兵中着重进行思想教育，实行官兵平等。同时吸收大量工农青年和进步学生入伍，增加部队工农成分的比重。三是武装工农，大力支持工农运动。四是建立和发展党的组织，培训军政干部。至百色起义前夕，每个连队和大队部的机关单位都建立了中共党支部。同时还成立了中共右江工作委员会（后改为右江特委）。部分县建立了县委或特支，整个右江地区共有地方党员五六百人。

这期间，邓小平和张云逸还指挥了歼灭了广西警备第三大队的战斗，共歼敌1000多人，缴枪700多支，为起义扫清了障碍。

10月30日，中共广东省委通知广西特委，决定建立中共广西前委（后改为红七军前委），由邓小平担任前委书记，统一领导左右江地区的党和军事工作。

11月5日，去上海向党中央汇报工作的龚饮冰秘密回到百色，传达了中共中央同意在左右江地区举行武装起义，创建红军和革命根据地的批示精神。中央批准广西成立中共广西前敌委员会，统一党和军队的指挥，邓小平任前敌委员会书记。中央还颁发了红七军、红八军的番号，任命了两军的领导干部。中央还要求在龚饮冰回到广西后的10天之内举行武装起义。

根据中央的批示精神，立即召开前委会议，传达贯彻中央指示，加紧武装起义的准备工作。邓小平认为，中央要求在10天内起义，比较仓促，应该首先做好发动群众的工作，改造好旧军队，发展党的组织，摧毁旧的政权。中央原要求十月革命纪念节那天举行起义，鉴于准备工作尚未充分，于是决定推迟到12月11日广州起义两周年那天举行。邓小平后来表示：关于暴动的问题，我们很早就注意到了，但是得到中央的指示以后我们更坚决了，不过必须有准备工作，因此时间上并不能机械地确定，这次发动并不是上级的命令，而是经过与士兵们的讨论来决定的。

不久，中央来电要邓小平去上海汇报工作。

邓小平在布置好百色起义的准备工作后，于12月上旬前往龙州，部署龙州起义的准备工作，并准备由此绕道越南、香港去上海。

1929年12月11日，邓小平、张云逸、韦拔群、陈豪人、雷经天等领导的广西警备第四大队、广西教导总队和右江农民自卫军举行了百色起义，宣布成立中国工农红军第七军，张云逸任军长，邓小平担任前委书记（后兼任军政治委员），陈豪人任军政治部主任，韦拔群任第3纵队队长。

同一天，在恩平县平马镇召开了有11个县5个镇的农民代表、工会代表和红七军士兵代表共80多人参加的代表大会，选举产生了右江苏维埃政府领导成员，雷经天任苏维埃政府主席，韦拔群、陈洪涛担任委员。

在红七军的帮助下，接着右江地区有15个县相继成立了苏维埃政府或革命委员会。

就在邓小平前往龙州的路上，他和李明瑞不期而遇。

俞作柏、李明瑞10月反蒋失败后，俞作柏出走香港，李明瑞则率部滞留龙州一带。为了拉拢李明瑞，蒋介石曾多次派人带着广西省政府主席、第15军军长的委任状和巨款到龙州等地，拉拢、引诱李明瑞及其亲属，结果均遭拒绝。李明瑞当时仍抱有东山再起的幻想，他想乘广西政局混乱、南宁空虚之机，联合右江地区的部队反攻南宁。他命令广西警备第五大队开到崇善（今崇左）待命，自己亲往右江策动第四大队联合行动。

为了进一步团结、争取李明瑞参加革命，邓小平把李明瑞带到百色的粤东会馆。在那里，他们进行了彻夜长谈。邓小平向李明瑞宣讲革命道理，指出军阀混战的危害，介绍全国革命形势，说明我们党准备发动百色、龙州起义，成立红七军、红八军，并请李明瑞出任两军总指挥，建立左右江革命根据地。

李明瑞表示愿意参加革命，立即返回龙州布置起义的各项准备工作。

邓小平也来到了龙州。他传达了中央关于建立红八军的指示和最近在百色召开的红七军前委会议精神，分析研究龙州的形势，与李明瑞、俞作豫等一同研究了龙州起义的具体计划，前委原要求龙州于12月11日与百色一起举行武装起义，但因龙州发生叛乱，邓小平决定推迟起义日期，等条件成熟了再宣布起义。

在这里，邓小平又多次和李明瑞长谈，进一步做李明瑞的工作，更加坚定了李明瑞参加革命的决心，从而保证了龙州起义的顺利进行。

在龙州布置完起义的准备工作后，邓小平前往上海向党中央汇报工作。

按照邓小平的意见，李明瑞、俞作豫等在起义前抓紧进行改造旧部和筹建地方政权的工作。

1930年2月1日，邓小平、李明瑞、俞作豫等领导广西警备第五大队和左江工农武装，成功地举行了龙州起义，宣布成立中国工农红军第八军和左江革命委员会，俞作豫任军长，邓小平兼任政治委员，何世昌任政治部主任，宛希平任参谋长，王逸任左江革命委员会主席。

李明瑞任红七军、红八军总指挥。

接着，左江地区也有6个县相继成立了革命委员会。有的县虽未成立革命政权，但也属红八军和左江革命委员会的主要活动范围。至此，左右江革命根据地连成一片，互相呼应，成为全国瞩目的拥有20多个县、100多万人口的革命根据地。

陈云

第六章

"共产主义是最好的主义"

1905年6月13日（农历乙巳年五月十一日），陈云出生于江苏省青浦县章练塘镇（今属上海市青浦区练塘镇）下塘街的一个贫民家庭。

陈云的父亲陈梅堂，练塘近乡人，是个农民兼手工业者，老实本分。母亲廖顺妹，据传其父原籍广东，早年曾参加太平天国起义，随太平军转战青浦一带，后落户练塘成了家，生一儿一女，儿子名叫廖文光，年轻时到上海学做裁缝，后回到练塘继续以裁缝为业。

1895年，陈梅堂在26岁时与廖顺妹成亲，后生下一女，取名陈星。他们既无田地，又无房产，只能借住在陈徐祠堂里。陈云快出生时，族人怕在祠堂里生孩子不洁，"玷辱"祖宗，不允许廖顺妹在祠堂生产。陈梅堂没有办法，只好求开米行的闵仲兰把其住宅东侧的两间简陋的小屋租给他居住。

童年的陈云十分不幸。两岁那年，父亲因积劳成疾、无钱医治，离开了人世。母亲带着他和姐姐靠帮人做工、缝衣为生，生活过得十分艰辛。两年后，母亲也因操劳过度、贫病交加去世。母亲去世时，家里还欠了人家几十元的债，只剩下一张床，两条凳子，一张桌子。

母亲过世后，陈云的外祖母把陈云姐弟俩从闵家小屋接到练塘镇下塘街家里抚养。外祖母是练塘泖东人，为人勤劳、性格开朗、处事果断。谁知屋漏偏逢连阴雨，两年后，外祖母又一病不起。临去世前，她叮嘱陈云的舅舅廖文光，要他抚养陈星、陈云姐弟俩，并要他将陈云立嗣为子。廖文光为人心地善良、性格温和、爱好文艺，也喜欢孩子。当时他虽已成家，但还没有孩子。他遵从母亲的嘱咐，收陈云为养子，改姓廖，名陈云，号怀民，但陈云仍喊他舅父。

又过了两年，廖家的裁缝生意实在做不下去了。廖文光夫妇决定把铺面改成小夜酒店，主要在晚上卖卖点心，做点小菜，赚点辛苦钱。陈云的舅母身体不太好，手脚均患风湿病，干活不能吃力，陈云和姐姐就给舅母当帮手。生意虽然不太景气，但勉强能维持一家人的生活。

"我是听'戤壁书'出身"

1913年，舅父母把8岁的陈云送到镇上刘敏安办的私塾接受启蒙教育。

这个私塾在上塘街，离陈云家不远，只有三四百米。塾师刘敏安，为人正直，极富正义感，思想也比较开明，在当地老百姓中有点名气。刘先生不但教学生们读《三字经》《百家姓》，练毛笔字，还深入浅出地教孩子们怎样做一个对社会有用的人。

陈云天资聪颖，记忆力强，读书认真，接受知识快，字也写得端正。在一年的学习中，陈云已经掌握了两年的知识，常常受到塾师的表扬。刘敏安认为陈云将来一定会有出息，还经常给陈云讲一些历史人物的故事，鼓励他像古代的岳飞、戚继光等爱国将领一样，在逆境中成才，这就使得陈云幼小的心灵受到了很大的启发。

陈云在私塾里虽然只念了不到两年的书，但和塾师刘敏安建立了深厚的师生感情。后来，陈云常去看望刘老师，长大后还和刘老师的儿子刘国桢成了好朋友。1927年冬，陈云等领导小蒸、松枫农民暴动失败后遭到国民党通缉时，便在刘国桢家里住了一夜，然后乘小船抵达嘉善县魏塘镇道院弄三号李桂卿家避难。

1914年陈云进入练塘镇贻善国民学校（初小）读书。这所学校设在下塘街的城隍庙里，是由镇上的开明人士金用霖等人捐资建成的。学校共有学生30多人，按年龄大小和文化程度高低，分为四个年级。9岁的陈云被分在三年级。

陈云对新式学校开设的语文、数学、手工、体育等课程感到很新奇，很喜欢学。他上课仔细听讲，下课后一丝不苟地完成作业，每门功课的成绩都很优异。据他幼年时的伙伴回忆，性格好静的陈云自制力很强，有伙伴叫他玩耍，他也只出来玩十多分钟，而且多数是站在一边看，然后赶紧回去写作业、读课文。陈云品行端正，待人真诚，在学校深得同学们的信赖。

放学回到家里后，陈云也很懂事，经常帮助舅父母做家务，为小酒馆打打杂，劈柴、烧火、洗菜、担水、打扫屋子，他样样都干。一旦有空，他便抓紧时间，刻苦学习。他每天早早起床，点起油灯，便在店堂里读书、写大字，邻家的小朋友还在睡梦中时，就能听见他琅琅的读书声，舅父母看了十分欣慰，街坊四邻也都夸奖陈云。

1916年，11岁的陈云初小毕业了。他虽然很想继续读书，但这时，他的表弟廖霓云刚刚降生，舅母的风湿病日益严重。由于家境困难，舅父没有能力供陈云继续升学。陈云只好在家照看表弟，帮助料理酒馆生意，充当小伙计。看着邻家的小伙伴们背着书包去上学，有时干杂活、有时抱小孩的陈云总是流露出羡慕的神情。但他懂得舅父家的艰难，总是默不作声，他深知舅父母已经为自己作了很大的努力了。

这一切，舅父廖文光都看在眼里。半年后，舅母的病情有所好转，家境稍有缓和。舅父廖文光实在不忍心让陈云在家做杂务，怕耽误孩子的前程，便千方百计地托人让陈云外出学点技艺，以便日后谋生。在舅母一位亲戚的资助下，陈云又踏上了继续求学的路。

1917年夏，陈云来到距练塘镇20多公里的青浦县乙种商业学校读书，学习一般的高小课程及珠算和簿记。舅父母希望他学点技术，将来能在商店里做账房，或者自己做点生意。

这是陈云第一次离开家乡小镇来到县城，周围的一切都使他感到新奇，他的眼界也开阔多了。

青浦县乙种商业学校的前身是县立乙种实业学校，创建于1912年3

月，校址在青浦县城魁星阁。学校开始时只设农科，后来增设商科，以教授青少年简单的生产知识和生活技能，使之具有从事某种职业的能力为办学宗旨。1916年学校取消农科，改名为县立乙种商业学校，每学年仅招一班学生，有30至40人，学制3年。由于学校离练塘镇比较远，舅父让陈云寄住在学校东边码头街8号裕丰客栈楼上的职工宿舍内。这是一幢不高的二层小楼，房子低矮狭小，条件很艰苦，但离学校近，还算方便。

陈云十分珍惜这次学习的机会。他刻苦勤奋，在很短的时间里就基本掌握了珠算，还初步学会了记账。可惜好景不长，仅仅一个多月后，陈云又因资助中断，不得不再次辍学回家，继续在自家店里当小伙计。

这一个多月的学习，给陈云留下了很深的印象。学珠算和记账，为日后陈云的工作和生活带来不少方便。陈云后来对珠算情有独钟，走到哪儿见到算盘都喜欢打一打。1978年11月1日，陈云在杭州玉泉散步时，看到茶室会计使用的一个算盘，就走过去问能不能借来打一下，得到允许后，陈云便坐下来，拿过算盘噼里啪啦地打了一阵，指法娴熟，令在场的人大吃一惊。后来赵朴初先生看到陈云打算盘的照片时，特意写了一首诗："唯实是求，珠落还起。加减乘除，反复对比。运筹帷幄，决胜千里。老谋深算，国之所倚。"①

陈云在小酒馆里当小伙计，酒馆里南来北往的客人不少，他经常从客人的闲谈中听到外部世界的一些事情，这开阔了他的眼界，也让他长了不少见识。这个时期对陈云的思想产生重大影响的是"听书"（听评弹）。

陈云每天必不可少的活动就是跟着舅父到家附近的长春园书场听评弹。

评弹发源于苏州，流行于江苏、上海和浙江地区，至今已有数百年的历史。在练塘，人们聊得最多的是书场和茶馆，听书是人们生活中不

① 朱佳木：《论陈云》，中央文献出版社2010年版，第383页。

可缺少的一部分。

　　陈云舅父家东边、混堂浜西侧，在清朝末年开设了一个畅园书场。也许是这个书场座位少、容纳不了太多听众的缘故，民国初年，在畅园书场的旁边又开设了一个新书场，取名"长春园"，有100来个座位。为了招徕听众，书场经营者每天上午派个伙计，肩上扛个木牌，上面写着当天书目及艺人姓名，敲着小锣在全镇上、下塘街走一圈，等于为书场做广告。每当这时，陈云和一群孩子就跟在伙计的后头，跑着、跳着。

　　书场一般每天开日夜两场，听书的人进去后，选择位置坐好，跑堂的泡上一壶茶，并向听众收取茶资，书场与艺人以四六开或对半开来分配茶资收入。书场的小台仅一尺高，台上一张书桌，两把椅子，面对书场大门。大门两旁墙壁前有一排钩子，专为来听书的人挂篮子用。陈云小时候，有空就站在书场后面，靠在墙壁上听书，这样可以不花钱，人称听"戤壁书"。所以后来他说："我是听'戤壁书'出身。"①开始时，是舅父带他去，后来陈云有空时常一个人去。时间长了，书中讲的故事，他基本上都能原原本本地记下来，回来讲给家人听。评弹中关于《三国演义》中诸葛亮用计如神、《水浒传》中英雄好汉替天行道，以及历代忠良豪杰惨遭奸佞陷害和官兵剿杀的故事深深影响着他的心灵。

　　陈云在听书的过程中不知不觉地积累了许多知识，也萌生了爱国思想，他领悟到要打倒压迫人、欺侮人的人，光靠个人拼搏不行，必须组织同心同德、志向一致的人共同奋斗。晚年陈云曾对评弹界人士说："你们都是大夫和先生，不但治好了我的病，还教会听众很多知识。我的姐姐大字不识一个，可她说起《三国》《水浒》来头头是道。她的知识哪里来的？还不是你们这些先生教的！"②

---

①《陈云文集》（第三卷），中央文献出版社2005年版，第425页。
② 中共中央文献研究室编：《陈云传》（下），中央文献出版社2005年版，第1329页。

"'五四'的时候我才十五岁……
很快就受到'五四'的影响"

　　陈云舅父家的小酒馆虽然生意很惨淡，但每天仍有几位常客一到晚上，就踱步进来，一边饮酒，一边闲聊。他们中有一位叫杜枢（字衡伯）的中年人，可以说是陈云人生中遇到的第一个"贵人"。

　　杜衡伯并不是本地人，来自青浦县新桥。他肄业于松江府中学堂，在当地算是大知识分子了。1912年"章练塘公立颜安国民小学校"成立时，他被请来担任第一任校长。为适应时代的需要，他废读经，加珠算、手工等学科，定"勤""诚"两字为颜安小学的校训，办学成绩显著。在小酒馆里，他常常看到瘦弱的陈云蹲在灶前烧火，做些酒店杂务，便跟他攀谈起来。交谈中，他发现陈云聪敏好学，谈吐流利，记忆力强，对初级小学的知识对答如流，很是高兴。当他了解到陈云辍学的原因后，觉得让这样一个聪明的孩子辍学在家烧火实在有点可惜，于是，他便跟廖文光商量，免费保荐陈云入颜安小学高小部读书。杜衡伯的慷慨和真诚，感动了廖文光全家，舅父母同意让陈云到颜安小学继续学习。这样，陈云又获得了重新上学的机会。这时，陈云刚满12岁。

　　陈云十分感激杜衡伯先生的知遇之恩。1934年杜衡伯先生逝世，为纪念他，陈云曾同该校毕业生高尔松、高尔柏等人集资，为杜先生在颜安小学的校园内建造了纪念塔，并在石碑上刻上了自己的名字，以资永远纪念。

　　颜安小学的前身是清光绪十五年（1889）开办的颜安书院，民国初年成为完全小学，设高小部。1912年成为章练塘公立颜安国民小学校。1955年已经是国务院副总理的陈云重返家乡调研，一下小船最先踏上的就是他的母校——颜安小学。1986年，当他得知母校希望他题写校名时，欣然挥毫为母校题写了校名。

颜安学校实行新式教育，按照新式学校的要求，颜安学校不仅调整了课程设置，增设了体育课，还在学生中建立了童子军组织，进行"仁、智、勇"教育，培养学生的社会责任感和"天下兴亡，匹夫有责"的使命感。

陈云十分明白重返学校读书的机会得之不易，来到颜安小学后，他更加废寝忘食地刻苦学习。凭着聪明和勤奋，加之在贻善初小打下的良好基础，他很快适应了这里的教学方法和进度，成绩始终名列前茅。他为人正直，待人热情，虽然在同班同学中年龄最小，但做事很有主见，同学们都很敬重他，老师们也深感他是一个很沉稳、有追求的好学生。在学校，他连年获品学兼优奖。

随着一些接受新文化的老师陆续加入，新的思潮不断涌进颜安学校。在课堂上，老师们不但讲授传统文化，而且传播着各式各样的新思想，这对陈云知识的积累、品格的磨砺、思想的熏陶都产生了一定的影响。在学校里，陈云学到了不少古典文学基础知识，他能流利地背诵《古文观止》中有名的篇章，也写得一手漂亮的毛笔字。课间休息时，同学们聚在一起，最喜欢听陈云讲故事，因为他听的书多，又善于表达，讲起来绘声绘色，形象生动，很吸引人。他常给大家讲《水浒传》中英雄杀富济贫的故事，讲包公惩赃官、帮百姓的故事。

这时的陈云已经年满13岁了，他接触了新思想，开始用自己的头脑观察和思考这个世界，开始关心时事。尽管懂得还不多，但他开始参与谈论辛亥革命，谈论日本、沙俄对中国的侵略，谈论辫子、裹足等社会问题。

在颜安小学读书的两年中，陈云遇到了一位后来彻底改变他人生的老师，他就是陈云的班主任张行恭。

张行恭，字子谦，松江人，生于1890年，为人热情，思想进步，文学造诣颇深。他讲起课来旁征博引，生动活泼，很有吸引力，同学们都喜欢听他的课。张行恭也是一位进步的爱国人士，他常给陈云和同学们讲鸦片战争，讲康有为、梁启超等人发起的维新运动，讲八国联军对中国的入侵，讲孙中山先生领导的辛亥革命，等等，他还联系历史事件和练塘镇日货充斥的现象，对当时的社会状况进行深刻分析，启发学生们的爱国思想，这些都极大地开阔了陈云的视野。陈云自懂事时起，就耳闻目睹了帝国主义列强在中国国土上横行霸道的强盗行径，心里感到愤愤不平。现在他开始懂得青浦的洋教堂、练塘的日本货都是帝国主义经济和文化侵略的产物，开始懂得什么是帝国主义的入侵、掠夺和封建主义的压迫、剥削，开始懂得要改变这个社会，年轻人就要有一种责任。他的思想开始发生很大的变化，他心中民族自强的情感日益强烈，萌生了爱国救国的思想。

1919年春，第一次世界大战的战胜国在法国巴黎召开和平会议。这实际上是由当时世界五强，即美、英、法、日、意五个帝国主义国家操纵的重新瓜分世界的会议。作为战胜国之一的中国参加了会议。参加会议的中国政府代表在全国舆论的压力下，在会上提出了取消外国在中国的某些特权，取消日本灭亡中国的"二十一条"的正当要求，但遭到了列强的无理拒绝。会议竟然决定将德国在中国山东的一切特权转交给日本。北洋军阀政府的代表居然准备在这样的和约上签字。消息传到国内，激起了各阶层人民的强烈愤怒，以学生斗争为先导的五四爱国运动在北京爆发，一场反帝反封建的革命运动在全国蔓延。

五四运动的消息传到青浦后，极大地激发了青浦人民的爱国热忱。青浦的学生和爱国群众纷纷行动起来。5月9日，青浦各校师生响应全国学联的号召，举行声讨卖国贼曹汝霖、章宗祥、陆宗舆的游行示威，并通电全国要求释放因爱国运动而被捕的学生。5月11日，青浦县教育会发动全县各校停课3天，上街宣讲国耻，并致电江苏督军、省长，要求北洋政府开释学生，罢免奸贼。6月8日，青浦县城商会邀集商界人士开会，专门讨论抵制日货问题，并作出了四条决议：（1）变卖民国元年商团购买的洋货；（2）通电北京，声援学生运动；（3）提倡国货，抵制日货；（4）从商界、平民界以及法学团等群众组织中推派代表到各船埠对过境和到站口客轮或货船进行逐一检查，倘查有日货，即行焚毁或议罚。城厢镇一些有学之士，还撰写了《商会警告》《泣告同胞》《留心灭种》《劝用国货》等醒目文章，提出"提倡国货""抵制日货"的口号。

陈云所在的颜安小学也积极投入到了这场反帝反封建的爱国运动中。当时，陈云已是高年级学生，他品学兼优，既有较强的组织能力，又有极好的口才，而且在同学们心中有较高的威望，因此，他是学校中声援活动的核心人物之一。在张行恭老师的带领下，陈云和一些同学参加了学校高小部师生组成的童子军、"救国十人团"，他们还组织了宣传队，连日赴小镇街头、明因寺、小蒸、泖口等地宣讲国耻，发表演讲，表演短剧，张贴标语。据陈云的同学回忆，陈云与同学们在练塘附近的乡村游行、演讲，用尚带着稚气的声音，向乡亲们揭露日本帝国主义和北洋政府的罪行，号召大家抵制日货，不吃日本来的干贝，不穿东洋纱织的洋布，不玩日本原料做的赛璐珞玩具。他们侃侃的言辞和义愤的神情，不时博得群众一阵阵的掌声。有些群众情不自禁地跟着颜安小学的师生们振臂高呼"打倒袁世凯卖国贼""废除二十一条辱国条约""收回青岛""睡狮快醒""不做东亚病夫"等口号。同学们还积极参加学校组织的"学生救国储金会"，把平时积攒的铜板都捐出来买纸张、做小旗。他们还到街头募捐，为反日宣传活动筹措资金。

后来，1939年在延安纪念五四运动20周年时，陈云应《中国青年》杂志编者之约撰写短文，生动地回忆起这段经历："'五四'的时候，我才十五岁，是一个高等小学三年级的学生。那个学校是在上海附近的乡间，很快就受到'五四'的影响。我们由一个姓张的教员领导着罢课之后，还进行了宣传和演剧。我还记得我们演的剧叫做《叶名琛》，我也扮了一个角色。有一次在茶馆里讲演，我演讲的时候手足似乎蛮有劲，把脚一顿，茶馆里桌子上的茶壶都给碰翻了。这个小镇也罢了市，人民反对日本和反对卖国贼的情绪，确是很高涨。"[1]

---

[1]《陈云文集》（第一卷），中央文献出版社2005年版，第194页。

1919年夏，陈云以优异成绩从颜安小学毕业了。年满14岁的陈云开始考虑自己的人生道路。他感激这些年来舅父母的抚养和杜先生等人的无私帮助。他长大了，不能再依靠别人过日子，他知道舅父母家境艰难，自己不能再加重他们的负担，于是放弃了继续升学的念头，想要在家里承担起一个男子汉的责任。他后来在自传中写道："我是在章练塘的高等小学毕业（民国八年，那时已十五岁了），毕业后当然无力升学，即在家里等了半年，是年冬才赴上海商务印书馆当学徒。"①

"青年人应当奋发有为，做些对民众有益的事情"

1919年秋季开学后，张行恭从松江度假归来，到各个毕业生家里走访。那次访问，张行恭了解到有的同学考取了松江和青浦县的中学，有的就业，唯独最优秀的陈云没有出路，待在家里。当他得知陈云是由于经济困难而没有出路后，便给在上海商务印书馆发行所担任文具柜主任的二弟张子宏写信，希望他留意一下，帮自己这位优秀学生找个工作。

大约一个月后，张行恭接到弟弟张子宏的回信，答应陈云前去上海应聘。他高兴地通知陈云准备动身，前往上海。

1919年12月8日（农历十月十七），陈云告别了抚养他的舅父母，告别了一直关爱他的姐姐，告别了培养和教育他的杜先生和老师们，在张行恭的带领下，背着简单的行装，离开家乡章练塘，搭乘一叶小舟，经松江到达上海，进入商务印书馆当学徒，开始了他人生中新的旅程。

这一天，给陈云留下的印象很深，以至20多年后他在延安写自传时，还清清楚楚地记得"农历十月十七"这个日子。

对于张行恭、张子宏两位老师，陈云始终忘不了他们的举荐之恩。

① 中共中央文献研究室编：《陈云传》（上），中央文献出版社2005年版，第13页。

1948年11月初，陈云担任解放后的沈阳特别市军事管制委员会主任，曾托商务印书馆沈阳分馆的同志向上海总馆转致对张行恭、张子宏两位先生的问候。在接到张行恭的来信后，陈云给老师回了一封充满感情的信。1951年12月初，陈云到上海，在返京前一天，邀请张行恭、张子宏、张子孚兄弟到他的住处畅叙别情。后来，陈云多次到上海，只要有空，他就到四川北路张行恭住所看望。

1919年12月中旬，陈云来到了上海商务印书馆。

这是他第一次来到上海这样的大城市，一切对他来说都非常新奇，眼前的天地大大开阔了，他人生中新的一页从此翻开了。

上海商务印书馆创办于1897年，是当时中国最早的、在国内外有广泛影响的重要文化教育出版单位。创办人是青浦籍人士夏瑞芳等。后来商务印书馆逐渐发展壮大，尤其在编译所所长张元济加入后，开始编辑出版教科书、辞典、外国文学作品、科学译著及学术著作等，规模不断扩大。张元济，生于1867年，浙江海盐人，光绪十八年（1892）中进士，做过京官，戊戌变法失败后被革职到上海，1902年进入商务印书馆，历任编译所所长、经理、监理、董事长。这是一个有远见、有魄力的企业家，同时又是一个学贯中西、博古通今的人。陈云进入商务印书馆后，十分尊敬他，后来也和他有过交往，特别是1949年9月，经过陈云的工作，张元济作为特邀代表，以83岁高龄，欣然赴京出席中国人民政治协商会议第一次全体会议。中华人民共和国成立后，他还担任过华东军政委员会委员、上海文史馆馆长等职。

商务印书馆职工人数众多，许多人不但有觉悟、有组织纪律性、有战斗力，而且有较高的文化水平。在中共最早的党员中，陈独秀、沈雁冰（茅盾）、董亦湘、杨贤江等都在这里工作过。

陈云在张子宏引荐下，来到商务印书馆总发行所。发行所所长见陈云长得瘦小就打发他回去，张子宏请求所长先试用三个月，所长碍于情面，同意了张子宏的请求。这样，陈云在张子宏的带领下，到发行所文具柜当了一名学徒，月薪3元。

284

　　这时，发行所在商务印书馆各部门中机构最大、工人最多，大约有5000人，下设批发处、发货处、财务处、本版柜、文具柜、仪器柜、西书柜、美术柜等20多个部门。发行所负责人是所长，下属部门各设主任一名。发行所为四层大厦，陈云被分配到文具柜当学徒。文具柜的主任是张子宏，按照当时的规矩，学徒必须拜主管部门的负责人为师。所以，张子宏就理所当然地成为陈云的师傅。陈云的个子比较矮小，仅比柜台高一点，为了便于工作，张子宏为陈云特制一条一尺多高的木凳，垫在脚下，使他能够顺利地接待顾客。张子宏还指定文具柜的头柜陈竹平，对陈云在业务方面进行指导，生活上给予照顾。在张子宏安排下，陈云住在上海老北站华兴路顺征里7号商务印书馆集体宿舍的东厢房，和陈竹平同住。他们互相帮助，建立了深厚情谊。新中国成立后，陈云利用到上海的机会，到麦琪路（今乌鲁木齐路）登上小阁楼探望退休在家、体弱多病的陈竹平，仔细察看他住所的环境，鼓励他战胜疾病，并帮助他解决了生活中的一些实际困难。

　　学徒期间，陈云待人态度诚恳、谦虚，勤学、好问，不久就成了业务能手，受到了师傅和店内老职工的信任和称赞。当时文具柜经销的美国派克牌钢笔，陈云很快就能熟练地拆洗修理。陈竹平回忆说："凡是文具柜里的粗细事务，接待顾客，整理货物，他都能担当，而且都很熟练，获得了大家的赞扬。"①陈云后来也回忆了在上海洋行里卖铅笔、信封、信纸、钢笔的往事。"铅笔什么牌子好，我懂得。一支派克笔是什么价钱，真假如何，这一点我也内行。"②这时，陈云的珠算能力也在原来基础上有了很大提高，还积累了不少心得。他后来说："在实际工作中，你面前有几个商人等你算，一点不能出错，这才是一个真本领。打算盘什么手指管什么珠是一定的，不能错，五个指头分了工的，差一点都不行。我也打得不到家，下面一个打上去，总离开一点，这就难办，是上面或是下面呢？这就是功夫。"③

①②③ 中共中央文献研究室编：《陈云传》（上），中央文献出版社2005年版，第18页。

根据陈云的工作能力，在当了两年学徒后，店方提前一年将陈云升为店员（学徒期一般是三年）。1925年1月，商务印书馆在上海北四川路增设虹口分店。6月，陈云调到那里，在文具柜当店员，并开始领导工人运动，直到1927年9—10月，他因遭敌人通缉而被迫离开，开始专做党的工作。

商务印书馆是一个文化氛围浓厚的地方。初来乍到的陈云，深感自己的知识不够，除了努力做好自己的工作外，十分注意抓紧业余时间学习，努力提高自己的文化水平。商务印书馆发行所营业时间长达12个小时，早晨8点钟开门，晚上8点钟收市，加上路上往返时间，实际上需要14—15个小时。一天工作下来已经疲惫不堪，所以工友们往往回到宿舍都早早休息了。陈云却与他们不同，他虽然年纪小，但很有志气。他回到宿舍后，仍抓紧点滴时间学习，他总是最后一个睡觉，最早一个起床。

陈云利用商务印书馆图书特别丰富的有利条件，如饥似渴地看书，接受新知识，常常读到深夜，成年累月从不间断。商务印书馆很重视职工教育，在当时上海火车北站华兴路职员集体宿舍附近设立了上海图书学校，为员工业余教授英文、图书分类知识以及书刊出版、印刷的有关知识。陈云参加了进修班的学习，内容有英文、练习大小楷毛笔字以及书店店员必须掌握的基本知识等。从图书学校结业后，他开始有选择地阅读一些政治书籍，以探求救国救民强国的真理。

据商务印书馆的老工人回忆，陈云自到商务印书馆当学徒后，不管工作多忙、多累，都始终坚持自学。在商务印书馆的青年当中，他是学识最渊博、志向最远大的人之一。因而，在青年工人中，陈云的威信很高，很受他们的尊敬和信赖。

陈云后来回忆说："我应该说在商务时期，对我在文化上的得益很大，全部'童话''旧小说''少年丛书'都看了，有时也可翻翻杂志。同时我自信也是很用功的一个人，练字，上夜校（商务办的），读英文……"①

陈云对生活有正确的态度。当时商务印书馆有不少青年职工和学徒喜欢时髦的生活。陈云来后，时常劝勉同伴："青年人应当奋发有为，做些对民众有益的事情，这样的生活才有意义。"他还说："一个青年人，生活态度和生活方式安排是否得当，对一个人的前途很有关系。我们应当认真看些有意义的书，也应当学会过正当的生活，我们要掌握环境，掌握生活，不要做环境和生活的奴隶。"陈云的薪金虽然不高，但毕竟有了固定收入。他从不乱花一分钱，省吃俭用，将余下的一点点钱积攒起来，接济他的舅父母，或买一些有用的书籍，同事遇到困难时，他也总是尽自己最大的力量给予帮助。

陈云从小身体就很弱。到上海后，他的生活安定了。他注意从各方面锻炼自己，特别是锻炼身体。他每天早晨6点起床，去闸北公园锻炼身体；尝试各种球类活动，乒乓球室、篮球场上时常能见到他的身影。他还抽空去打靶，射击成绩在同伴中总是遥遥领先。

陈云的业余生活也安排得很丰富。他喜欢听评弹，当有评弹演出时，他常拉着朋友去听，还经常要听最后演出的一档书，认为这是水平最高、最值得听，也最能让人从中学到真东西的。他买了二胡、笛子，一有时间就练习拉胡琴、吹笛子，因为房间狭小，怕影响别人休息，就到楼顶的晒台上去练习。

"我对于职工运动及党的组织工作最有兴趣"

1921年7月，中国共产党第一次全国代表大会在上海举行。中国共产党诞生了。这是中国开天辟地的大事变。一个月后，中国劳动组合书记

---

① 中共中央文献研究室编：《陈云传》（上），中央文献出版社2005年版，第20页。

部（即中国工会办事处）也在上海成立了，这是中国共产党领导工人运动的公开机关。在党的领导下，上海的工人运动和罢工斗争有了新的发展。

上海是中国最大的工商业城市，也是帝国主义列强侵略中国的重要基地。这里集中着80多万工人，约占当时全国工人总数的三分之一。这里有主要由英国控制的公共租界和法租界。日本和英国等在上海开设了许多工厂，仅日本开设的纺织厂就有37家，这些工厂雇佣大量女工和童工，残酷地榨取他们的血汗。

1925年2月，上海日资纱厂工人举行罢工，中共中央专门组织了指挥罢工的委员会。先后卷入罢工的工厂有22家，工人有近4万名。日本资本家被迫让步，答应了工人不少要求，承认了工会组织。5月，中华全国总工会成立，中国的工人运动在上海工人反英反日大罢工的推动下开始走向高潮。这年的5月15日，上海"内外棉"七厂工人为了反对日本资本家的残酷剥削和压迫，奋起反抗斗争。日本资本家枪杀了领头斗争的该厂工人、共产党员顾正红，激起上海民众的极大愤怒。面对这一形势，中共中央适时发出通告，呼吁全国各界团体援助上海工人。上海的党组织一方面组织各厂工人开展大规模的罢工斗争，另一方面决定于5月24日在潭子湾举行全市性的顾正红追悼大会，动员各界人士派代表参加大会并支持工人斗争。

5月24日，商务印书馆部分职工与上海工人、学生等各界代表一万多人参加了追悼大会。也就是在这一天，上海大学的4名学生在参加顾正红追悼会的路上，遭到了逮捕，帝国主义分子无理逮捕中国学生，更加激起了上海学界的怒火。

5月28日，中共中央召开紧急会议，作出了扩大反帝运动和5月30日组织群众到公共租界举行大规模反帝示威活动，抗议日本帝国主义血腥镇压中国工人的罪行的决定。中共中央和中共上海地委还决定派出宣传员到各处宣讲，商务印书馆的中共党员董亦湘、杨贤江等亦被指定为宣传员。董亦湘首先在商务印书馆向党员和积极分子进行宣传动员。

5月30日，在中国共产党的领导和发动下，上海工人和学生在公共租界举行了声援纱厂工人的街头宣传和示威游行，并从几路会合在南京路。下午3时许，英国巡捕突然发射排枪，打死学生、工人十多人，伤数十人，酿成了举国震惊的"五卅惨案"。

当晚，中共中央再次召开紧急会议，决定动员各阶层群众进行广泛的罢工、罢课、罢市，在上海造成巨大的革命声势，与帝国主义作斗争。会议还决定联合各工会公开成立统一的上海市总工会。

5月31日，示威学生和工人冒雨进入租界进行演讲，散发传单。这天，陈云等一大批职工随商务印书馆的沈雁冰、胡愈之、叶圣陶等来到南京路。他们身上带着许多传单，机智地在南京路各商店进进出出。五卅运动爆发时，上海总工会的游行队伍上上下下，在高楼的沿街窗口，不断地将一沓沓彩色传单抛向窗外，路上的人们纷纷报以掌声，并拿起传单阅读。这时，英国巡捕拿起水龙头对着人群冲射，租界巡捕房也派出马队向人群冲来。然而，示威群众不畏强暴，并没有离开。目睹这一切，陈云更加斗志昂扬，他继续与工友们散发传单，高呼口号。

陈云这时的思想认识已经开始发生深刻的变化，他深感自己作为已经觉悟的青年，应该担负起这种责任。

6月1日，由中国共产党领导的上海总工会宣告成立，并宣布为反对帝国主义屠杀中国人民，将举行总同盟罢工。商务印书馆也派代表参加了成立大会。随后，上海学生联合会、上海总商会和各马路商界联合会也宣布总罢课和总罢市。一场反帝爱国的五卅运动迅速席卷全国。

6月2日下午，商务印书馆总公司宣布，全馆于当天下午及4日停业一天半，以示抗议帝国主义制造的"五卅惨案"，并对死难同胞表示哀悼。

"五卅惨案"发生后，由于租界当局的压制，对于这一惨绝人寰的事件，上海各报都未作详细报道。商务印书馆编译所的郑振铎、沈雁冰、胡愈之、叶圣陶等编辑决定创办一份伸张正义、揭露帝国主义罪行的报纸，他们邀请上海通讯图书馆等12个团体的代表，商定成立上海学术团体对外联合会，并以这个联合会的名义主编《公理日报》。6月3日，《公理日报》创刊号正式出版，向市民报道"五卅惨案"真相，叶圣陶、沈雁冰等带头在报上发表文章，抨击帝国主义的罪行。编辑部和发行所就设在郑振铎的家里。这份报纸每日印1.5万—2万份，在当时是发行量最大的报纸。

陈云阅读了《公理日报》，叶圣陶、沈雁冰等人的犀利文章让他感到痛快淋漓，也受到了振奋和鼓舞。为了进一步扩大《公理日报》在群众中的影响，陈云和商务印书馆的许多青年工人自动承担起了卖报任务。每天天刚亮，陈云等就来到郑家门口，领取报纸，然后到大街上去卖。卖报是很辛苦的，既要起早，又要走街串巷，上海6月的天气已经很热，而且是潮湿闷热。陈云他们每天都走得汗流浃背，喊得口干舌燥，但他们充满着激情，斗志不减。《公理日报》在创刊时，商务印书馆当局还曾动用公司公款暗中给以经济上的支持，但不肯承印此报。到6月24日，《公理日报》办了22天，终因经费收不抵支，加上承印此报的小印刷所因受到压力不肯承印，不得不停刊。

陈云除了参加卖报外，还积极参加"募捐办报"和商务印书馆组织的各种募捐活动。五卅大罢工期间，商务印书馆号召员工省吃俭用，从工资中抽出一部分，捐给学生和罢工工人。陈云和他所在的发行所也起而响应，他从自己的工资中拿出了一部分参加捐款。据当年的老工人回忆，陈云不仅参加了捐款，还组织一些青年人上街动员和宣传募捐。1925年6月14日出版的《申报》记载："商务印书馆已捐付1000元给上海总工会，后又捐付5000元给上海临时济安会，转给罢工工人和学生。印刷所工人也纷纷到街头宣传募捐。"

在这场反帝爱国运动中，陈云目睹了帝国主义的暴行，也亲身体验了工人阶级和其他爱国群众的斗争热情，并且看到了他们中间的巨大力量。他后来说，"我对于职工运动及党的组织工作最有兴趣"。[①]

---

① 中共中央文献研究室编：《陈云传》（上），中央文献出版社2005年版，第25页。

"共产主义是最好的主义"

1925 年六七月间，经商务印书馆同事介绍，陈云加入了中国国民党，并成为国民党上海特别党部闸北区第十五分部（商务印书馆发行所分部）的首创人之一，担任分部常务委员会委员。1927 年国共合作全面破裂，"左派国民党部也就取消了"，陈云"亦最后退出了"国民党。

他后来回忆说："五卅事起，我还只是一个随资本家罢市的店员，但此时已有商务之国民党员介绍我看三民主义。以前，我很赞成吴佩孚，后又很相信国家主义派'外抗强权，内除国贼'。看了三民主义，觉得孙中山的道理'蛮多'。"①

但是，不久后，经商务印书馆的同事介绍，陈云到上海通讯图书馆看书，开始接触马克思主义。

上海通讯图书馆，是进步青年应修人、楼适夷在 20 世纪 20 年代初创办的。该图书馆以为要求进步、坚持自学的青年读者服务为目的，无条件外借图书，并给远道、外地读者邮寄图书。五卅运动后，应修人加入中国共产党，在图书馆秘密推广党的书刊，还经常请党的领导人赵世炎、恽代英、杨贤江、沈雁冰等到图书馆作报告，引导一大批青年人走上了革命道路。陈云也是在这里受到影响，开始接触马克思主义的。

陈云后来表示，此时，像《共产主义ABC》那样的书，还看不懂，但读了《马克思主义浅说》和《资本主义制度浅说》，了解了必须要改造社会，才能解放人类的道理，认识到"共产主义是最好的主义"②。

商务印书馆的职工，是上海工人阶级队伍中一支有觉悟、有文化、

---

① 中共中央文献研究室编：《陈云年谱》（上），中央文献出版社 2000 年版，第 20 页。
② 《陈云文选》（第一卷），人民出版社 1995 年版，第 111 页。

有组织纪律性、有战斗力的产业工人大军。在商务印书馆的文化熏陶下，让他们很早就接受了中国共产党的领导，并且建立了共产党的组织。著名作家沈雁冰1916年就到商务印书馆工作，在中国共产党成立之前，他就参加了马克思主义研究会和上海共产党早期组织，1921年经中共一大代表李汉俊介绍加入了中国共产党，这年年底，他被党中央委派为秘密联络员。中国共产党成立后，中共中央对商务印书馆这个传播新文化的阵地十分重视，派最早负责《向导》出版发行工作的中共党员徐梅坤到商务印书馆与沈雁冰等研究发展党的组织和筹建工会等工作。《向导》是中国共产党成立后的第一份中央机关刊物，它的主编是蔡和森，毛泽东也曾一度参加过编辑工作。《向导》影响了一批人，陈云也是《向导》的热心读者，他认为它就是自己前进道路上的向导。

1922年，商务印书馆编译所编辑董亦湘在徐梅坤、沈雁冰的介绍下加入了中国共产党。董亦湘入党后积极在商务印书馆开展革命活动。1922年五一国际劳动节，沈雁冰、徐梅坤、董亦湘等共产党员在四川北路尚贤堂对面的空地上，召开纪念五一国际劳动节的群众大会。这是共产党所组织的第一次以商务印书馆工人为主的大规模群众集会。1923年7月，董亦湘被选为中共上海地方执行委员会国民运动委员会委员。同年8月，他根据党的指示，以个人名义加入中国国民党，帮助改组国民党。他多次在《中国青年》《民国日报》《对外旬报》等刊物上发表文章，揭露帝国主义的侵略罪行，宣传共产党的政治主张。1924年1月列宁逝世，上海各界纷纷举行追悼大会，商务印书馆印刷所的社会主义青年团员为大会绘制了列宁半身画像，董亦湘在追悼会上作了《告今日追悼列宁者》的发言。上海《民国日报》在追悼列宁大会特刊上刊登了董亦湘的讲话，还刊登了董亦湘在上海夏令讲学会上的讲话。1925年5月，中共上海商务印书馆支部成立，董亦湘担任党支部书记。

董亦湘是陈云人生转折点上的一个重要人物。他不仅有学识，文章写得好，而且有思想，政治水平高。陈云对他很崇敬，经常阅读他的文章，一有机会就和他探讨文章中的问题，向他请教。董亦湘也十分喜欢陈云这个勤奋好学、积极上进的青年，从政治上帮助陈云成长。

中共商务印书馆支部十分重视在馆内培养积极分子，以发展壮大组织力量。他们经常用参观的名义，深入到全厂各部门接触工人，了解工人们的生活情况，与工人们保持密切的联系。党支部为了开展工人运动，在下班后将工人积极分子集中起来，帮助他们学习文化。与此同时，党支部还邀请工人积极分子，晚上到集体宿舍集中，向他们讲解鸦片战争以来的帝国主义侵华史，并揭露帝国主义势力支持各军阀派系，造成中国民不聊生、四分五裂割据局面的罪行。此外，党支部还结合商务印书馆的资本家剥削工人扩大资本积累的实际情况，给工人们讲解马克思剩余价值的理论。继而，对工人讲解社会发展史，让大家懂得，搞社会主义是社会发展的必然规律。当时京汉铁路工人二七大罢工在全国造成很大影响，党支部也不失时机地向工人进行宣传。

陈云积极地参加党支部组织的一些活动。在这一次次的活动中，他的政治思想觉悟不断提高，政治理论水平、文化水平也不断提高。1925年8—9月，在董亦湘和恽雨棠介绍下，陈云加入了中国共产党。后来，陈云回忆入党经过时说："入党动机显然由于罢工运动和阶级斗争之影响。此时看了《马克思主义浅说》《资本制度浅说》，至于《共产主义ABC》还看不懂。这些书看来它的道理比三民主义更好。罢工斗争和看了两本书就加入了党，我自觉入党时经过考虑，而且入党以后，自己觉得此身已非昔比，今后不是做成家立业的一套，而是要专干革命，这个人生观上的改革，对于我以后有极大的帮助。"①

他回忆自己的经历时还说："做店员的人，有家庭负担的人，常常在每个重要关头，个人利益与党的利益有冲突时，要不止一次地在脑筋中思想上发生矛盾。而这种矛盾的克服，必须赖于革命理论与思想去克服个人利益的思想。比如，当我在参加革命后，资本家威胁我时，我想到吃饭问题会发生危害，但立即又想到：怕什么？手足健全的人到处去

---

① 中共中央文献研究室编：《陈云年谱》（上），中央文献出版社2000年版，第25页。

得，可以到黄埔军校，可以卖大饼油条，只要立志革命，不怕没饭吃，归根结底，只有推翻现在社会制度以后，才大家有饭吃。"[1]

"我们的斗争一定会胜利！"

五卅运动后，在上海印刷工人联合会的帮助下，商务印书馆的印刷工人开始筹备组织自己的工会，1925年6月21日，印刷所工人五六百人在虬江路广舞台召开商务印书馆工会成立大会，推选出由21人组成的执行委员会。随后，发行所、编译所和总务处的热心分子也开始酝酿成立职工会、同人会等组织。

五卅运动沉重地打击了帝国主义和军阀，引起了反动势力的极大震动。6月22日，在帝国主义的指使下，盘踞在上海的奉系军阀当局宣布上海戒严，禁止集会、结社、游行示威。在帝国主义、军阀和买办势力的联合压迫下，6月26日，上海总商会等宣布结束总罢市，反帝爱国运动开始低落。

商务印书馆的反帝爱国斗争并没有停止。1925年6—7月，中共上海区委派曾当过印刷工人的中共早期党员徐梅坤到商务印书馆组织临时党团，成员有沈雁冰、杨贤江等10多人。陈云因为在发行所青年工人中有较高的威信，在五卅运动中又表现得顽强坚定，虽然比较年轻但仍被党组织指定为临时党团成员。

8月10日，中共中央发出《告工人兵士学生书》，提出既要有组织地罢工，也要有组织地复工，将总罢工转向局部的经济斗争。作为临时党团成员的陈云，同其他成员一起纷纷到工人中间去组织和动员群众。为了消除工人们害怕罢工失败丢掉饭碗的顾虑，陈云反复地讲述他对形势

---

[1] 中共中央文献研究室编：《陈云年谱》（上），中央文献出版社2000年版，第25—26页。

的分析:"五卅"惨案以后,民族主义革命思想蓬勃发展,上海邮务工会罢工刚刚胜利,给职工群众很大启发;而8月下旬学校又将准备秋季开学,全国大、中、小学,大都要使用商务印书馆出版的课本,就是说,正是资本家猎取最大利润的前夕。在这个时候罢工,老板必然要考虑到生意被中华书局夺去的危险。只要工友们团结一致,坚持斗争,罢工胜利的可能性是很大的。陈云还启发工友们把目光放远些。他鼓励大家团结起来,开展斗争,要求馆方承认工会的地位,缩短工作时间,增加职工薪水,改变不平等待遇。

与此同时,商务印书馆中部分中低级职员和学徒,受到上海邮务工人为增加工资罢工三天取得胜利一事的鼓舞,开始酝酿举行罢工。陈云积极参与了罢工的酝酿。

8月20日晚,罢工临时党团以五卅宣传队的名义,秘密召集商务印书馆发行所、印刷所、编译所、总务处的40多名党团员和积极分子开会,讨论组织罢工的策略、步骤和方法等,会议首先分析了1917年商务印书馆集成同志社罢工失败的原因,认为主要是由于当时没有共产党的领导,没有充分发动群众,缺乏斗争经验,力量不足,以致被馆方利用,被工贼、流氓破坏。会议还明确提出罢工必须有组织有领导地进行。

第二天晚上,陈云在青云路上海大学附中主持召开了商务印书馆工会运动积极分子会议,到会的有168人。会议商定了罢工决议,草拟了罢工宣言和复工条件,还确定了罢工的领导机构,选举了由15人组成的临时委员会,陈云担任委员长。为确保罢工的胜利,会议对罢工的时机进行了反复的讨论。考虑到一旦开始罢工,馆方肯定不会轻易答应工人提出的条件,因而罢工不会很快结束,因此,在教科书销售旺季的秋天进行罢工比较合适。此时罢工时间越长,资本家经济上的损失就会越大。为了减少损失,资本家不得不作出让步,这个时间对工人取得罢工胜利较为有利。会议一直开到8月22日凌晨。

会后,陈云没有休息,马上投入罢工的准备工作。据原商务印书馆发行所同陈云关系密切的陈竹平回忆:"接近罢工的前三天,陈云同志和几位先进职工，白天照常工作，晚上又连夜开会，准备罢工的各项工作，聚精会神地思考问题，三天三夜没有好好地睡觉，罢工组织得很有条理，很有秩序。"①

陈云等临时党团成员分析认为，商务印书馆发行所地处河南路租界闹市区，消息传播快，社会影响大，而且是商务印书馆营业收入的大户，况且发行所的部门工会尚未成立，馆方对发行所也不怎么注意，行动起来可以出乎馆方的意料，所以决定首先发动发行所的职工罢工。

为了确保罢工的顺利进行，陈云连夜派纠察队员把发行所的大门及各部门办公室的钥匙全部拿到手，并把上下班的记录卡片拿掉，以免资本家查考。

8月22日早晨，发行所职工上班时，纠察队员已把前后门把守起来了，工人们从后门进去，到了四楼饭堂，只见里面早已布置成一个大会场。纠察队员们把一份份油印的《罢工宣言》和对资方提出的书面要求发给到会的人。陈云担任会议主席。9点50分会议开始。会议一致通过了职工会罢工宣言和要求馆方承认工会以及改善待遇的12项复工条件，并且宣布商务印书馆发行所成立职工会，推举陈云为发行所职工会委员长。

这时陈云只有20岁。

发行所罢工后，陈云又于当天中午赶到宝山路的印刷所发动工人罢工。印刷所工会积极响应，中午12点半，工人们关闭了总厂大门，高举"要求加薪及平等待遇大同盟罢工"等横幅标语，全厂工人在工会的领导下齐集同人俱乐部，向馆方提出了要求承认工会等8项复工条件。紧接着，总务处的职工也开始罢工，并和发行所、印刷所的代表商定了统一的复工条件。当晚，总务处同人会、发行所职工会、印刷所工会在俱乐部开会，宣布联合行动，成立罢工执行委员会，陈云再次被选为委员长。

8月23日上午，陈云同罢工执行委员会的其他委员一起，先后到印刷

---

① 中共中央文献研究室编：《陈云传》（上），中央文献出版社2005年版，第29页。

所、发行所向罢工工人就复工条件——作了解释。陈云的工作十分耐心、细致，解释也十分透彻。工人们听后，对自己应争得的权益有了明确的认识，斗志也更加高昂。

23日下午，罢工委员会在东方图书馆广场召开了有4000多名商务印书馆职工参加的大会，陈云担任大会主席。他在会上代表罢工职工向馆方提出复工条件，内容包括：承认工会，增加工资，缩短工时，废除包工制，优待女工，优待学徒，不得因此次罢工开除工人，罢工期间工资照发，等等。当天，罢工委员会还委派代表到编译所，送去《告编译所同人书》，其中说："我们为争取改善待遇，已经从前天起开始罢工了。我们的宣言和复工条件，想来你们都看过了。现在我们诚恳地要求你们，对于我们的行动，表示同情和援助！要求你们和我们一致行动！快到俱乐部开会呀！产生出你们公意的要求！"①

上海《时报》在24日刊登了关于商务印书馆工人罢工的报道，题为《职工会委员长之谈话》。文中说："昨日据该馆总发行所职工会委员长廖陈云称，自前日至今，公司方面虽屡有人来此接洽，但均非正式，且无结果。在工会方面，确认为有组织工会之必要，其理由有二：（一）增进公司与同人之感情；（二）排除公司与同人之种种隔阂。故先邀公司承认工会，然后再开谈判。在公司方面，增加若干俸金，或肯容约磋商，但须打消工会之组织。由此以观，双方相差太远，风潮当不能即日平静。"

8月24日，编译所的职工一致决议参加罢工。这样，商务印书馆"三所一处"的职工全部参加了罢工。当天下午，"三所一处"罢工职工代表召开联席会议，共同商讨复工条件。会议综合大家的意见，最后由沈雁冰执笔拟成了与馆方正式谈判的复工条件。会后，联席会议成员即与馆方代表举行谈判。由于馆方坚持先复工后谈判，使谈判陷入僵局。上海总工会、上海总商会、上海各路商界联合会、上海学生联合会等六个团

---

① 中共中央文献研究室编：《陈云年谱》（上），中央文献出版社2000年版，第23页。

体，闻讯后立即成立了商务罢工后援会，表示竭力援助，并在馆方和职工方面进行调解。

8月25日，商务印书馆"三所一处"罢工职工代表再次开会，决定在联席会议的基础上建立罢工中央执行委员会，作为指挥罢工的最高权力机关。26日上午，劳资双方再次谈判，由于馆方不接受承认工会这一主要条件，谈判仍然没有结果。26日下午，罢工中央执行委员会召开全体职工大会，报告谈判经过，并通报了中华全国学生联合总会和上海市学生联合会向商务印书馆方提出的抗议，表示如果馆方不接受职工关于复工的合理要求，将号召全国停止使用该馆出版的教科书。会议要求大家加强团结，不达目的，誓不复工。会后又拟订了《罢工中央执行委员会组织大纲草案》，发表了"三所一处"的《四团体联合宣言》，宣言明确表示：罢工一日不胜利，我们一日不上班！

在罢工期间，陈云每天上午都在发行所主持召开全体职工大会，向大家报告劳资双方的谈判情况。他反复提醒大家，要提高警惕，加强团结，防止有人破坏罢工，直至胜利。

中共中央十分重视商务印书馆的这次罢工，每天都听取领导罢工的临时党团书记徐梅坤的汇报，并对罢工的组织工作、斗争策略等问题及时作出指示。

8月27日，商务印书馆罢工中央执行委员会代表与资方代表举行第三次谈判。馆方鉴于学校开学在即，如继续罢工，恐损失巨大，被迫作出让步，并达成协议。第二天上午，商务印书馆的全体职工在东方图书馆广场集会，由沈雁冰代表罢工中央执行委员会报告谈判经过，解释了与馆方达成的协议。到会职工一致欢呼，拥护复工条件。随即，罢工中央执行委员会解散，"三所一处"陆续复工。

这场历时6天的罢工，最终取得了胜利。

9月1日，商务印书馆发行所召开职工会成立大会。陈云由于在罢工中的表现，威信大增，被选为执行委员，并继续担任职工会委员长。

"农民不参加运动，中国革命鲜有希望"

1925年9月18日，奉系军阀查封了上海总工会。9月22日，商务印书馆工会发表了反对查封上海总工会的宣言，因此，遭到反动当局的仇视。10月，商务印书馆印刷所工会遭到军阀孙传芳当局的查抄。

面对反动军阀当局的野蛮行径，陈云表示了极大的愤慨。11月，商务印书馆发行所职工会创办了一个刊物《职工》。陈云以"怀""民""怀民"等笔名在《职工》上先后发表了《职工在现社会的地位》《总工会是什么》《罢工后职工应有的觉悟》《中国民族运动之过去与将来》《和平之路》《自治与民众》等文章。这些文章的内容，涉及工人阶级的地位、工会组织的性质和作用、工人运动的意义以及中国民族运动的道路等。这是我们看到的陈云发表的最早的一些文章，它客观地反映了陈云从一个普通的青年店员成长为一个共产主义者的政治思想轨迹。

在《职工》创刊号上有两篇陈云的文章。一篇题目叫做《职工在现社会的地位》，署名"民"。文章指出："工业先进的欧美各国工人，他们已经得到相当的地位了。他们已经组织了政党，在那里夺取政权，联络同一阶级的劳动者，作反抗资产阶级的专政了。而中国的工人没有'集会、结社、言论、出版'的权利。""处在几重压迫下的劳动者，简直满腔苦痛无处诉。""在最近的几年，工人运动比较急进了，尤其是五卅运动。它领导群众向资本帝国主义进攻，不折不挠，真是民族革命的先锋队。""商务的职工，与全国的工人，当然是站在同一阶级上。工人运动的最后胜利，就是吾们的最后胜利，实是休戚相关、患难与共的。""不过吾们既做了革命队伍中最勇敢的工人，责任实在也不轻。第一，须联络各阶级起来，作民族革命。第二，解放在水深火热中的自己，要继续不断地奋斗，争到我们最后胜利。但是，这两种重大责任，空口谈兵，是办不了的，也不是一两个人嘶喊就成功的，还要大家集中一个团体，作共同有组织的奋斗，才有成功的可能。""职工会是我们奋斗的武器。没有武器的徒手奋斗，多么危险！吾们拥护职工会，为了要它代表吾们一切利益，更要它引导我们到民族革命的前线上去，完成吾们勇敢工人应做的工作。"第二篇文章的题目是《总工会是什么》。"五卅惨案"后，为了把上海的工人运动推向高潮，在中国共产党的领导下，上海总工会成立了。帝国主义和军阀政府一直视它为眼中钉。1925年9月18日，在帝国主义和军阀政府的压迫下，奉系军阀强行查封了上海总工会。陈云在文章中分析了上海总工会被查封的原因，阐述工人中蕴藏着巨大的力量。文章说："谁都知道是勇敢不屈的22万工人。然而何以能使这素无组织一盘散沙似的工人，有这样整齐的步伐，一致行动，呼着同一口号，如火如荼，再接再厉呢？那是因为有总工会在那里指挥。""总工会的职务，在被压迫民族的中国，固然要指挥工人群众，领导各阶级向帝国主义进攻，完成急需的民族革命，但一方面也代表工人一切利益，所以它站的地位，是与资本帝国主义对峙的。""在国际资本帝国主义压迫下的中国，和资产阶级统治的现社会，当然他们不愿意有如此强有力的总工会，站在他们面前。所以封闭是意中事。""国内资产阶级呢？一面为了他们自己的利益，也想借这支生力军来反对资本帝国主义，一面又觉工人的势力太大了，不能保持他们的剥削手段，又觉可怕，有去此障碍的必要。""查封总工会的奉系军阀，却不过听他们指挥罢了。""现在我们反过来看，总工会封闭后，上海工人团体，就此涣散了吗？没有！还是猛烈进行，加倍努力，现在的工人代表会，正可以表现出工人势力的集中。""不过工人运动，在这个时期中间，固然处处受摧残，但是他们的势力只有日日增加，不会消灭的，也好比不倒翁一般，虽则暂时被压，他随时有雄立的可能，只要压力一松。"

这年的12月，商务印书馆馆方为"试验工会的力量"，违反8月27日劳资双方签订的复工条件，无理解雇近百名职工，并将大批职工列入开除名单，预备陆续开除，其中不少都是工会的积极分子。资方的这种背信弃义，引起了工人们的极大义愤。商务印书馆发行所和印刷所工会向馆方几度交涉无效，于是酝酿第二次罢工。工人立即行动起来，分别组成罢工委员会，陈云是这两所罢工委员会的实际总负责人。

12月21日晚，商务印书馆发行所召开全体职工大会。大会选举产生了13人组成的罢工委员会和纠察队。会后，派代表赴印刷所工会联系，得到响应。两所工会商定了8项复工条件。

12月22日上午，商务印书馆发行所、印刷所工人开始罢工。印刷所工人纠察队200余人在印刷总厂和俱乐部门前守卫，维持秩序。陈云代表罢工委员会向资方提出了八项复工条件：（一）恢复被裁职工职务，以后无重大过失，不得借故开除，并须另订保障条件。（二）履行前次复工条件：甲、疾病扶助金，月薪在50元以下者不扣薪水，并不得有限期，余多不得移他用。乙、同人俱乐部照现在情形，可无条件全部开放。丙、实行发行所同人服务时间减少一小时之条件。（三）惩戒二所各部部长，并撤换印刷所副所长鲍庆林。（四）大小便及说话自由。（五）反对夜班工作增加时间，并要求加点心费两角。（六）女工、出店（即勤杂工）、短工与职工一律待遇。（七）退俸金无论自辞或被辞及有故开除者，均一律发给。（八）罢工期内工资一律照发。

午后，馆方董事会召开特别会议，决定拒绝工人要求，并令工人24日复工。

与此同时，驻扎在商务印书馆印刷总厂附近的孙传芳部队一个连到总厂弹压罢工工人，因见秩序良好，未找到干涉借口而撤走。12月23日，罢工委员会代表与馆方进行谈判无结果。次日下午继续谈判，至晚11时仍无结果，谈判陷入僵局。这时，资方表面上保持沉默，暗地里却在密谋策划，勾结军警到厂里镇压工人。资方还在上海各报刊登通告，为解雇工人辩解，并以公司休业相威胁。

针对资方通告，工会也对全体工友发出通告，披露资方无理开除工人的事实，号召工人行动起来，为实现复工条件而斗争。上海各报刊登商务印书馆印刷所和发行所的罢工宣言，并刊登中华全国总工会、中华全国铁路总工会、中华全国海员工会上海支部、上海总工会、上海纱厂工会、上海码头工会、上海铁厂总工会、上海邮务工会、上海印刷总工会及其第一、第三、第六工会和中华书局工会等众多社团支持商务印书馆罢工的信函。

12月24日，商务印书馆馆方挂出23日复工通知牌。印刷所和发行所的罢工委员会分别召开大会，号召大家坚持罢工。发行所职工会还致信军阀当局驻军，劝他们撤走。军队提出罢工工人活动限于俱乐部内，不得上街后即撤走。

12月25日，凌晨4时，商务印书馆印刷所工人纠察队将印刷总厂的大门锁上。馆方派人要求打开大门，遭到拒绝。发行所所长王显华主张对罢工工人采取强制措施，遂勾结军阀戒严司令部派百余佩枪士兵，来到厂门前，沿街林立。接着，又有三四十名保卫团马队士兵陆续来到。武装军警还用枪柄殴打纠察队员，将看守厂门的纠察队员赶走。工厂内的形势骤然紧张起来。3000多名职工集会，表示不通过复工条件，誓不上工。此时陈云把罢工委员会委员召集到俱乐部，商讨应对办法。下午两点，戒严司令部一面增派了3个连的兵力，一面派士兵到工人俱乐部通知工人代表进厂商谈。在代表进厂后，工人纠察队与军警发生了武力冲突，一时人声鼎沸，枪声四起。在搏斗中，职工重伤30多人，被捕42人。在谈判桌上，军阀强迫职工代表迅速与馆方达成协议。否则就把他们与抓来的纠察队员一起枪毙。职工代表表示不释放被捕工友决不谈判。

面对军阀的威胁，陈云与其他谈判代表毫不畏惧，坚定地表示，如果厂方不答应，枪毙几个人不要紧，但还有好几千工人。这时，馆方感到心虚，害怕事态扩大，于是，基本上接受了罢工委员会提出的复工条件。职工代表们也考虑到大部分被开除的工人已找到工作，同意将被开除的工人复工这一条改为由资本家出钱1.5万元给这些工人作为退休金。双方达成协议，罢工取得了胜利。

12月26日上午，商务印书馆发行所和印刷所罢工委员会召开全体职工大会，报告与馆方谈判的经过和达成的协议，并宣布复工。会上还派代表前往医院慰问被军警打伤的工人。全场职工高呼："罢工胜利万岁！商务印书馆万岁！商务印书馆工会万岁！"第二天，上海各报发表了发行所、印刷所工会的《复工宣言》。"宣言"表示："我们誓以更大的勇气和毅力追随全国同胞，反对日本帝国主义侵略中国！"

在商务印书馆的第二次工人罢工中，陈云进一步显示了他的领导才干，也受到了工人们的信任和拥戴。这年年底，商务印书馆中共总支部成立，陈云担任总支部干事兼发行所分支部书记、发行所职工会党团书记。

1926年1月，发行所职工会专门出了一期《罢工专号》。陈云在这期专号上发表了《罢工后职工应有的觉悟》一文。他在文中指出：在商务资本家压迫之下，出卖劳力的职工等于一种商品，这种地位决定工人和资本家是势不两立的两个阶级，有着根本不同的利益。我们绝不受资本家和工贼的拉拢，要绝对地集合在职工会指挥之下，谋求工人阶级的利益。针对第二次罢工时有人说出的"别人被裁，吾不被裁，何必牺牲自己而为他人奋斗"的话，陈云指出，这是一种幼稚病。他在文章中说："这一次的奋斗，也可以说并不完全为了几个被裁的人而奋斗，是为了保障全体职工利益而奋斗的！在商品式生活条件之下的吾们，时时有被裁的危险！今年侥幸而轮不到，明年也许不幸而轮着的，不要到了自己身上才要奋斗，那时你一个人的奋斗，可就不能了！"

1926年7月9日，国民革命军从广东出师北伐，一场以"打倒列强除军阀"为目标的北伐战争爆发了。7月25日，中华全国总工会号召全国工人和广大群众参加并援助北伐战争。陈云在《职工》第十期上发表了《中国民族运动之过去与将来》一文。他指出：中国最近发展起来的民族运动，已经不是单纯的中国民族独立运动了，它的一切变化足以影响整个世界的形势，但是，具有世界性的中国民族运动，在今后长时期的奋斗过程中，出路究竟在哪里？这是值得我们研究的。

陈云在这篇文章中分析了自太平天国运动以来历次民族运动失败的原因。在谈到五四运动时，他指出："五四运动的发生，给帝国主义一个莫大打击，同时也推进了中国民族运动的潮流。这是在中国民族运动上占着重要位置的一次运动。参加运动的，是全国的学生、工人和商人。他们的口号是：外抗强权，内除国贼。从这次运动的事实分析出来，没有强有力的有组织的下层民众——工农参加，革命是难能成功的。"谈到五卅运动时，文章说："震动全世界的五卅运动，将中国民族运动升至高潮，帝国主义在中国的统治动摇了……五卅运动虽然遭受了挫折，可是在民族革命的行程里，已经显现了曙光。有组织有力量的几十万工人，已经成为中国民族运动的先锋。五卅运动的结果证明，资产阶级是靠不住的，他们是机会主义者。同时，工人也感觉到自己力量的孤单，因为没有在中国民族运动上占着重要位置的强有力的主力——整个农民的参加。"

陈云还在文中鲜明地提出农民运动在中国革命中具有举足轻重的地位，"在以农立国的中国，占全国人口百分之八十强的农民，是民族运动中唯一大主力。农民不参加运动，中国革命鲜有希望……农民是中国民族运动的主力，但是如何把成千上万的农民组织起来，又如何训练已组织起来的农民，把他们引上正轨，使之和全国的工人、学生、小商人及一切革命分子，同在反帝国主义的旗帜下面去做民族运动的工作，这是中国很急迫需要解决的一个重要问题……怎样补救以往的失败和准备应付将来的策略，这是每个中国人的切身问题，尤其是已经觉悟的青年，应该担负起这种责任。'到民间去'，这是今后中国民族运动中的重要口号"。这篇文章后来作为《陈云文选》的开卷篇，收录在第一卷中。

"真正的自治不仅要用民众的力量来
参加自治工作，反抗自治的障碍势力，
更要联合接近民众的武力"

1926年10月，军阀孙传芳在江西被北伐军打得大败。10月16日，浙

江省省长夏超宣布独立，倒向广东革命政府，随即向上海进兵。

为了响应和配合北伐战争，中共中央号召各地共产党组织"各自在当地立刻起来做地方政治的直接奋斗，由反对苛税苛捐力争民权自由，一直到推翻当地的军阀政权，建立地方的人民政府"。中共上海区委根据这一精神，认为"应赶快提出人民自治的口号"，同时，随着北伐军的迅速推进，"要特别注意军事工作"。中共上海区委和上海总工会的工作重点，也由主要组织罢工向准备武装起义转移。

经过五卅运动和两次罢工斗争的锻炼，商务印书馆不仅职工的政治觉悟有了提高，还拥有了近千名的工人积极分子并成立了工人纠察队。这些纠察队员有部分还曾被调往上海总工会纠察军事训练班学习过军事常识，并且进行实弹射击训练，有一定的战斗力。

10月23日，中共上海区委发动武装起义，配合北伐军的进攻。按照上海总工会的要求，商务印书馆工人纠察队的任务是，袭击宝山路的警察署和驻守在虬江路车站的孙传芳部马队。

起义预定在10月24日1时开始。

陈云和工友们一起在厂里集中待命，准备参加战斗。但是，一直等到凌晨三四点钟，始终没有听到起义的信号——黄浦江上军舰的炮声。后来才知道，夏超部队进兵到嘉兴时，被孙传芳调来的部队打败了，而与夏超约好合作起义的国民党上海负责人钮永建又毫无动静，起义指挥部在即将发动起义时才得到准确的消息，火速通知各地区停止行动。由于当时通讯不畅，有几个地区在接到通知前已经行动了，结果导致了失败。上海工人的第一次武装起义就这样在还没有真正发动起来时就失败了。

陈云和商务印书馆的工人在上海工人的第一次武装起义中，虽然没有正式行动，但也经受了一次斗争的考验和锻炼。

第一次武装起义失败后，中共上海区委和上海总工会认真总结经验教训，认为在武装起义之前，对全市广大工人群众组织和发动不够，决定在继续从事军事准备的同时，努力发展工会组织，帮助和支持各行各业的罢工斗争。他们指定同店员有密切联系的商务印书馆发行所党支部负责全市的店员工作。12月5日，上海各业店员代表在布业公益会举行会议，宣告成立上海店员总联合会，并推选商务印书馆发行所职工会，华洋布业、估衣业、南货业公会，药业、煤业友谊会，典质业同人会等9个团体为执行委员单位，其中以商务印书馆发行所职工会和布业公会为核心力量，章郁庵担任店员总联合会委员长。陈云参加了店总成立大会，以后又同章郁庵等一起参加店总领导工作。

这时陈云的活动范围，已经不仅仅限于商务印书馆了，而是逐步扩大到上海整个工人运动之中。

陈云十分重视做店员们的思想工作，经常给店员们宣讲一些革命主张，帮助店员提高思想认识。陈云还和店员总联合会的其他同志一起积极领导各业店员开展经济斗争。这年年底，陈云就参与领导了上海估衣、米业、南货、百货、中药业等行业店员举行的罢工斗争，并取得了罢工斗争的胜利。

1927年2月7日，陈云出席中共上海区委在杨树浦俱乐部召开的上海工人第二次武装起义准备会议。第二天，陈云又出席上海总工会召开的各工会负责人联席会议。会间突然遭到英国巡捕房的袭击和逮捕，同时被捕的还有其他64名工会积极分子，一起被押往提篮桥监狱。事发后，中共上海区委组织部部长兼上海总工会党团书记赵世炎立即组织营救，提出如不立刻放人，第二天将举行全市总罢工。加之陈云等人在被审问时没有承认自己是共产党员，且又都有正当职业，英国巡捕房被迫于当晚10点将被捕者全部无条件释放。

陈云被释放后，立即投入到紧张的上海工人第二次武装起义的准备工作中。在一次店员总联合会召开的会议上，有人提出，店员总联合会成立后，工作是有成绩的，但由于店员均分散于各处，无法集中行动，而未能形成强大的政治影响。如能在主要闹市区发动一次联合罢工，就会狠狠打击帝国主义的嚣张气焰。店员总联合会接受了这个意见，委派陈云等商务印书馆发行所工会负责同志与上海南京路先施、永安、新新、丽华四大百货公司的职工接触，动员他们准备罢工。陈云接受任务后，与商务印书馆的章郁庵、徐新之等人在先施等四大百货公司的职工中做了许多组织罢工的筹备工作。

2月中旬，陈云在《职工》第十四期上发表了《自治与民众》一文。文章以东北三省自治，以及近期北伐军占领杭州后，出现的昙花一现的自治为例，揭露在军阀统治下自治的虚伪。文章说：自治是何等尊严的名词，无论民族、国家、家庭、个人的自治都有极大的价值。可是自治在中国却大减其价，它"实际不是被军阀政客用以压迫民众，即为土豪劣绅之御用把戏"。自治并不是简单容易的事情，真正的自治不仅要用民众的力量来参加自治工作，反抗自治的障碍势力，更要联合接近民众的武力。浙江自治的昙花一现表明，离开人民武力的自治及在军阀统治下要求自治是同样不可能的。

2月15日，中共中央召开紧急会议，决定在北伐军到达松江时，上海宣布总罢工，并组织第二次武装起义。16日，中共上海区委召开全体会议。会议提出，"现在局面很紧，我们要赶快准备"。18日，北伐军东路军前锋抵达嘉兴，日益逼近上海。这天晚上，上海总工会决定："于本月19日起，举行全沪工人总同盟罢工，援助北伐军，打倒孙传芳。"19日这天，罢工人数达到了15万之多。

这时，陈云通过上海店员总联合会，领导了南京路上先施、永安、新新、丽华四大百货公司的罢工。商务印书馆的工人也全部参加了罢工。他们都加入到了总同盟罢工的行列。

2月20日，罢工人数增加到27万。中共上海区委发出告市民书，提出召集市民代表大会，成立市民政府，撤退各国陆海军，收回租界，组织人民武装等十二条政纲。上海市总工会发布总罢工宣言，提出反对帝国主义、消灭军阀势力、建立人民政权、增加工资等政治和经济要求。到了总罢工的第四天，全市总罢工人数达到了35万，并于当晚与军警发生了局部战斗。

上海工人总同盟罢工实现后，中共上海区委决定从22日晚6点起，转为武装起义，并于下午4点，发布了起义的特别紧急通告。武装起义定于当晚6点开始，以兵舰"健康""建威"号炮击兵工厂为起义信号。陈云参加了起义。

起义开始后，由于北伐军进抵嘉兴后按兵不动，工人武装起义失去里应外合之机，陷入了孤军奋战的境地。2月23日，中共中央和上海区委召开联席会议，决定立即停止起义。随后，组成特别委员会和特别军委，酝酿发动第三次武装起义。

2月24日，上海市总工会发布复工令和复工宣言。上海工人第二次起义又失败了。

"只为了要跟反动派坚决斗争到底，求工人的解放"

第二次武装起义失败后，上海笼罩在一片白色恐怖之中。为了保存实力，商务印书馆发行所党支部奉中共上海区委和上海总工会之命通知该所一部分党员、工会骨干和积极分子暂时离开上海，分别去外地隐蔽。

1927年2月下旬，陈云带领商务印书馆的陈公庆、徐新之、谢庆斋、孙诗圃、孙琨瑜等人，乘船来到浙江宁波地区的余姚。

陈云等一行人选择去余姚，是因为他们中的陈公庆是余姚人，而且陈公庆家和岳父徐子彪家房屋宽敞，加之陈公庆又与当时在余姚主持国民党县党部工作的中共党员郭静唐相识，这样有利于隐蔽。

在陈云等人来余姚之前，北伐军已经进驻余姚县城，军阀县长也已经逃离。以郭静唐为常务委员的国民党余姚县党部恢复了办公，共产党员楼适夷、张水影、蔡肖鸿等参加了国民党县党部的工作，并分别担任县党部组织部部长、妇女部部长、农工部干事等职。另外，中共在余姚已建立了坎镇、马家路和余姚三个党支部。这里的工农群众的革命情绪也甚为高涨。余姚县城分南北两城。陈云等到达时被陈公庆安排在北城龙泉山东北助海庙后面的岳父家。

第二天，陈公庆即与郭静唐取得了联系。郭静唐，1920年在上海加入中国社会主义青年团，1922年从浙东第一师范毕业后在余姚县立一小任教。1924年与部分进步青年集资创办《余姚评论》，并担任主编，宣传进步思想，深受广大青年人的欢迎。五卅运动后，因受军阀迫害转移到上海，刊物也被迫停刊。到上海后，经商务印书馆编译所中共党员杨贤江介绍到国民党上海市党部工作，并由杨贤江、梅电龙介绍加入了中国共产党，后被派到余姚县国民党县党部担任领导工作。郭静唐对上海的情况以及商务印书馆的情况比较了解，听到陈云等来到余姚后，十分高兴，第二天即与陈云等人见了面。他请求陈云给予工作上的帮助和指导，协助国民党余姚县党部开展工作。

陈云认为这是开展工作的好机会，十分高兴地答应了。他对同行的人作了分工：他负责对国民党余姚县党部宣传方面的指导工作，徐新之负责对庵东盐场等地的盐民做发动工作，谢庆斋去盐场二灶做盐民的工作，陈公庆、孙诗圃、孙琨瑜三人则留在城区，负责工运工作。

陈云在对余姚的一些情况作了了解后，对国民党县党部的工作提出了一些建设性的意见，这些意见都被县党部所采纳。县党部还专门邀请陈云参加了几次群众性的集会，并请陈云在会上作了演讲。陈云的口才很好，加之近两年来革命斗争的磨炼，思想政治水平有了很大提高。他在集会上向群众详细阐述和分析了军阀、官僚、土豪劣绅与帝国主义相勾结的事实和今后革命运动的方向，号召各界民众团结一致，斗争到底，树立反帝、反封建的决心。他的演讲深受群众的欢迎。

余姚是一个盐乡，这里的盐民长期受"盐霸"层层盘剥，处境十分艰难。陈云了解这一情况后，指导谢庆斋深入盐民中间，体验盐民艰苦的生活和繁重的劳动，详细了解盐民受剥削的情况，开展盐民的工作。在陈云的指导下，谢庆斋把盐民组织了起来，并且建立了盐民协会。

陈云也去余姚北庵东盐场和道路头等地，指导当地盐民同"盐霸"作斗争。对于留在城区的陈公庆、孙诗圃、孙琨瑜三人的工作，陈云也多次作了指导。当时余姚的产业工人比较少，而且，中共余姚县党组织和国民党余姚县党部都把发动盐民斗争作为各自工作的重点。当时，城镇的职工运动没有专门的领导机构，工人运动由商民部兼管。针对这种情况，陈云建议陈公庆等人把店员工人作为余姚工人运动的主要组成部分，努力在他们中间开展工作。在陈云的指导下，陈公庆等人成功地在药业职工中发动了罢工运动。

3月上旬，北伐军分两路进逼上海：一路经宜兴取常州，一路由嘉兴攻松江，上海已处于北伐军的包围之中。中国共产党根据上海工人群众的斗争情绪和北伐战争的发展形势，决定在上海发动工人举行第三次武装起义。因此，陈云等离开余姚返回上海，投入到了商务印书馆工人参加第三次武装起义的准备工作中。

上海工人第二次武装起义失败后，中共上海区委和上海总工会认真总结经验教训，研究再次发动起义的工作，并且专门成立了中国共产党特别委员会，作为这次武装起义的最高领导机关，成员有陈独秀、罗亦农、赵世炎、何松林（即汪寿华）、尹宽、彭述之、周恩来、萧子暲；还成立了特别军委，由周恩来、顾顺章、颜昌颐、赵世炎、钟汝梅五人组成。

陈云回到上海后，也积极参加筹划发动商务印书馆工人参加第三次武装起义的工作。

当时上海闸北一带是北洋军阀主力所在地。商务印书馆地处闸北宝山路中段，正处在北洋军几个重要据点之间。这个地段对控制敌人的据点十分有利。

这时，商务印书馆的工人纠察队已经有400多人，是闸北工人纠察队的骨干力量。领导起义的中共特委对这支力量十分重视。周恩来、赵世炎在徐梅坤、陈云等的陪同下，多次到商务印书馆观察地形，并召集工会骨干分子开会，商讨行动方案。周恩来要求大家树立军阀必倒、工人必胜的信心，同时，周恩来指示，要发动群众，组织好工人纠察队，随时准备投入战斗。

位于宝山路横浜桥南的商务印书馆职工医院，被选定为武装起义的前线总指挥部，同时作为领导起义的正、副总指挥周恩来、赵世炎的住处。周恩来等决定把攻打闸北一带军阀据点的重要任务交给商务印书馆工人纠察队。陈云和商务印书馆党和工会的其他负责人，遵照周恩来的指示，组织部分纠察队员参加商务印书馆资方组织的保卫辅助团，获取枪支，以合法的身份，进行公开的军事训练。另外，他们还选派一批纠察队骨干去上海总工会纠察队军事训练班轮流接受军事训练，这些同志回来后分别担任纠察队的大队长、中队长、小队长。

周恩来也直接指挥商务印书馆工人纠察队的行动，他选派从黄埔军校毕业的教官胡公冕到商务印书馆指导纠察队的训练。教官手把手地教工人纠察队如何使用驳壳枪、勃朗宁手枪、步枪、手榴弹，还告诉工人纠察队怎样在巷战中找掩护物。

1927年3月21日早晨，中共上海区委正式作出了发动第三次工人武装起义的决定。上海市民代表会议常务委员会立即召开紧急会议，罗亦农代表中共上海区委宣布于中午12点举行全市总同盟罢工，随即转入武装起义。会议一致通过了紧急命令："上海全体市民：北伐军将到上海，我市民急当起来，响应北伐军，消灭军阀残余势力，建立民众政权——国民政府指挥之下之民选政府。兹由本会全体常委委员决定3月21日正午12时起，各界市民一致动作，宣布总同盟罢工、罢市、罢课。专特飞报，仰我全体市民一体遵照执行，不得延迟。此令。"与此同时，上海市总工会也发出了第二次总同盟罢工令。各区的工人纠察队、宣传队、救护队、慰问队等工人队伍按照总工会的命令，开始了有组织的行动。

12点整，全市的工厂和轮船以及救火会的救火车突然同时鸣笛，宣告总同盟罢工和武装起义的开始。商务印书馆钟楼上的大钟也同时敲响，陈云和商务印书馆工会的其他负责同志一起集合队伍，下达口令，发放武器弹药和铁棍、斧头等。全市参加起义行动的工人纠察队武装有5000多人。

为了夺取更多的武器，商务印书馆的工人立即攻打警察署，未几，便将警署里的20多支步枪和所有的子弹缴获。随后，他们又集中力量攻打东方图书馆。

起义开始一小时后，陈云接到上海总工会的命令，要他同中共代表一起到龙华，与驻扎在那里的北伐军白崇禧率领的东路军接头，要求他们进兵上海，援助工人武装起义。但蒋介石早在3月3日已密电北伐军东路军总指挥何应钦：我军如攻上海，至龙华、南翔、吴淞一线为止，军队不越此线为妥。因此，3月21日已推进到上海南郊龙华的北伐军白崇禧部，奉令按兵不动，并以"军队初到，很疲困"为借口，拒绝了陈云和中共代表的要求。

陈云等愤然返回。此时，市内的战斗已接近尾声。7个暴动战区已有6个区完成了任务，只剩下闸北区的战斗任务还未完成。闸北区是北洋军兵力集中之地，有据点20余处，工人纠察队经过一天激烈战斗，只剩下北火车站这个最强固的据点没有攻下。经过浴血奋战，各路工人纠察队终于在22日下午6点占领了北火车站。至此，上海工人已完全推翻北洋军阀在上海的统治。

起义胜利后，陈云参加了成立上海特别市政府的筹备工作。在中国共产党领导下，上海召开市民代表会议，选举产生了有共产党人罗亦农、汪寿华等参加的上海特别市临时政府。

上海工人武装起义胜利后，工人阶级沉浸在胜利的喜悦中，而此时，蒋介石已在磨刀霍霍地策划反革命政变。

4月12日凌晨，国民党军队和青帮流氓在租界帝国主义当局配合下，突然袭击工人纠察队驻地，并以武力胁迫骗缴纠察队的武器。上海总工会发布紧急罢工命令，号召工人发动总罢工。13日，罢工游行的工人队伍在宝山路遭到国民党军队开枪屠杀，当场被打死100多人，伤者不计其数。上海总工会再次遭到查封。14日，国民党反动派宣布"清党"，公开打出反共旗号。上海特别市临时政府也被强行解散。国民党反动派疯狂的搜捕和屠杀，迫使中国共产党的组织全部转入地下。上海被严重的白色恐怖笼罩。

由于陈云共产党员的身份还未暴露，再加上商务印书馆发行所职工的掩护，陈云仍能在馆里工作。但是，随着国民党反动派的大肆搜捕，陈云的境况越来越困难了。

这时，在敌人眼中，陈云是一名"非抓不可的"人物，他曾是商务印书馆罢工临时委员会委员长，不仅参加了中共领导的三次上海工人武装起义，而且组织领导的千余名纠察队是闸北区工人纠察队的主力。在上海第三次武装起义中，中共领导人周恩来就是在陈云所在的商务印书馆职工医院内指挥全市战斗的。起义胜利后，陈云还是上海特别市政府筹备工作组的成员。

一天深夜，由于叛徒出卖，大批特务前来逮捕陈云。当时陈云正在开会，突然听到窗外有异常声音，长期斗争在白色恐怖下，陈云的警惕性很高。他立即吹灭油灯，组织同志们马上从后门穿小巷转移。就这样，陈云虎口脱险。

经过国民党反动派的几次大搜捕，共产党的地下组织陆续遭到破坏，原有的联络站已经不复存在，可靠的同志有的牺牲，有的下落不明，党内个别叛徒败类活动非常猖獗。脱离虎口的陈云一时无处藏身。当时革命正处于低潮，只有一些外国机构或个人在上海的驻地相对来讲比较安全，就这样，组织上联系了苏联著名的汉学家斯拉特阔夫斯基，拜托他安排陈云到苏联驻上海商务代表处暂时藏身。

在这里，斯拉特阔夫斯基给了陈云同志般的照顾，他还利用自己特殊的身份巧妙应付敌特的骚扰盘查，自始至终保证了陈云在这一时期的人身安全。

8月，中共江苏省委决定，陈云担任中共上海沪中区委委员，继续在上海坚持地下斗争。

9月下旬，中共江苏省委按照八七会议确定的方针，动员在上海的共产党员到外县去发动农民，组织秋收暴动。陈云回忆说："我即报名，经过区委康生允许，即与省委王若飞同志商量，派我回青浦章练塘去作农民运动。"①临走时，陈云对商务印书馆的工友们说："我此去一不做官，二不要钱，三不妥协，只为了要跟反动派坚决斗争到底，求工人的解放。"②就在陈云离开商务印书的第二天，国民党政府就派军警来抓捕陈云，此时陈云已经踏上了前往青浦发动农民暴动的新的征程。

不久，国民党淞沪卫戍区司令部发出了对陈云的通缉令。

---

①② 中共中央文献研究室编：《陈云传》（上），中央文献出版社2005年版，第52页。